人道的力量：
中国红十字会救援江浙战争研究

梁 旻 著

合肥工业大学出版社

图书在版编目（CIP）数据

人道的力量：中国红十字会救援江浙战争研究/ 梁旻著. —合肥：合肥工业大学出版社，2016.4

（红十字文化丛书）

ISBN 978 - 7 - 5650 - 2720 - 8

I. ①人… II. ①梁… III. ①红十字会—史料—中国—1924~1925 IV. ①D632.1

中国版本图书馆 CIP 数据核字（2016）第 075689 号

人道的力量：中国红十字会救援江浙战争研究

梁 旻 著

责任编辑	章 建 张 燕
出版发行	合肥工业大学出版社
地　址	（230009）合肥市屯溪路 193 号
网　址	www.hfutpress.com.cn
电　话	总 编 室：0551—62903038
	市场营销部：0551—62903198
开　本	710 毫米×1010 毫米　1/16
印　张	16.5
字　数	275 千字
版　次	2016 年 4 月第 1 版
印　次	2016 年 4 月第 1 次印刷
印　刷	合肥学苑印务有限公司
书　号	ISBN 978 - 7 - 5650 - 2720 - 8
定　价	45.00 元

如果有影响阅读的印装质量问题，请与出版社市场营销部联系调换。

总　序

150 年前，高举人道主义旗帜，旨在促进人类持久和平的红十字运动在欧洲兴起并迅速走向世界。100 多年来，红十字会为世界和平与发展做出的巨大贡献有目共睹，因而日益受到世界各国、各地区的欢迎，已发展成为与联合国、奥委会并称的世界三大国际组织之一。究其原因，乃其所奉行的七项基本原则——也是红十字文化的内核——涵盖了世界上各种不同文化的共同点，能为文化和制度不同的国家所接受，故而具有强大的生命力。

100 年前，红十字运动东渐登陆中国。在其中国化的发展过程中，红十字会不断吸取中国传统文化的精髓，茁壮成长，逐步形成了"人道、博爱、奉献"的文化内涵，并成为中华文化的瑰宝之一。

百余年来，红十字运动在波澜壮阔的实践中积累了丰富的经验，也留下了许多教训。经验与教训需要上升为理论，也只有理论才能更好地指导红十字事业持续、健康发展。学界、业界对此都进行了持续的关注。

2005 年 12 月 7 日，苏州大学社会学院与苏州市红十字会携手合作，成立全国首家红十字运动研究中心，旨在通过学界和业界的联合，推动和加强红十字运动的理论研究，探究红十字运动中国化的过程与特色，凝练红十字文化价值，探求红十字运动在构建国家软实力和促进中华民族伟大复兴中的地位与作用。同年 12 月 9 日，中国红十字会总会也提出，"确定一批研究课题，组织专家学者开展对国际红十字运动及中国红十字运动的深入研究"[①]。由此，学界、业界共同开展了对红十字运动的学术研究与理论探讨。

---

① 　中国红十字会总会：《关于加强和改进宣传工作的意见》，红总字〔2005〕19 号。

多年来，红十字运动研究中心除通过专业网站（http：//www. hszyj. net）发布和交流学界、业界动态外，已出版研究成果数十部；帮助一些地方红十字会建立与高校的合作，搭建平台，共同开展研究；举办了首届红十字运动与慈善文化国际学术研讨会；培养了一批专门研究红十字运动的生力军；积累了大量的学术资料。中心主要研究人员还借助在各地讲学的机会，传播重视红十字运动研究的理念。正是在红十字运动研究中心的引领之下，红十字运动研究在中华大地上呈现出生机勃勃的发展态势，并取得了丰硕的成果，"新红学"①呼之欲出。仅以2011年为例，各地以纪念辛亥革命100周年为契机，纷纷整理、编辑出版了地方红会百年史；有的红会还与高校合作组建相关研究中心；等等②。通过这些方式，有力地推动了红十字运动研究向更深更广的方向发展。

当今世界正处于大发展大变革大调整时期，多极化、经济全球化深入发展，科学技术日新月异，各种思想文化交流交融交锋更加频繁，文化在综合国力竞争中的地位和作用更加凸显。2011年10月18日，党的十七届六中全会通过的《中共中央关于深化文化体制改革　推动社会主义文化大发展大繁荣若干重大问题的决定》，提出要推动社会主义文化大发展大繁荣。11月7日，教育部发布了《高等学校哲学社会科学繁荣计划（2011—2020年）》，大力提升高等学校人才培养、科学研究、社会服务、文化传承创新的能力和水平。12月7日，全国人大常委会副委员长、中国红十字会会长华建敏在中国红十字会九届三次理事会上提出，"要深化理论研究，充分挖掘红十字文化内涵，推进红十字文化中国化，广泛传播人道理念，在全社会推动形成良好的道德风尚"③。红十

---

① 在2009年4月于苏州大学召开的"红十字运动与慈善文化"国际学术研讨会上，红十字运动研究中心主任、江苏红十字运动研究基地负责人、苏州大学教授池子华指出，经过100多年波澜壮阔的实践发展和学术界呕心沥血的开拓性研究，在人文社科领域构建一门"新红学"——红十字学，条件已经具备，时机已经成熟。见池子华：《创建"红十字学"刍议》，《中国红十字报》2009年4月17日。

② 池子华、郝如一：《2011年红十字理论研究之回顾》，《中国红十字报》2012年1月3日。

③ 《中国红十字会九届三次理事会召开》，《中国红十字报》2011年12月9日。

字"文化工程"已然成为红十字会总体建设目标之一①。进一步加强与拓展红十字运动理论研究，尤其是对红十字文化中国化的研究，已成为历史与现实的呼唤。

有鉴于此，红十字运动研究中心继续发挥高等学校与业界合作的优势，汇聚研究队伍，科学选题，出版一套《红十字文化丛书》，弘扬有利于国家富强、民族振兴、人民幸福、社会和谐的思想和精神，凸显红十字文化在中国文化园地中的地位，使红十字文化在神州大地上更加枝繁叶茂，促进中国红十字事业可持续发展，推动红十字文化的国际交流。

《红十字文化丛书》的出版，得到了中国红十字基金会、江苏省红十字会、苏州大学社会学院、上海市浦东新区红十字会、上海市嘉定区红十字会、浙江省嘉兴市红十字会等单位的鼎力支持，也得到红十字国际委员会东亚代表处及中国红十字会总会的关心和指导，在此谨致衷心感谢。

池子华

2012 年 6 月于苏州大学

---

① 池子华:《"文化工程"应成为红十字会总体建设目标之一》,《中国红十字报》2009年 12 月 11 日。

目 录

人道的力量：中国红十字会救援江浙战争研究

绪　　论

一、选题缘起

江浙战争是1924—1925年间发生在江浙地区的一场江苏督军齐燮元与浙江督军卢永祥之间的军阀战争，又称"齐卢之战"。江浙战争包括1924年9—10月的第一次江浙战争和1925年1月的第二次江浙战争。江浙战争虽然规模不大，持续时间也不长，但这场战争使江浙及上海周边地区遭受了自太平天国运动以来最为严重的破坏，造成了十分惨重的损失，引发了严重的人道主义危机，史称"甲子兵灾"。

这场人道灾难对当时的江南社会造成了重大冲击。江浙战争发生在江南富庶之区，尤其是上海，更是当时中国的经济、政治、文化中心，所受冲击更为巨大。这次战争所带来的影响是复杂而多方面的，对当时的经济、社会都产生了重要的影响，与随后国内所发生的一系列政治变动也有着极其重要的关系。因此，对这场战争进行深入研究是十分必要的。

战时救援无疑是社会救助活动的重要组成部分。江浙战争救护，凝聚了包括红十字会在内的慈善组织的人道关怀，是江浙战争研究中不能忽视的重要方面。但遗憾的是，这一研究领域并没有引起学界的足够重视。因此以江浙战争为背景，研究社会组织针对这场战争所开展的一系列救援活动，兼具理论与现实意义。

首先，研究江浙战争时期的社会救助活动，为研究战争状态下的社会救助活动提供了样本。近年来，社会救助史研究渐成热点，相关慈善团体如红十字会、华洋义赈会、红卍字会等的研究力作迭出，但就战时救援方面的研究而言，还略显不足，且主要集中在抗战时期，而对北京政府时期的战地救助活动涉及较少。因此对江浙战争时期社会救助活动的研究，可以在一定程度上弥补相关研究的不足，对民国社会救助史研究颇具价值。

其次，对江浙战争时期救援活动的研究，有助于我们更深入了解江浙战争的具体情况以及它所产生的破坏与影响，为军事史和社会史研究提供一个新的视角。

再次，就其现实意义而言，战争时期的社会救助是个历久弥新的主题，通过对人道组织中国红十字会在江浙战争中救援活动的研究，对于当代慈善团体如何在战争状态下开展救援活动亦具有借鉴作用和参考价值。同时，以"人道"为核心的"人道、博爱、奉献"的红十字精神与社会主义核心价值观高度契合，"红十字会在培育和践行社会主义核心价值观，在推动文明和谐社会建设中可以大有作为"①。

正如 2013 年 5 月 13 日，国家主席习近平在会见红十字国际委员会主席莫雷尔时指出的那样，红十字"不仅是一种精神，更是一面旗帜，跨越国界、种族、信仰，引领着世界范围内的人道主义活动。人道主义事业是全人类共同的事业，相信红十字精神将不断发扬光大"②。研究中国红十字会对江浙战争的人道救援，对弘扬人道主义精神，也具有不可低估的时代价值。

之所以以红十字会作为研究的中心，还基于以下原因：

其一，中国红十字会（包括总会和其下辖的分会）作为近代中国最大的人道救助团体，自成立之后，以战地救护为主要使命，先后参与了日俄战争、辛亥革命及历次重大战事的战地救护工作，累积了相当的经验。且中国红十字会地位特殊，因其中立地位得享各方之尊重，在战争中开展救护，有着其独有的优势。

其二，对中国红十字会而言，江浙地区是其重要基地，上海是中国红十字会总会总办事处所在地，是全国红十字运动的枢纽。对江浙战争的人道救援，也为中国红十字事业的发展，提供了契机。战争期间，为适应救援活动的需要，江浙地区的红十字分会纷纷兴起，蔚为大观。对

① 郝如一、刘斌：《试论社会主义核心价值观与红十字精神的契合与践行——学习习近平同志关于社会主义核心价值观论述的体会》，池子华、张丽萍、吴玉林主编：《〈红十字运动研究〉2015 年卷》，合肥工业大学出版社 2015 年版，第 53 页。文章指出，党的十八大报告中的"三个倡导"：倡导富强、民主、文明、和谐，倡导自由、平等、公正、法治，倡导爱国、敬业、诚信、友善。这 24 个字，既高度概括又通俗易懂地指明了社会主义核心价值观的目标、取向和准则。从"人道"的角度看，社会主义核心价值观第一层面涵盖了红十字人道主义的宗旨和理念；从"博爱"的角度看，社会主义核心价值观第二层面与红十字运动基本原则相通相融；从"奉献"的角度看，社会主义的核心价值观第三层面为的是塑造高素质的公民群体。

② 《高度重视和支持红十字事业——习近平会见红十字国际委员会主席莫雷尔》，《中国红十字报》2013 年 5 月 17 日。

江浙战争期间红十字会救援活动的研究，无疑能使我们更好地把握这一时期红十字组织及红十字运动的发展情况。

实际上，参与江浙战争救援的民间团体除了红十字会外还有很多，较为重要的有红卍字会、白十字会、华洋义赈会等。临时性质的救助团体更是名目繁多，包括江浙兵灾协济会、江苏兵灾救济同志会、基督教战区救济会、江浙同乡兵灾救济会、南京难民救济会、上海学生救济难民会、江浙善后义赈会等等，多达数十个。此外，各地商会、同乡会等也积极投入救援活动，发挥了重要作用。及至战事结束，各地纷纷设立兵灾善后会，负责善后赈济与难民资遣工作。

与其他团体相比，中国红十字会对江浙战争的救援具有以下几个特点：首先，中国红十字会的救援工作准备早。还在战争爆发之前，总会就已经开始筹划布置，做好救援准备。其次，中国红十字会全程参与了救援活动的各个阶段和各个方面的工作。不仅参与了第一次和第二次江浙战争的救援活动，而且从战前的预备救护到战时的战地救护，从伤兵救治到难民救济，再到战后的遣送与赈济，红十字会都在其中发挥了重要的作用，其在救援活动中的中心地位是显而易见的。

江浙战争时期，北方政局动荡，北洋政府忙于战事，未能及时有效地开展救援和赈济活动。直至战争结束，政府才开始有所行动，筹款赈济。因此，政府的救济行动，不属于本书的讨论范畴。

二、研究综述

（一）江浙战争的相关研究成果

到目前为止，江浙战争研究仍未引起学术界的足够重视，对江浙战争的研究仍旧非常薄弱，国内外的研究成果屈指可数。研究江浙战争时期战时救援的成果更是少之又少。

民国史通史性著述中一般仅仅将江浙战争视为直系军阀与反直系军阀势力之间的一次较量，也是第二次直奉战争的前奏或是一部分①。

相关论文大都是从总体上对其进行论述，主要描述战争的起因、经过、结果及其意义和影响。主要包括：吴首天的《浅谈"江浙战争"的爆发》，主要论及战争的爆发原因及进程②；陈长河、殷华的《从档案看

---

① 主要参见 [美] 费正清主编：《剑桥中华民国史》（章建刚等译）第 1 部，上海人民出版社 1991 年版，第 320 页；张宪文主编：《中华民国史纲》，河南人民出版社 1985 年版，第 206 页；来新夏等：《北洋军阀史》（下册），南开大学出版社 2000 年版，第 792—793 页。

② 吴首天：《浅谈"江浙战争"的爆发》，《江海学刊》1983 年第 5 期。

1924 年的江浙战争》，利用档案资料对江浙战争的原因、经过、结果进行了论述，但对战争的意义和影响涉及较少①。项雄霄的《齐卢对淞沪的争夺》则从亲历者的角度叙述了江浙矛盾的由来、双方矛盾的焦点、冲突的激化和战争的爆发，并简要叙述了战争的经过和结果②。杨锐、朱春健的《江浙战争之始末》也是对江浙战争进程进行梳理，不同的是，该文提到了第二次江浙战争③。涂小元的《浅析江浙战争》主要从战争原因、战争准备、战争经过、战争影响等方面进行了分析，资料较为丰富，论证也比较有力，但未涉及第二次江浙战争④。这些论文都是对江浙战争的整体性研究，着眼于战争本身，而对于战争中的人道救援活动等，均未涉及。

在各类文史资料选辑中，与江浙战争相关的文章有李静通的《齐卢之战的原因》⑤、马宝珩的《齐卢之战纪略》⑥、邓汉祥的《江浙战争的前因后果》⑦、钟士澄的《齐卢之战的幕后活动》⑧、俞莱山的《齐卢之战的前因种种》⑨ 等。这些文章均系回忆录，不是研究性论文，但因具有"亲历""亲见""亲闻"的"三亲"特色，因而可信度较强，为江浙战争研究提供了难得的口述史资料。

以江浙战争为背景，研究某一方面具体问题的论文也有一些，其主要集中在江浙战争对国内政治的影响、对社会团体的影响以及江浙战争时期的慈善援助等方面。

日本学者笠原十九司在其文章《江浙战争と上海自治运动》中，对江浙战争之于 20 世纪 20 年代上海市民自治运动及随后对国民革命的推

① 陈长河、殷华：《从档案看 1924 年的江浙战争》，《历史档案》1995 年第 2 期。
② 项雄霄：《齐卢对淞沪的争夺》，《民国春秋》1996 年第 5 期。
③ 杨锐、朱春健：《江浙战争之始末》，《民国春秋》2001 年第 5 期。
④ 涂小元：《浅析江浙战争》，《东方博物》2005 年第 2 期。
⑤ 李静通：《齐卢之战的原因》，《浙江文史资料选辑》（第 1 辑），浙江省政协文史资料委员会 1962 年编印。
⑥ 马宝珩：《齐卢之战纪略》，全国政协文史资料研究委员会编：《文史资料选辑》（第 35 辑），中华书局 1963 年版。
⑦ 邓汉祥：《江浙战争的前因后果》，全国政协文史资料研究委员会编：《文史资料选辑》（第 35 辑），中华书局 1963 年版。
⑧ 钟士澄：《齐卢之战的幕后活动》，《上海文史资料选辑》（第 13 辑），上海市政协文史资料委员会 1962 年编印。
⑨ 俞莱山：《齐卢之战的前因种种》，《上海文史资料选辑》（第 13 辑），上海市政协文史资料委员会 1962 年编印。

动作用作了探讨①。

2000 年，冯筱才在《江浙商人与 1924 年的齐卢之战》一文中，从战争爆发前江浙商人的和平运动、战争中商人的损失、战时商人的应变举措、商人与战事结束及善后等方面对江浙战争期间的江浙商人群体进行了全方位、多角度的研究。该文指出，为避免战事的发生，负责商绅多次发起和平运动，他们通过请愿、游说、制造舆论、组织协调机构等手段力图避免引发军事冲突，江浙商绅的和平运动在当时曾获得积极的成果，并促成了两省和平公约的签订。这在一定程度上显示了商绅团体的力量，同时也反映出军人与商绅之间复杂的互动关系。但最后，战争还是爆发了，战事给两省带来严重的灾难，商人也遭受了各种损失，战乱更使商人们去努力挽救已被破坏的社会秩序。商人的行动有时也会对政治造成重大影响，上海总商会便在战争的结束中扮演了重要的角色。但作者认为，这只是商人遇到危机时的应急反应，在江浙战争中商人应变行动的被动性、中立性、临时性均非常明显，并非是商人政治意识的普遍觉醒。总之，作者认为，在民初的社会环境中，商人没有多少固定的政治原则，而维护秩序则成为压倒一切的需求②。这可说是一种创见。

2003 年，任念文、李国林在《江浙军阀战争与上海特别市的发端》一文中，将"江浙战争"纳入 1923—1925 年的江浙地区军阀混战之中进行考察。主要论述江浙军阀战争对上海特别市形成的推动作用，认为江浙战争给上海地方带来的巨大破坏，引发了上海各界城市自治运动的兴起，他们谋求通过建立上海特别市，达到避免战争的目的，实现上海地方自治。经过斗争，1927 年形成了上海特别市的雏形，但由于军阀的本质及全国军阀割据的局面仍然存在，上海地方自治效果与其筹备时的初衷相去甚远③。

2004 年，冯筱才在《江浙战争与民初国内政局之转化》一文中认为，江浙战争是 20 世纪 20 年代国内政局转化的一个关键点。由于江浙地区在经济上特殊的重要性、租界及列强利益的广泛存在，以及绅商为主的地方精英的努力使江浙地区在一定时期内大体保持稳定。但由于派系冲突特别是江浙双方在上海管辖权这一根本问题上的矛盾不可调和，

① ［日］笠原十九司：《江浙战争と上海自治运动》，载野泽丰主编：《中国国民革命史の研究》，东京青木书店 1974 年版。

② 冯筱才：《江浙商人与 1924 年的齐卢之战》，（台北）《"中央研究院"近代史研究所集刊》总第 33 期（2000 年 6 月）。

③ 任念文、李国林：《江浙军阀战争与上海特别市的发端》，《太原师范学院学报》2003年第 1 期。

两地绅商的"和平运动"以失败告终，战争的爆发不可避免。文章指出，江浙战争本身并未带来很大的兵力消耗，却招致严重的兵灾，给江浙地区（尤其是江苏）带来了巨额的经济损失和极为严重的破坏，其影响主要包括几个方面：战争对两省绅商心理的深远影响，战争对上海自治运动的推动作用；战后所引起的江浙两省的政治变动，进而对南北政局产生重大影响，成为第二次直奉战争的导火索。在文章的最后，还就江浙战争与五卅事件的关系进行了简要的叙述①。该文将江浙战争与江浙两省政治变动、南北政局变化、五卅运动、绅商心理结合考察，无疑是一个重大突破。

2007 年，孔祥增在《上海租界对江浙战争的因应及其后果——以〈申报〉为主要资料》中，论述了江浙战争期间，各国为防止战火波及租界而采取的一系列行动，如实行"武装中立"由外国军舰组成联合舰队协防黄浦江及吴淞口外航道，阻止双方海军交战；租界内由商团、巡捕和各国陆战队共同布防，维护社会治安，确保租界的安全与稳定，等等。这些举措使上海租界免遭战火，然而却是以中国的主权遭受进一步的损害为代价的②。

此外，美国学者林蔚（Arthur Waldron）在其研究 1924 年第二次直奉战争的专著 *From War to Nationalism*：*China's Turning Point*，1924 – 1925 中将江浙战争作为直奉战争的一部分单列一章进行研究，并对这场战争对地方政治、社会、经济各层面所造成的冲击论述颇多③。但该书主要从军事角度入手，对于江浙战争本身的直接后果以及与国内政治变动间的联系，未作深入探究，也未对地方绅商的作用及与军人间的互动予以应有的重视。

探讨江浙战争时期社会援助活动的论文主要有孙善根的《战时状态下的社会救助活动——以 1924 年江浙战争期间的宁波为例》，文章以 1924 年江浙战争为时代背景，以这一时期的宁波为研究对象，以个案研究的方式分析了以宁波商人为代表的民间力量，为拯救与维护战时社会秩序所做的种种努力，尤其是在社会援助方面所采取的行动及其成效，

---

① 冯筱才：《江浙战争与民初国内政局之转化》，《浙江大学学报》（人文社科版）2004 年第 1 期。

② 孔祥增：《上海租界对江浙战争的因应及其后果——以〈申报〉为主要资料》，《重庆教育学院学报》2007 年第 1 期。

③ Arthur Waldron. *From War to Nationalism*：*China's Turning Point*，1924 – 1925. Cambridge：Cambridge University Press，1995.

试图从一个侧面说明"民初宁波地方社会责任群体的存在及其对地方社会的意义"。作者认为，"以商人为代表的民间社会表现出强烈的社会责任意识。显然，他们的努力是战时状态下宁波社会秩序得以维系的重要原因"①。

（二）有关中国红十字会的研究成果

（1）中国红十字会史料的整理与出版

中国红十字会总会先后整理出版了《中国红十字会历史资料选编，1904—1949》②和《中国红十字会历史资料选编，1950—2004》③，为红会史研究提供了部分基础性资料。池子华等还组织人员，就《申报》《大公报》《新闻报》上有关红十字会活动的报道进行编辑整理，先后出版了四卷本的《〈申报〉上的红十字（1897—1949）》④，以及《〈大公报〉上的红十字》⑤《〈新闻报〉上的红十字》⑥。除此之外，还有《苏州红十字会志资料长编》（上下册）⑦、《中国红十字运动史料选编》（第一辑）⑧、《红十字在上海（资料长编）》⑨。这些资料无疑都是研究红十字运动的重要史料，对于进一步加强红十字运动的研究，以史为鉴，推动中国红十字事业发展，必将起到积极的促进作用。而这些资料的整理出版，也为本书的研究奠定了一定的基础。

（2）中国红十字会史研究的相关专著

孙柏秋主编、池子华等著的《百年红十字》一书⑩，对1904—2003年间中国红十字会百年历史做了系统考察。全书60万言，是国内首部

---

① 孙善根：《战时状态下的社会救助活动——以1924年江浙战争期间的宁波为例》，《军事历史研究》2007年第2期。

② 中国红十字会总会编：《中国红十字会历史资料选编，1904—1949》，南京大学出版社1993年版。

③ 中国红十字会总会编：《中国红十字会历史资料选编，1950—2004》，民族出版社出版2005年版。

④ 池子华、严晓凤、郝如一主编：《〈申报〉上的红十字（1897—1949）》，安徽人民出版社2011年版。

⑤ 池子华、傅亮等主编：《〈大公报〉上的红十字》，合肥工业大学出版社2012年版。

⑥ 池子华、丁泽丽、傅亮主编：《〈新闻报〉上的红十字》，合肥工业大学出版社2014年版。

⑦ 严晓凤、池子华、郝如一主编：《苏州红十字会志资料长编》（上下册），安徽人民出版社2010年版。

⑧ 池子华、崔龙健主编：《中国红十字运动史料选编》（第一辑），合肥工业大学出版社2014年版。

⑨ 马强、池子华主编：《红十字在上海（资料长编）》，东方出版中心2015年版。

⑩ 孙柏秋主编，池子华、杨国堂等著：《百年红十字》，安徽人民出版社2003年版。

系统研究中国红十字会百年史的巨著，弥补了相关研究的不足。该书展现了中国红十字会自成立以来的发展轨迹，详细叙述了百年来中国红十字会在战地救护、赈济灾民以及社会服务等方面的人道活动，总结了中国红十字会发展过程中的历史经验与教训。"作为第一部系统研究中国红十字会百年史的力作，它的出版，意义重大，不仅填补了这一领域的学术研究空白，而且为中国红十字事业的可持续发展提供了有益的历史借鉴。"①

池子华于 2004 年出版的《红十字与近代中国》一书在广泛搜集资料的基础上，对中国红十字会的历史渊源、组织结构、运作方式、救助活动及其与近代中国的互动关系做了多层次、多角度、跨学科的考察，取得了近代红会史研究的重大突破②。此后，池子华等还主编了《中国红十字历史编年，1904—2004》一书。该书采用"编年"体裁，以年月日为序，记载中国红十字会的重要活动及其有关的重要事件，为研究中国红十字会历史提供了重要线索③。该书的续作《中国红十字历史编年，2005—2009》④《中国红十字历史编年，2010—2014》也已出版⑤。

值得一提的是，2005 年 12 月，池子华教授在苏州大学社会学院成立了国内第一家以红十字运动为研究对象的研究机构——红十字运动研究中心，并开通了"红十字运动研究中心网站"，为海内外红十字运动研究者、业余爱好者以及各级红十字组织、红十字志愿者提供了一个相互沟通、交流的平台。中心的成立，有力地促进了红十字运动研究的开

---

① 王卫平、王晚英：《为中国慈善界放一异彩——〈百年红十字〉简评》，载郝如一、池子华主编：《〈红十字运动研究〉2007 年卷》，安徽人民出版社 2007 年版，第 221 页。

② 池子华：《红十字与近代中国》，安徽人民出版社 2004 年版。

③ 池子华、郝如一主编：《中国红十字历史编年，1904—2004》，安徽人民出版社 2005 年版。

④ 池子华、张丽萍、汪丽萍主编：《中国红十字历史编年，2005—2009》，合肥工业大学出版社 2012 年版。

⑤ 池子华、邓通主编：《中国红十字历史编年，2010—2014》，合肥工业大学出版社 2016 年版。

展和相互交流。中心还先后组织出版了一系列红十字运动研究著作，多达数十部①。苏州大学也因此成为全国红十字运动研究的中心。

周秋光所著《红十字会在中国（1904—1927）》，论述了中国红十字会的组织演变、会内的行政、红十字会在这段时期的战争救护和赈济活动以及国际交往，对我国慈善事业的发展具有启迪和借鉴意义②。

---

① 近年来，红十字运动研究中心组织出版的部分著作名单如下：

郝如一、池子华主编：《〈红十字运动研究〉2007 年卷》，安徽人民出版社 2007 年版；

郝如一、池子华主编：《苏州红十字会志》，安徽人民出版社 2008 年版；

郝如一、池子华主编：《〈红十字运动研究〉2008 年卷》，安徽人民出版社 2008 年版；

徐国普：《辉煌十五年（1950—1965）》，安徽人民出版社 2009 年版；

杨红星：《挫折后的振起（1966—204）》，安徽人民出版社 2009 年版；

池子华：《中国红十字会运动史散论》，安徽人民出版社 2009 年版；

池子华、郝如一等著：《近代江苏红十字运动（1904—1949）》，安徽人民出版社 2009 年版；

郝如一、池子华主编：《〈红十字运动研究〉2009 年卷》，安徽人民出版社 2009 年版；

郝如一、池子华主编：《〈红十字运动研究〉2010 年卷》，安徽人民出版社 2010 年版；

池子华、郝如一主编：《红十字运动与慈善文化》，广西师范大学出版社 2010 年版；

郝如一、池子华主编：《〈红十字运动研究〉2011 年卷》，安徽人民出版社 2011 年版；

池子华、郝如一主编：《中国红十字会百年往事》，合肥工业大学出版社 2011 年版；

严晓凤、池子华、郝如一主编：《苏州红十字会百年纪事》，安徽人民出版社 2011 年版；

严晓凤、池子华、郝如一主编：《〈红十字运动研究〉2012 年卷》，安徽人民出版社 2012 年版；

池子华、张丽萍、汪丽萍主编：《中国红十字运动的区域研究》，合肥工业大学出版社 2012 年版；

吴佩华：《中国红十字外交，1949—2009》，合肥工业大学出版社 2012 年版；

严晓凤、池子华、郝如一主编：《〈红十字运动研究〉2013 年卷》，合肥工业大学出版社 2013 年版；

池子华：《红十字运动：历史与发展研究》，合肥工业大学出版社 2013 年版；

池子华、薛丽蓉、曹金国、阎智海：《红十字：近代战争灾难中的人道主义》，合肥工业大学出版社 2013 年版；

方娅、池子华主编：《江西红十字运动百年回眸》，合肥工业大学出版社 2013 年版；

池子华、张丽萍、汪丽萍主编：《〈红十字运动研究〉2014 年卷》，合肥工业大学出版社 2014 年版；

池子华、简海燕主编：《〈红十字会救伤第一法〉——孙中山唯一译著的整理与研究》，合肥工业大学出版社 2014 年版；

池子华、郭进萍、邓通、李攀：《红十字：文化传播、危机管理与能力建设》，合肥工业大学出版社 2014 年版；

池子华、张丽萍、吴玉林主编：《〈红十字运动研究〉2015 年卷》，合肥工业大学出版社 2015 年版。

罗治雄、戴斌武：《贵州红十字运动研究（1916—2013）》，合肥工业大学出版社 2015 年版，等等。

② 周秋光：《红十字会在中国（1904—1927）》，人民出版社 2008 年版。

由台湾学者和大陆学者合作编写的《红十字会百年会史（1904—2003）》①，全书"足有百万言，是迄今为止规模最为宏大的中国红十字运动研究的学术论著"。该书分上、下两篇，上篇为"大陆时期"（1904—1949），下篇为"迁台时期"，全景式地再现了百年来红十字运动波澜壮阔的历史场景。特别是"迁台时期"，对大陆读者而言，既陌生又新鲜，也为研究者提供了难得的历史资料②。

台湾学者张建俅的专著《中国红十字会初期发展之研究（1912—1949）》也是红十字会史研究的重要著作之一，主要依据时间顺序对中国红十字会的发展变化展开叙述，侧重于整体研究，该书"视角新颖，资料丰富，有一定学术价值"③。但该书也存在不少错误、不实之处，部分观点值得商榷④。他的相关论文还包括《中国红十字会经费问题浅析（1912—1937）》《抗战时期战地救护体系的建构及其运作——以中国红十字会救护总队为中心的探讨》《近代中国政府与社团关系的探讨——以中国红十字会为例》等，是本书部分章节的进一步深化⑤。

此外，美国学者 Caroline Beth Reeves 的博士论文 The Power of Mercy：The Chinese Red Cross Society，1900–1937 亦值得关注。该文再现了中国红十字会的建立和早期发展历程，以及在这一过程中所折射出的中国社会和政治变迁。作者重点论述了中国红十字运动在发展演变过程中地方精英参与社会公共事务模式的变化，在一定程度上揭示了国家与社会的互动关系。该文还结合个案，对天津红十字会的产生、发展、参与二次革命救护及其与总会关系进行了较为详细的分析⑥。遗憾的是，对江浙战争，这篇博士论文没有过多涉及。

① 张玉法主编：《红十字会百年会史（1904—2003）》，（台北）致琦企业有限公司2004年印刷。

② 池子华：《是行路者，也是道路的红十字会——台湾版〈红十字会百年会史（1904—2003）〉述评》，载郝如一、池子华主编：《〈红十字运动研究〉2007年卷》，安徽人民出版社2007年版。

③ 张建俅：《中国红十字会初期发展之研究（1912—1949）》，中华书局2007年版。

④ 池子华：《一部中国红会史研究的"问题"之作——评〈中国红十字会初期发展之研究〉》，《民国档案》2007年第4期。

⑤ 张建俅：《中国红十字会经费问题浅析（1912—1937）》，《近代史研究》2004年第3期；《抗战时期战地救护体系的建构及其运作——以中国红十字会救护总队为中心的探讨》，（台北）《"中央研究院"近代史研究所集刊》总第36期（2001年12月）；《近代中国政府与社团关系的探讨——以中国红十字会为例》，（台北）《"中央研究院"近代史研究所集刊》总第47期（2005年3月）。

⑥ Caroline Beth Reeves. The Power of Mercy：The Chinese Red Cross Society，1900–1937. unpublished Ph. D. dissertation，Harvard University，1998.

（3）中国红十字会专题研究论文

前面综述了江浙战争史、红会史的整体研究，就中国红十字会史专题性研究论文而言，也取得不少成果。鉴于学界已有几篇综述性的文章发表①，这里不再赘述，仅择要梳理如次。

周秋光的几篇文章《晚清时期的中国红十字会述论》《民国北京政府时期中国红十字会的慈善救护与赈济活动》《民国北京政府时期中国红十字会的国际交往》《民国北京政府时期中国红十字会的会内宣传与经费筹措》②，对晚清及民国北京政府时期中国红十字会的战事救护、难民赈济、国际交流、会内宣传、经费筹措等进行了多角度的考察。

池子华的相关论文主要有《中国红十字会的1912年》《从中国救济善会到万国红十字会》《上海万国红十字会救济日俄战灾述论》《中国红十字会辛亥战时救护行动》《"二次革命"中的中国红十字会人道救援》《中国红十字会"护国战争"救护述论》《中国红十字会救济1917年京直水灾述略——以〈申报〉为中心的考察》《"军阀时期"中国红十字会的兵灾救护》《中国红十字会救助1928至1930年西北华北旱荒述略》《抗战初期中国红十字会的战事救护》《1937年中国红十字会淞沪抗战救护简论》《中国红十字会救护总队抗战救护的几个断面》《"复员时期"中国红十字青少年运动简论》《"复员时期"的中国红十字会》等③，其中相当一部分都属于红十字会战争救护研究范畴。

此类专题论文还包括：齐现厂的《讨逆战争与天津红十字会的人道救助——以〈大公报〉为中心》④、沈燕燕的《直皖战争与中国红十字会天津分会的救护行动——以〈大公报〉为中心》⑤、李微的《试析抗

---

① 杨红星、池子华：《近年来中国红十字运动研究综述》，《河北大学学报》2009年第4期；吴佩华：《红十字运动研究综述》，郝如一、池子华主编：《〈红十字运动研究〉2010年卷》，安徽人民出版社2010年版；丁英顺：《2009至2010年红十字运动研究概述》，郝如一、池子华主编：《〈红十字运动研究〉2011年卷》，安徽人民出版社2011年版；郭进萍：《2011至2012年红十字运动研究综述》，严晓凤、池子华、郝如一主编：《〈红十字运动研究〉2013年卷》，合肥工业大学出版社2013年版；池子华、崔龙健：《抗战时期红十字会战事救护研究述评》，《民国档案》2014年第2期。

② 参见周秋光：《近代中国慈善论稿》，人民出版社2010年版。

③ 参见池子华：《中国红十字会运动史散论》，安徽人民出版社2009年版；《红十字运动：历史与发展研究》，合肥工业大学出版社2013年版。

④ 齐现厂：《讨逆战争与天津红十字会的人道救助——以〈大公报〉为中心》，载郝如一、池子华主编：《〈红十字运动研究〉2007年卷》，安徽人民出版社2007年版。

⑤ 沈燕燕：《直皖战争与中国红十字会天津分会的救护行动——以〈大公报〉为中心》，《文化学刊》2008年第1期。

战时期中国红十字会的救护活动》①，以及薛丽蓉的《1932 年淞沪抗战时期上海红十字运动简论》和她的硕士论文《红十字会在江苏的抗战救护研究》② 等等。羡萌的硕士论文《民国时期中国红十字会研究（1912—1924）》则主要论述了 1912—1924 年间中国红十字会初期发展、组织架构及运作、国内救护与国外交往活动等③。

上述论文基本上围绕红十字会的起源、发展、战争救护、灾难救济等方面进行探讨。戴斌武则对抗战时期的红十字会救护总队进行了专题研究，不仅发表了《红十字会救护总队与战时三合一政策》《中国红十字会救护总队抗战救护述论——以武汉广州会战时期为中心》《抗战时期中国红十字会救护准备工作述论》等多篇相关论文④，并且出版了《抗战时期中国红十字会救护总队研究》⑤ 和《中国红十字会救护总队与抗战救护研究》⑥ 两部专著。这两本专著史料翔实，考订精细，内容上相互补充、相得益彰，其在丰富民国史研究的同时，也将抗战时期中国红十字会战事救护问题的研究推向高峰⑦。

至于中国红十字会在江浙战争中的救援活动，此前研究得不多，在前述《百年红十字》《红十字与近代中国》《红十字会百年会史（1904—2003）》《红十字会在中国（1904—1927）》《近代江苏红十字运动》，以及《江苏红十字运动八十八年（1911—1999）》⑧《昆山红十字运动发展史》⑨《嘉定红十字历史编年实录（1918—2013）》⑩ 等著作中，或多或少，都

---

① 李微：《试析抗战时期中国红十字会的救护活动》，《贵州师范大学学报》2004 年第 4 期。

② 薛丽蓉：《1932 年淞沪抗战时期上海红十字运动简论》，载郝如一、池子华主编：《〈红十字运动研究〉2007 年卷》，安徽人民出版社 2007 年版；薛丽蓉：《红十字会在江苏的抗战救护研究》，苏州大学 2008 年硕士学位论文。

③ 羡萌：《民国时期中国红十字会研究（1912—1924）》，天津师范大学 2004 年硕士学位论文。

④ 参见戴斌武：《笔尖下的近代中国历史断面》，合肥工业大学出版社 2013 年版。

⑤ 戴斌武：《抗战时期中国红十字会救护总队研究》，天津古籍出版社 2012 年版。

⑥ 戴斌武：《中国红十字会救护总队与抗战救护研究》，合肥工业大学出版社 2012 年版。

⑦ 池子华、崔龙健：《抗战时期红十字会战事救护研究述评》，《民国档案》2014 年第 2 期。

⑧ 江苏省红十字会：《江苏红十字运动八十八年（1911—1999）》，东南大学出版社 2001 年版。

⑨ 刘超英主编：《昆山红十字运动发展史》，安徽人民出版社 2010 年版。

⑩ 上海市嘉定区红十字会编：《嘉定红十字历史编年实录（1918—2013）》，合肥工业大学出版社 2014 年版。

有提及。在新近出版的《红十字在上海（1904—1949）》一书中①，专门有一章探讨"江浙战争与上海红十字运动的高涨"，涉及江浙战争与上海红十字组织体系的建构、上海红十字会组织的第一次江浙战争救护、上海红十字会组织的第二次江浙战争救护、江浙战争救护成功的原因、江浙战争救护与上海红十字事业发展等内容。

论文方面，周秋光在《民国北京政府时期中国红十字会的慈善救护与赈济活动》一文中，非常简洁地叙述了第一次江浙战争中中国红十字会总会及各地分会的救护情形②。池子华在《"军阀时期"中国红十字会的兵灾救护》一文中，对中国红十字会总会及江浙地区各分会在两次江浙战争中的救援活动做了一些论述③；他的另一篇文章《近代苏州红十字运动研究》，对苏州地区红十字运动在近代的演进轨迹进行考察，认为无论在组织建设、战争救护，还是在社会救济、环境保护等方面，苏州红会均取得了值得肯定的成绩，对中国红十字运动在近代的历史发展起到了积极的推动作用，这其中也涉及江浙战争的救护④。李欣栩在《历史记忆：中国红十字运动的苏州实践》一文中，以苏州地方报刊《吴语》为中心，具体考察了吴县分会在江浙战争救护中的实践，内容涉及其经费筹措状况、战争时期的战地救护及战后的疫病防治等方面，认为在这些救助活动中，红十字会博爱恤兵的宗旨和医护人员专业奉献的精神得以彰显，中国红十字会吴县分会作为地方慈善机构，显示出了民间慈善力量的巨大，推动了苏州地方慈善事业的发展，是中国红十字运动在苏州的成功实践⑤。钱楠在《中国红十字会与其他慈善公益团体的联合救济行动——以江浙战争救护为例》一文中，对中国红十字会与其他慈善公益团体，如上海仓圣会、松江灵学会、闸北联益善会、上海新普育堂等开展的江浙战争联合救济行动进行了梳理，具有一定的启发

① 马强、池子华主编：《红十字在上海（1904—1949）》，东方出版中心2014年版。

② 周秋光：《民国北京政府时期中国红十字会的慈善救护与赈济活动》，《近代史研究》2000年第6期。

③ 池子华：《"军阀时期"中国红十字会的兵灾救护》，《上海师范大学学报》（哲学社会科学版）2004年第6期。

④ 池子华：《近代苏州红十字运动研究》，《苏州大学学报》（哲学社会科学版）2008年第6期。

⑤ 李欣栩：《历史记忆：中国红十字运动的苏州实践》，池子华、张丽萍、汪丽萍主编：《〈红十字运动研究〉2014年卷》，合肥工业大学出版社2014年版。

意义①。

　　值得注意的是，曹金国在 2008 年完成的硕士论文《江浙战争与中国红十字会的人道救援》，对江浙战争中红十字会的人道救援做了较为系统的论述。文章从战前准备、战地救伤、难民救济、善后救援等几方面对红十字会总会和江、浙两省分会在江浙战争中的救援活动进行了叙述，并对红十字会江阴分会的救护活动做了个案分析；同时对救援所取得的效果进行了总结，分析了救护成功的原因和由此对红十字会的自身发展所带来的影响。文章认为，在江浙战争中，以"人道、博爱"著称的中国红十字会总会以及江苏、浙江分会，积极有效地进行了人道救援。无论是战前准备、战地救伤、救济难民，还是善后救援，都代表了红十字会战争救护的较高水平，也取得了显著的救护成绩，前后救治受伤兵士、难民 4000 余人，救护数万难民出险，掩埋尸体数百具。红十字会的工作使许多伤员得到迅速救治，使广大难民顺利脱离战争苦海，并及时掩埋尸体，从而有效防止了疫病传染，圆满完成了江浙战争人道救援重任，并最终得到社会各界的广泛认可。红十字会救护的成功离不开早期经验的积累、充分的救护准备和社会各界的大力支持。红十字会在慈善救援的同时也使自身得到了一次历练，对总会、江苏红会和浙江红会的发展产生了深远影响②。应该说，这是江浙战争红十字会人道救援研究中的新成果。但因硕士论文篇幅有限，研究的深度、广度、力度都还有待提高；在资料的搜集、整理和运用方面，也存在不少缺憾；在研究方法上，亦有不够完善的地方。尽管如此，该文为本书的进一步深入研究提供了不少可资借鉴的地方。

　　（三）民国时期相关慈善团体研究的成果

　　对民国时期相关慈善团体的研究，学界也取得了较为丰硕的成果。其中与本书关联度较高的研究成果，主要有以下这些。

　　高鹏程的《红卍字会及其社会救助事业研究，1922—1949》③，主要从红卍字会的起源、组织结构、成员组成、运行机制和慈善事业等几个方面对红卍字会及其社会救助事业进行了全面深入的考察。他认为红卍字会社会救助事业继承和发展了红十字会、中国传统社会救助事业及晚

---

　　①　钱楠：《中国红十字会与其他慈善公益团体的联合救济行动——以江浙战争救护为例》，载池子华、张丽萍、吴玉林主编：《〈红十字运动研究〉2015 年卷》，合肥工业大学出版社 2015 年版。

　　②　曹金国：《江浙战争与中国红十字会的人道救援》，苏州大学 2008 年硕士学位论文。

　　③　高鹏程：《红卍字会及其社会救助事业研究，1922—1949》，合肥工业大学出版社 2011年版。

清以来义赈的救助理念和方式，熔铸了包括筹资、宣传、征信、运输、查赈、奖惩在内的一套机制，形成了"永久慈业"和"临时慈业"双峰并峙的架构。红卍字会永久慈业包括开办卍字医院、贫民学校、贫民工厂、道生银行、因利局、育婴堂、残废院等。红卍字会的永久慈业继承了传统民间社会救助事业的特点，种类齐全，分布广泛。与传统民间社会救助事业相比，红卍字会永久慈业不但具有近代社会救助事业的特征，而且教化内容具有宗教性。红卍字会的临时慈业包括战事救助和灾荒救助。高鹏程的另一部著作《近代红十字会与红卍字会比较研究》[①]，主要从两会起源、组织体系、会员、运作机制、社会救助事业和与政治力量关系等六方面进行比较，涉及了相关论题。红卍字会也积极参与了江浙战争的战事救助工作，并产生了新的救助组织——红卍字会救济队，并取得了良好的救济业绩，江浙战争期间，由南京红卍字会联合江浙两省分会组织救济队，前往浏河、昆山、宜兴、嘉兴等处实施救护，另外其杭州、上海、常州、丹阳、镇江、南京、江宁各会收容的伤兵、难民共计 18500 余人。对红卍字会而言，江浙战争的救护虽然只是拉开了该会漫长战时救助的序幕，但江浙战争期间救济队的产生及运作则为该会创立了崭新的救助模式[②]。

蔡勤禹的《国家、社会与弱势群体——民国时期的社会救济》[③]，以1927—1949 年国民党执政时期的国统区为研究对象，比较系统地研究了民国的社会救济，对民国社会救济立法、社会救济设施、社会救济思想、社会救济体制、社会救济措施、社会救济的绩效和水平等，都做了具体的考察。他的另一部著作《民间组织与灾荒救治——民国华洋义赈会研究》[④]，则是对民国时期名重一时的慈善组织华洋义赈会进行的深入研究。该书切入国家与社会的理论视角，对华洋义赈会社会经济环境、华洋义赈会演变与合法性获得、华洋义赈会治理结构、经费筹集与使用以及在灾荒防治、合作制度的推广等方面，都有详细论述。

李国林的《民国时期上海慈善组织研究（1912—1937）》[⑤]，主要着

---

① 高鹏程：《近代红十字会与红卍字会比较研究》，合肥工业大学出版社 2015 年版。
② 高鹏程、吴佩华：《论江浙战争中的红卍字会救济队》，载郝如一、池子华主编：《〈红十字运动研究〉2009 年卷》，安徽人民出版社 2009 年版。
③ 蔡勤禹：《国家、社会与弱势群体——民国时期的社会救济》，天津人民出版社 2003 年版。
④ 蔡勤禹：《民间组织与灾荒救治——民国华洋义赈会研究》，商务印书馆 2005 年版。
⑤ 李国林：《民国时期上海慈善组织研究（1912—1937）》，华东师范大学 2003 年博士学位论文。

眼于慈善组织的组织结构、运行机制和特点、人员构成以及慈善组织与政府的关系等方面，其中涉及中国红十字会，但对其具体的慈善救济活动着墨不多。

曾桂林的《民国时期慈善法制研究》[①]，综合运用历史学、法学、社会保障学等多学科理论与研究方法，论述了民国时期慈善立法的理念、体系及其演变的历史轨迹，阐述了民国慈善法制的法律结构，并考察了民间慈善组织与民国政府慈善立法的互动关系，以及主要慈善法律法规的实施。对当前我国开展慈善立法、促进慈善事业发展具有一定的借鉴意义。这其中涉及中国红十字会等慈善组织。

白云浩的《上海中国济生会研究（1916—1937）》[②]，则对上海颇具规模的慈善组织中国济生会成立的背景、组织结构、人员构成、经费的来源和使用及其所开展的慈善事业等进行了具体研究。值得一提的是，江浙战争中，中国济生会派出白十字救护队积极投入救援活动中，发挥了一定作用。

其他的相关论文还有周秋光和曾桂林的《近代慈善事业与中国东南社会变迁（1895—1949）》、蔡勤禹的《民国慈善团体述论》、张礼恒的《略论民国时期上海的慈善事业》和其摘编的《民国时期上海的慈善团体统计（1930 年前后）》等[③]。

除此之外，日本学者小浜正子的《近代上海的公共性与国家》[④] 一书也值得一提。该书以"社团"为中心，以上海的城市社会为舞台，对中国近代地区社会的结构及其公共性的特点，以及国家与社会的关系做了考察。作者认为，从帝政后期开始，"社团"便根植于中国社会，成为人们生活中进行相互结合的基础。在近代上海，"社团"除了在城市居民的日常生活和工作中起作用之外，还成为民族运动得以发展的基础，而且担负着都市社会的公共职能，支持了近代上海的城市发展。近代上海的公共性，便在"社团"的活动中培育、发展起来。作者在详细

①　曾桂林：《民国时期慈善法制研究》，人民出版社 2013 年版。

②　白云浩：《上海中国济生会研究（1916—1937）》，杭州师范大学 2007 年硕士学位论文。

③　周秋光、曾桂林：《近代慈善事业与中国东南社会变迁（1895—1949）》，《史学月刊》2002 年第 11 期；蔡勤禹：《民国慈善团体述论》，《档案与史学》2004 年第 2 期；张礼恒：《略论民国时期上海的慈善事业》，《民国档案》1996 年第 3 期；张礼恒摘编：《民国时期上海的慈善团体统计（1930 年前后）》，《民国档案》1996 年第 3 期。

④　[日] 小浜正子：《近代上海的公共性与国家》（葛涛译），上海古籍出版社 2003 年版。

占有资料的基础上，探究了包括红十字会在内的众多"团体"如何从传统向现代转变，如何在国家与社会的关系中发挥作用，以此来阐述上海社会的公共性与公共领域的特点，令人耳目一新①。

从以上的缕述中不难发现，围绕江浙战争展开的人道救助活动，学界对此的研究虽然取得了一些成果，但总体上看关注度不够，至今尚缺乏专深研究。这就为本书的研究留下巨大的开拓空间，希望本书的研究能够弥补这方面的不足。

三、研究方法与基本框架

（一）研究方法

本书主要采用历史学实证方法，以档案、报刊及历史文献等史料为依据，注重对资料的搜集、整理、分析和解读。

本书注意宏观论述与个案分析相结合，努力做到论从史出，言之有据。在此基础上，笔者尝试借鉴和吸收其他学科，诸如社会学、社会心理学、统计学等的理论及研究方法进行一定的跨学科研究。综合运用归纳、演绎、比较、图表统计等各种研究手段，对问题进行全面深入的分析。

（二）本书结构

除绪论、结语外，本书共分为七章。

第一章：江浙兵灾及其影响。主要叙述江浙战争爆发的背景和原因，对战争进程进行简要描述，着重描绘这场人道灾难所带来的严重破坏和损失，揭示社会救援的必要性和紧迫性。

第二章：中国红十字会及其救援活动之筹备。着重考察中国红十字会总会以及地方各分会为江浙战争人道救援活动所做的准备，包括人力、物力、财力等方面的组织与动员。

第三章：战地救护。主要考察两次江浙战争期间，中国红十字会总会、各地方分会开展战地救护的具体情况，以及所取得的重大成果。

第四章：医院救治。对两次江浙战争期间，中国红十字会总会以及地方各分会所设医院救治伤兵情况进行细致梳理。

第五章：难民收容与救助。对两次江浙战争期间中国红十字会总会以及地方各分会开办的难民收容所救助战争难民情况进行具体研究和论述。

---

① 葛涛：《研究近代上海公共性与国家关系的新作——小浜正子〈近代上海的公共性与国家〉》，《史林》2001 年第 1 期。

第六章：江浙战争兵灾善后。对战争善后活动进行考察，主要包括士兵的资遣、尸骸的掩埋与卫生防疫、战争损失的调查与赔偿等内容。

第七章：中国红十字会救援行动评价。对江浙战争的人道救援活动进行综合分析，论述其所取得的成效，总结经验教训，探讨江浙战争救援活动对中国红十字会自身发展所产生的影响。

四、创新与不足

本书创新之处在于采用跨学科的研究方法，对江浙战争进行较为深入细致的研究。全书不仅仅局限于军阀战争的角度，而是尝试探讨这场战争对地方政治、社会、经济各层面所造成的冲击，及其所造成的深层次的影响。在此背景之下，系统研究中国红十字会对江浙战争的人道救援活动。这种系统、全面的研究，拓宽了中国红十字运动研究的领域，丰富了中国红十字运动研究和中国慈善史研究的内容，有助于江浙战争研究的全面深入。并且在考察具体救助活动的同时，思考社会团体的活动与战时社会的互动关系，揭示出民国社会史的一个侧面。

同时，本书切入"人道"视角，对江浙战争救援行动进行系统研究。人道是国际红十字运动的七项基本原则（人道、公正、中立、独立、志愿服务、统一和普遍）的根本。人道原则即"国际红十字与红新月运动的本意是要不加歧视地救护战地伤员。在国际和国内两方面，努力防止并减轻人们的疾苦，不论这种痛苦发生在什么地方。本运动的宗旨是保护人的生命和健康；保障人类尊严；促进人与人之间的相互了解、友谊和合作，促进持久和平"①。本书通过对江浙战争人道救援行动的全方位研究，彰显了人道主义精神。

本书的不足之处主要有：资料搜集方面存在缺陷，红十字会方面的资料相对充实，而一些小规模、临时性社会救助团体，由于名目繁多，记录零散，材料搜集比较困难，限制了比较研究的力度；材料挖掘不够，来源比较单一，以报刊资料为主，中国第二历史档案馆相关档案不开放，因此缺少第一手的档案资料支撑，另外一些受江浙战争影响较重地区的档案馆资料，也未能全部查阅；对材料的驾驭能力不足，由于笔者在史学理论与方法上的欠缺，叙述性内容较多，论证较少，问题意识欠缺，发现问题、分析问题的能力有待提高。

---

① 中国红十字会编译：《国际红十字与红新月运动基本文件汇编》，群众出版社 1997 年版，第 3 页。

第一章　江浙兵灾及其影响

江浙战争是指1924—1925年发生在江浙地区的一场江苏督军齐燮元与浙江督军卢永祥之间的军阀战争，又称"齐卢之战"，包括1924年9月至10月的第一次江浙战争和1925年1月的第二次江浙战争。这场战争的爆发是各种因素、多种力量共同作用的结果，规模虽然不大，持续时间也不长，但却引发了一场深重的人道灾难①；不仅使江浙及上海周边地区（尤其是江苏，当时的上海为江苏行政管辖）遭受了自太平天国运动以来最为严重的破坏②，打破了江浙地区长达60年的社会稳定，而且造成了巨大的生命财产损失，史称"甲子兵灾"。

第一节　江浙战争的爆发与简要经过

北京政府时期，由于中央政权缺乏权威，致使各地军阀彼此混战，争夺地盘。中国最为发达的江苏、浙江两地，则分别处于不同派系军阀控制之下。为争夺地盘，各派军阀一直明争暗斗，虽经江浙两地士绅多次调解，但无法调和，江浙战争由此爆发。

一、战争爆发前的江浙局势

江浙地区，因其地理之便、人口之众、文化之盛和经济之强，加之列强在此也有着重大利益关切，在近代以来的中国政治经济格局中具有突出地位。

自太平天国运动之后，江浙地区在比较长的一段时期内基本维持了社会安定，不曾受大规模战争之侵害，但是基于其地位重要，在受各方

---

① 人道灾难，又称为人道主义危机（简称"人道危机"），是由武装冲突、自然灾害等导致的人的基本权利受到威胁的状况。

② 大山：《战后的江南》，《东方杂志》第21卷第23号（1924年11月），第5页。

政治、军事强势力量的觊觎和争夺过程中，终于不能继续幸免兵灾战祸。1924 年爆发的江浙战争打破了几十年的安定局面，一时间生灵涂炭，可以说江浙战争是民国时期江南地区最大的一次社会动荡。

江浙两省自古山水相依，关系十分密切。自 20 世纪初起，两省关系却日渐紧张，冲突不断，其原因在于两省分别由直系和皖系军阀控制，彼此摩擦，在所难免。江苏历来是直系军阀的势力范围，历任督军冯国璋、李纯、齐燮元等均属直系；浙江则为皖系势力范围，卢永祥及其前任杨善德均属皖系，双方矛盾不可调和，随时可能爆发冲突。

1920 年直皖战争期间，段祺瑞就命令卢永祥配合皖系行动，向江苏发动进攻，以为策应。卢永祥积极响应，而时任江苏督军的李纯也不甘示弱，双方各自调兵遣将，战争一触即发。但因列强向江浙双方提出强硬抗议照会和严重警告，加之上海、浙江各公团奔走呼吁，要求双方停止军事行动，由此形成了巨大的社会压力。江浙双方遂于 7 月 12 日进行和平谈判，并达成协议，签订了《保境安民公约》，江浙战争危机暂告平息。此后，在 1922 年的第一次直奉战争中，张作霖也曾想联合浙江，进攻江苏，致使江浙两省人心浮动，世面凋敝。江浙绅商及商会公团等纷纷上书，要求当局表明态度，各自保境安民①。

1923 年 6 月，曹锟贿选风潮发生后，卢永祥率先通电表示反对，同时一面积极谋求联省自治，一面联络奉系和广东的孙中山，结成了反直的"三角同盟"，三方互为呼应，杭、沪成为反直系运动的中心。苏浙矛盾实际上是直系势力与反直势力矛盾的体现。此时，外间盛传直系方面准备以武力讨浙，而实际上，8 月初的保定会议上直系就已确定对浙用兵。浙江方面自然也不示弱，双方均积极备战，战争阴云再次笼罩江浙上空②。直系和浙江方面剑拔弩张，列强随即做出反应。英、美、法、日四国公使对北京政府发出严重警告："迭接江浙发生战事之讯，上海及附近地方，外人有巨大利益，如区内发生战事，利益受损，中国政府不能委卸责任。将来中国政府或该省长官如保护不周，对于损失应担负全责，且将于保护不周时，以适当手段自卫。"③

同时，两地绅商也积极开展新一轮的和平运动，在上海成立和平协

① 《总商会请苏浙当道宣布政策》，《申报》1922 年 4 月 19 日。
② 海上浮生：《江浙血战大写真》，上海民生书局 1924 年版，第 3—4 页。
③ 《外交部关于英美法日等国公使为江浙战争将起警告保护侨民致内务部函》，中国第二历史档案馆编：《中华民国史档案资料汇编》第 3 辑《军事》（三），江苏古籍出版社 1991 年版，第 140 页。

会，商议联合各省共同呼吁避免战争。江浙两省的旅京同乡，也向两省当局斡旋。

在各方的压力之下，加之开战时机尚不成熟，经张一麐、盛竹书等人的来往奔波，两省当局最终于 1923 年 8 月 15 日和 18 日分别签署了《江浙和平公约》，承诺保境安民。这一公约可看作是江浙地方绅商竭力维持和平的成果。8 月 20 日，上海各报刊出《江浙和平公约》全文，其条文如下：

（一）江浙两省人民，因时局漂摇，谣言四起，两省军民长官有保境安民之表示，但尚无具体之公约共同宣言，仍不足以镇定人心，迭经两省绅商驰电呼吁，仿前清东南互保成案，请求两省军民长官双方订约签字，以尊重地方公意，脱离军事漩涡为目的。

（二）江浙两省军民长官，徇地方人民之公意，对于两省境内保持和平，凡足以引起军事行动之政治运动，双方须避免之。

（三）在两省辖境毗连之处，如有军队换防之事，足以引起人民之惊疑者，两省军事长官须避免之，其两省以外客军如有侵入两省，或通过等情，由当事之省负防止之责任。于各保其境各安其民之中，仍为精神上之互助。

（四）两省内各通商口岸，为中外人民生命财产所托。上海尤为亚东最大市场，应由两省军民长官饬由各交涉员将此约通告各领事，对于外侨力任保护。凡租界内足以引起军事行动之政治问题，及为保境安民之障碍者，均一律避免之。

（五）此项草约经江浙两省军民长官之同意签字后，由两省绅商宣布之①。

由于《江浙和平公约》的影响，皖、浙两省也开始酝酿签订和平公约，浙江商会会长金百顺、安徽士绅余诚格是这一运动的中心人物。经两省绅商半月余奔走呼吁，10 月 8 日，《皖浙和平公约》签订②。皖浙公约签订后，在赣、浙相关人士的共同努力之下，12 月 6 日，《赣浙和平公约》亦告签订③。

然而，和平公约虽签，备战行动却仍在推进中，江苏方面增兵宜

---

① 《江浙和平公约成立》，中国第二历史档案馆编：《中华民国史档案资料汇编》第 3 辑《军事》（三），江苏古籍出版社 1991 年版，第 142 页。

② 共和书局编辑所：《江浙大战记》，上海共和书局 1924 年版，第 2 章第 5 页。

③ 共和书局编辑所：《江浙大战记》，上海共和书局 1924 年版，第 2 章第 7 页。

兴、昆山，浙江方面增兵嘉兴、湖州，安徽方面增兵广德。战争的阴影依然笼罩，东南依旧危机四伏。

二、江浙战争爆发的原因

实际上，江浙矛盾的核心问题在于双方对于上海控制权的争夺。

一方面，上海是当时中国的第一大商埠，全国最大的经济、金融中心，人口密集，工商业发达，每年的财税收入十分可观，鸦片走私贸易的利润更是惊人。同时，上海兵工厂生产的军火器械对乱世中的军阀来讲也是至关重要的。不仅如此，上海的地理区位优势十分明显，地处水陆要冲，是东南交通枢纽，在政治、军事上具有重大价值。无疑，控制了上海，就掌握了雄厚的财源、各种便利与权益。因此，江浙双方对于上海的争夺从未间断。

民国成立之初，北洋政府把上海划归江苏管辖，而江苏自冯国璋时代起，就一直是直系的地盘。然而，直系通过江苏管辖上海的时间并不长，1915 年 11 月，北洋政府设淞沪护军使管辖上海，任命皖系的杨善德为首任护军使。此后，护军使一职始终被皖系所把持。卢永祥、何丰林先后出任此职，上海也一直为浙省所控制，这无疑是齐燮元等直系势力所不能接受的。对卢永祥而言，除经济因素之外，浙江所处的周边环境也决定了上海的极端重要性。当时，浙江周边几省完全被直系所控制，除江苏的齐燮元之外，安徽督军马联甲、福建督军孙传芳、江西督军蔡成勋都属直系势力。浙江四面被围，处境险恶，而沪杭铁路实为浙省之咽喉，淞沪更是浙省的门户要冲，绝对不容有失。因此，对上海控制权的争夺，必定是双方冲突的焦点。

1923 年 11 月 10 日，淞沪警察厅长徐国梁遇刺，在继任人选问题上，江浙双方争执不下。最终，浙江方面所支持的陆荣镶接任。由此，江浙矛盾进一步加深。齐燮元希望以武力一举解决浙沪问题，但因直系内部特别是吴佩孚的态度还不明朗，因此才暂时隐忍，但局面已是一触即发①。

江浙战争的直接导火线是原福建皖系地方军阀臧致平、杨化昭所率军队进入浙江并被卢永祥接纳和整编的所谓"臧杨事件"。臧致平、杨化昭所部本为福建驻军，臧致平原为福建漳厦护军使兼福建第二师师

① 参见马葆珩：《齐卢之战纪略》，杜春和等主编：《北洋军阀史料选辑》（下册），中国社会科学出版社 1981 年版。

长，杨化昭原为福建第三师师长，皆属皖系。1924 年 6 月，臧、杨所部6000 多人，被直系所打击和驱逐，不得不离开福建，经过江西，辗转进入浙江。卢永祥为扩充实力，将臧、杨所部整编为浙江边防军，拥有万余兵力，并任命臧致平为边防训练处处长，杨化昭为二十四混成旅旅长，分别驻扎在与安徽、江西毗连的开化、淳安一带，卢永祥的实力大增。然而，此种做法违反了浙江与江苏、安徽和江西分别签订的"和平公约"中"不得容留、收编客军"的相关规定，引起了江苏、安徽、江西和福建地方军阀的不安和强烈不满，齐燮元遂以违反和平公约为由，对此严加指责，并不惜以联合闽、赣、皖三省武力讨浙相威胁，要求解散臧、杨军队。遭卢拒绝后，直系势力决定实施四省伐浙，至此战争已是不可避免[①]。

江浙局面的演变与江浙战争的爆发，这一过程充满了军阀派系之间错综复杂、千变万化的角逐。

其一，直皖战争后，皖系集团分崩离析、颓然衰落。卢永祥掌握的浙江及上海是皖系硕果仅存的势力范围。虽然卢永祥势单力薄，被周边地区的直系军阀所包围，但是他始终效忠一直试图东山再起的皖系军阀首领段祺瑞，不肯顺从直系。曹锟起先对卢永祥一再拉拢却毫无成效，于是便开始转变思路，不再约束一直跃跃欲试、对上海控制权志在必得的齐燮元，转而支持齐寻找有利时机解决卢永祥。特别是"臧杨事件"发生后，吴佩孚、曹锟积极推动江苏、安徽、江西和福建等省地方军阀共同对付卢永祥，必要时诉诸武力。

其二，卢永祥充分利用当时反直系的各方力量，试图化危为机，险中图存。在直系集团如日中天之时，反直系的各方力量基于自身利益和各自目的，试图联合应对，卢永祥自然也深谙其道。结果，粤（孙中山为首的革命力量）、皖、奉（张作霖为首的奉系集团）三方，结成了反直系的"三角联盟"，这让卢永祥在与周边直系地方军阀进行争斗的时候，抱有了一定的底气。

其三，孙传芳在夺取福建之后，直系所控制的北京政府任命周荫人为福建督办，将孙传芳改任为闽粤边防督办，让其进一步图谋广东。但是，由于广东是孙中山和西南军阀的地盘，孙传芳一时无法攻取，而福建也不可能同时容纳下周荫人、孙传芳两个军阀势力，所以孙传芳也开始把目光投向浙江，以便获取自己的地盘。这样一来，浙江便成为各种

---

① 参见海上浮生：《江浙血战大写真》，上海民生书局 1924 年版。

势力的矛头所向。

江浙局面的演变与江浙战争的爆发，背后还包藏着英、美、日等帝国主义列强的黑手。东南沿海省份特别是江南地区，历来是列强在中国进行控制和扩张的主要地区，它们在此有着重要的战略利益，上海更是核心所在。为此，列强不但直接控制某些特定地区（比如上海租界），而且在中国本土军阀势力当中寻找、培养和支持各自的利益代言人。起初，列强反对在江浙地区开战，担心会直接损害它们的在华利益，所以，英、美、日、法等列强当时都很关注江浙动向，多次对北京政府施加压力，提出警告。后来，英、美列强对卢永祥触犯它们利益的一些举动日益不满（比如鸦片贸易），于是转而支持直系集团对浙江和上海采取行动，以换取直系所控制的北京政府在重大利益问题上照顾英、美列强的需求，毕竟直系集团的重要支持者就是英、美。从总体上看，日本是支持皖系和奉系的，但在江浙事件上又大搞阴谋，挑动卢永祥、齐燮元以及孙传芳之间的互斗，竭力让中国不断地陷入内耗。

综上所述，江浙局面的演变与江浙战争的爆发，是各种因素、各种力量和各种目的综合作用的结果。大体而言，江浙战争的发生，齐燮元是积极主动的一方，一心想抓住时机发难挑事，而卢永祥处于相对的守势。当然，这个结果的产生，还受到其他方面因素的影响。比如，卢永祥在舆论上对曹锟贿选大总统事件进行谴责，以占据道义高地，沪、杭一带俨然成为"粤、皖、奉"反直活动的中心；卢永祥还利用所谓的"浙江自治运动"，虚与委蛇地迎合浙江本地民众的人心，并由此否定直系所控制的北京政府在法理上对浙江提出的"统一政令"的要求，等等①。凡此种种，也加剧了直系把卢永祥视为眼中钉，势必要完全夺取浙江和上海。

三、两次江浙战争的简要经过

（一）第一次江浙战争

当江浙事态的发展日趋严重之际，对立双方都积极备战，厉兵秣马，排兵布阵，战事一触即发。

1924 年 8 月 18 日，齐燮元在南京召开军事会议，自任总司令，部署对浙用兵计划，总司令部设在苏州。苏军布防，大致分为东西两路：东路军队集中在苏州、昆山，兼顾平望，其主力为朱熙部苏军第二师、

---

① 共和书局编辑所：《江浙大战记》，上海共和书局1924年版。

陈调元部第五混成旅、黄振魁部第二混成旅、吴恒瓒部第四混成旅，更配以齐燮元第六师之一部。此路军队由昆山分三个方向进攻，中线沿沪宁路攻上海，左线由太仓攻浏河，击吴淞之背，右线由青浦攻松江，冀截断沪杭交通；再由平望方面，东攻嘉兴，西攻湖州。西路军队集中于宜兴，其主力军为杨春普部第十九师、白宝山部第一师、马玉仁部苏军第三师，更配以张仁奎部第七十六混成旅，及齐部第六师之一部。此路军队袭击浙之长兴，再与平望军队会师湖州。苏军东、西两路中，东路昆山方面主攻，西路宜兴方面偏取守势，在太湖方面亦有水师驻扎，吴淞口更派宁、闽军舰会攻炮台①。此外，孙传芳组建闽赣联军，自任总司令，下辖中央第二师、中央第九混成旅、中央第十混成旅、中央第十一混成旅、中央第二十四混成旅、福建第一混成旅、福建第四混成旅、江西第三混成旅，主攻仙霞岭。

卢永祥的作战总计划是北攻齐燮元，南防孙传芳。从1927年7月开始，他把浙江和上海的军队作如下部署：南面以浙江第一、二两师的主力，集结于衢州附近，归师长潘国纲指挥；又以第一师的一部置于温州附近，由旅长郝国玺指挥，担当对闽防备。北面置第十师的第十九旅于吴兴、长兴间，由旅长王宾指挥，是为左路，对宜兴方面的陈调元、王普等部警戒。在右路的主攻开始时，左路采取助攻行动。以原驻嘉兴的第十师一团推进到王江泾，对苏州方面警戒，是为中路。以第四师及第十师的剩余部队开至上海，布防于白鹤港、嘉定、浏河之线，连同何丰林所部两个旅，统由师长陈乐山指挥，是为右路，作战开始后，这是对齐燮元苏军的主攻力量。臧致平、杨化昭两部及两个卫队团，则调集于杭州、嘉兴间，作总预备队，由卢永祥亲自指挥②。1924年8月24日，卢永祥在杭州又召开军事会议，继续议论研究与苏军作战问题。

当然，双方的作战计划和军力部署，又根据实际情形的变化而做出了调整变动③。从兵力上看，江苏本地总兵力计4万多人，皖、闽、赣等地的军阀也派出一定数目的援兵加入江苏方面对浙作战；浙江方面总

① 文公直、李菊庐：《江浙战纪（节录）》，章伯峰、李宗一主编：《北洋军阀（1912—1928）》（第4卷），武汉出版社1990年版，第847—848页。
② 项雄宵：《1924年的"齐卢之战"》，浙江省政协文史资料委员会编：《浙江文史集粹》，浙江人民出版社1996年版，第134页。
③ 交战双方的作战计划、军力部署与调整变动情况，可参见陈长河、殷华：《从档案看1924年的江浙战争》，《历史档案》1995年第2期，第119—125页。

兵力计6万多人①。此外，双方各有水军、空军介入，但双方水军、空军的实力都十分有限，所起到的作用也相对较小。

双方完成军力部署后不久，1924年9月3日上午10时许，两军前哨相遇于黄渡、安亭间，"各放排枪，正式接触"②。浙军为杨化昭部约一营，苏军为宫邦铎部约一营一连。第一次江浙战争正式爆发。

战争之初，齐卢双方的战斗主要在宜兴、沪宁线、嘉定、浏河、青浦五个方向展开。

宜兴方向：战争爆发后，苏军进攻受阻，延至5日，浙军反击，攻至距宜兴仅十余里处，苏军大溃，并有三营兵力哗变。7日，浙军进占蜀山。齐燮元急调安徽第五混成旅增援，终于挡住了浙军。之后，双方相持于蜀山与宜兴之间。

沪宁线：沉寂两天后，至6日晚，两军在安亭激战，双方飞机亦赶来助战，但终因势均力敌，两军遂处于胶着状态。

嘉定方向：9月3日晚，苏军进攻嘉定西门，守军抵挡不住，形势岌岌可危。4日，浙军杨化昭部6个营奉命增援。5日，双方发生激战。6日，苏军继续猛攻，但杨部为能征惯战之师，沉着迎战，终将苏军击退，两军于是在嘉定附近对峙。

浏河方向：9月4日下午，苏军发动攻击，浙军开炮予以抵御。下午5时，浙军抵敌不住苏军的猛攻，退守罗店，浏河落入苏军手中。是日晚8时，苏军乘胜进攻，浙军急调杨化昭部主力增援才稳住了阵脚。5日凌晨3时，苏军派300名敢死队冲锋，不料陷入重围，全军覆没。苏军见状急忙收缩，浙军趁机追击，并进占浏河。此后，苏军援兵赶到并反攻数次，均被浙军击退。6日晨，浙军发布总攻击令，迫使苏军撤至原防地。

青浦方向：9月5日，苏军由安亭兵分两路，一路进攻距离安亭6里的泗港镇，另一路进攻泗港镇西南的白鹤镇。至6日下午3时，双方

① 此处数据来源于古蓣孙：《甲子内乱始末纪实》，来新夏编：《北洋军阀》（第4卷），上海人民出版社1993年版，第242—243页。另有说法认为，江苏方面总兵力为8万余人，浙江方面总兵力为9万余人，参见杨锐、朱春健：《江浙战争之始末》，《民国春秋》2001年第5期，第23页。或者认为，江苏方面总兵力约7万人，浙江方面总兵力约9万多人，参见郭剑林、王华斌：《卢永祥督浙史之考察》，《杭州师范学院学报》（社会科学版）1988年第1期，第102页。或认为卢永祥的浙军有7.4万人，何丰林的沪军1.7万人，总兵力9.1万；齐燮元的苏军8.1万，参见罗元铮总主编：《中华民国实录》（第1卷）下册，吉林人民出版社1998年版，第858页。

② 丁中江：《北洋军阀史话》（第4集），中国友谊出版公司1992年版，第152页。

激战于青浦北十余里的孔宅。由于浙军的拼死抵抗，苏军未取得任何重大进展，之后，两军保持对峙态势①。

总之，齐卢双方起初都没有实质性的进展和突破，陷入胶着状态，只是浙军稍占优势。这种情况一直持续了10多日。但是，孙传芳率领的军队从福建对浙江的进攻却异常顺利而迅速，从而很快打破了齐卢双方在北部战线上的胶着状态。

孙传芳于9月10日攻下浙江西部的常山，9月16日在卢永祥部下叛军的协助下轻取仙霞岭，旋即又拿下江山，不久接连攻克衢州、兰溪等地，至9月22日，湖州也被孙军占领，卢军被迫再次向嘉兴方向撤退，浙西战场局势对卢永祥极为不利。

9月18日，卢永祥得知前线败讯，认为后方受到威胁，且内部军心不稳，浙江已无法立足，于是决定放弃浙江，坚守淞沪，将司令部移驻上海龙华，自己也离杭到沪。此后，浙江警务处长夏超迎接孙传芳入浙。9月25日，孙传芳部进入杭州。卢军军心不稳，齐军则趁势进攻，相继占领嘉兴、长兴等地。卢军全线收缩，向上海方向靠拢。9月25日，嘉兴失守后，卢军全部退入江苏境内，集中于上海附近，意图固守。

自孙传芳大军占领杭州后，沪宁铁路黄渡一线的战事也随之激烈起来。尤其是齐燮元方面攻势日益加紧，每日总要发动两三次冲锋，虽然都被卢军密集炮火击退，但在整个战局中，显然是齐军转入优势，卢军陷入腹背受敌的不利地位②。

卢永祥决意以攻为守，困兽犹斗，而齐燮元则试图进一步扩大优势，双方遂于9月29日在黄渡发生激战，又于10月1日展开激烈的马陆之战。在马陆之战中双方都伤亡惨重，仅卢军一方战死的就有3000余人，但卢军未能通过此战扭转局面。其后，齐燮元、孙传芳前后夹击，对上海形成合围态势。

10月5日，齐燮元下达总攻命令；10月8日，孙传芳部占领松江，10日占领青浦；与此同时，齐军在黄渡、浏河发起猛攻，卢军已然陷入绝境。在此情况下，卢永祥于12日在龙华司令部召开紧急会议，鉴于大势已去，了无胜算，于是通电宣布下野。13日晨，卢永祥、何丰林等

① 涂小元：《浅析江浙战争》，浙江省博物馆编：《东方博物》（第15辑），浙江大学出版社2005年版，第45—46页。

② 马葆珩：《齐卢之战纪略》，杜春和等主编：《北洋军阀史料选辑》（下册），中国社会科学出版社1981年版，第146页。

人乘船前往日本。

卢军余部不甘心就此落败，推举皖系巨头徐树铮为总司令，意欲继续在真如一带顽抗到底（主要是臧致平等人）。但是，列强眼看大局已定，也不愿意战争继续下去而对上海有更大的波及，于是上海公共租界工部局出手干涉，派巡捕将徐树铮软禁并随即遣送至英国。卢军于是彻底瓦解，很快接受改编和遣散。至此，历时40多天的第一次江浙战争以卢败齐胜而告终。

齐燮元虽然在军事上取得了胜利，但也并非是真正的赢家，因为他没有实现控制上海的既定目标。战前，吴佩孚派张允明率领混成旅前来支援，而张允明的心思同样在淞沪护军使一职上[①]，这也符合吴佩孚的用意，如此势必与齐燮元产生了矛盾。但此时齐燮元已经没有充足的力量和十足的理由去决定淞沪护军使一职的人选了，因为他此次的军事胜利，关键在于孙传芳部所取得的重大军事进展与成功。至于孙传芳，对自己能够轻松取得浙江的控制权已是感到非常满意，加之战争结束之后又以战胜者的身份收编了卢永祥约5个师的人马，更是志满意得。既然已经获得了足够多的利益，孙传芳也就乐于顺水推舟迎合吴佩孚和张允明了。更何况齐燮元和孙传芳两人，都是心怀鬼胎，各自盘算着既不能让直系头目吴佩孚不快，又不能让毗邻的对方控制上海而坐大，以免日后对自己构成威胁，所以都倾向于让第三人张允明得利。结果，张允明被委任为淞沪护军使[②]。为了争夺上海地盘，齐燮元主动挑起事端，但最终损兵折将，劳民伤财，"未得丝毫好处，大有悔不当初之感"[③]。

（二）第二次江浙战争

北方奉系的张作霖在1922年的第一次直奉战争中落败后，一直想方设法要扳回一局，于是与粤、皖结成联盟，以对抗直系。在江浙战争问题上，奉系是支持卢永祥一方的。江浙战争开始10余日后，第二次直奉战争爆发了。正当直奉两军在前线相持不下之际，冯玉祥突然倒

---

① 江浙战争后期，张允明曾经秘密与徐树铮等接洽，打算投靠卢永祥一方，以换取卢方支持其担任淞沪护军使，但由于战场情形瞬息万变而没有实现。由此可见，张允明对淞沪护军使一职之觊觎。

② 第二次直奉战争后，奉军大兵南下，长驱直入，占领南京和上海，委任奉系邢士廉为淞沪护军使，取代了皖系张允明。

③ 马葆珩：《齐卢之战纪略》，杜春和等主编：《北洋军阀史料选辑》（下册），中国社会科学出版社1981年版，第148页。

戈，回师发动了北京政变，囚禁曹锟，直系政府迅速垮台。曹锟下台后，卢永祥由日本回国，并与张作霖等共拥段祺瑞为临时总执政，以收拾局面。段之复出，给了卢永祥东山再起的良机。也就是说，直系北京政府的迅速垮台，皖系段祺瑞、奉系张作霖以及冯玉祥控制北京政府，让卢永祥得以卷土重来，再度向齐燮元发起挑战。

齐燮元眼看直系将崩溃，便一方面通电表示拥护段祺瑞的北京政府，另一方面暗中谋划自保。此时，形势已对他极为不利。1924 年 11 月 14 日，段祺瑞、张作霖和冯玉祥开会，根据段祺瑞的要求，张作霖派张宗昌等率奉军随卢永祥南下，攻打盘踞江苏的齐燮元，但不进入浙江[①]。12 月 11 日，段祺瑞任命卢永祥为苏皖宣抚使，随后又令其兼江苏督办，同时罢免了齐燮元苏皖赣巡阅使兼江苏督军职务。12 月 12 日，张作霖、张学良等在天津商议对江苏用兵计划。奉军南下极为迅速，张宗昌部未遇抵抗就占领了徐州，随即直抵长江边，分路渡江。不久，奉军方振武部抵达南京郊区的浦口，齐燮元闻讯，由浦口不战而撤回南京。

1925 年 1 月 4 日，张宗昌率领大军集结南京，齐燮元则被迫放弃南京，撤退到镇江，集结兵力，布置阵地。此时，浙江孙传芳也如芒在背，旋即电报质问段祺瑞，段祺瑞则电告孙传芳，谓奉军无意攻打浙江，予以安抚。

1925 年 1 月 9 日，在奉系大军压境的情况下，孙传芳、齐燮元在杭州、上海分别召开军事会议，决定成立江浙联军总司令部，共同抵抗奉军。1 月 11 日，孙齐联军对上海的张允明部发起攻击，宣布占领上海。第二次江浙战争正式拉开序幕。13 日，孙齐联军又占领苏州。同日，段祺瑞开会讨论江苏、上海问题，要求孙传芳从上海撤兵。14 日，卢永祥、张宗昌、臧致平等决定成立"宣抚军"，以对付孙齐联军，并解决上海问题。在奉系军事威胁包括列强的压力下，孙传芳、齐燮元于 15 日发表通电，表示要退出上海，但实际上并未付诸行动。

值得注意的是，北京政府对孙传芳、齐燮元采取了区别对待、分化瓦解的策略，特别是段祺瑞，与张作霖貌合神离，不愿奉系在江南独霸天下，所以乐于看到孙传芳势力的存在，以便对奉军有所牵制。孙传芳

---

① 陈长河、殷华：《从档案看 1924 年的江浙战争》，《历史档案》1995 年第 2 期，第 125 页。第二次直奉战争的经过详情，可参见陈长河：《从档案看 1924 年第二次直奉战争》，《军事历史研究》2003 年第 4 期，第 99—110 页。

基于自身利益，很快即与段祺瑞暗中联络，取得对方谅解，双方达成默契。1月16日，段祺瑞任命卢永祥为江苏督办，孙传芳为浙江督办。其后，孙传芳表面上虚张声势，实际上已经停止对齐燮元的支持，即使在江苏战事最激烈的时候，也是采取隔岸观火的态度。

1月17日，镇江被奉军攻克。齐燮元先退至常州，后又退至无锡、青旸镇、江阴一带，并"从太湖边起北至江边，布置了一道坚强的防线，准备固守。张宗昌设司令部于常州。张在横林前方指挥，分兵三路，命毕庶澄攻打江阴，方振武攻打青旸镇，许琨、程国瑞、褚玉璞攻打正面"①。20日，孙传芳下令己方部队撤出无锡、苏州，回防于浙沪周边。这无异于釜底抽薪，对齐燮元造成了沉重打击。26日，奉军攻克无锡，齐燮元再退至苏州。28日，齐燮元退至上海，很快即通电下野，逃亡日本。齐部被孙传芳所接收。

张宗昌部前锋迅速到达上海，与孙传芳在上海周边的军队对峙于上海西南一带，形势一触即发。紧要时刻，段祺瑞派陆军总长吴光新进行调停。由于奉军初来乍到、立足未稳，而孙传芳一方势单力薄，于是双方遂在吴光新的主持下议和成功。1925年2月3日，张宗昌与孙传芳在上海签订《江浙和平公约》，该约规定：浙军退至松江，奉军退至昆山，孙传芳移交兵工厂于上海商会保卫团，上海不驻兵。至此，第二次江浙战争落下帷幕。

在第二次江浙战争中，卢永祥主要是借奉军之力打败了齐燮元，其自身并未获得多少收益，因为卢永祥实际上只是奉系的一个可以利用并借口南下的棋子而已。在奉系达到目的之后，卢永祥的江苏督办一职，不久即被奉系杨宇霆所取代，卢永祥则从此在政界、军界销声匿迹。第二次江浙战争结束后不久，奉系便撕毁《江浙和平公约》，不但进占了上海，而且图谋以上海、江苏为基地，进一步霸占东南各省，从而引起了周边各省地方军阀的恐慌，他们以孙传芳为核心，于1925年10月联合发动了浙奉战争，打败并驱逐了奉军，奉系遂败退回北方。

① 阮玄武：《我所参加的齐卢战争》，《20世纪上海文史资料文库》（第1卷），上海书店出版社1999年版，第151页。

第二节　江浙兵灾的"战争损害"

江浙兵灾带来严重的"战争损害"。所谓战争损害，不仅仅是指诸如民众和官兵之重大伤亡、家园和财物之巨大损失等最直接、最显著的情况，还包括商业活动骤减或停止，金融动荡，物资匮乏，物价飞涨，拉夫、勒索、抢劫、强奸等恶性事件，激增的各种名目的战争税赋，大量的城镇、田地和庄稼被破坏，等等，这些方面也是战争带来的损害。而江浙战争"血战四十日，兵民横死数万人，苏民遇燔掠，转徙无归凡九县，纵横数百里，号而待哺者数百万人"①，造成严重的人道灾难②。

江浙战争虽然是为了争夺上海，但是战区却主要处于江苏南部、浙江北部以及沪城周边地带，尤其是江苏南部。所以，战争损害也主要发生在这些地区。具体来讲，"江浙两省各地损失并不一致。这既与两军军纪有关，更因战区分布的原因。苏省，特别是嘉定、太仓、宝山、青浦、昆山、松江、宜兴、上海、金山等九县一直是双方交战地带，故损失尤为惨重。而浙省之长兴、吴兴（湖州）、嘉兴、嘉善及苏省之苏州、吴江等地，由于为双方驻兵防守之地，损失亦不赀。南京、扬州、镇江、常州、无锡及浙江省城杭州、衢州、桐庐、兰溪、宁波、绍兴等地，则因双方军队动员或行军而饱受骚扰惊吓之苦。军费勒索、交通阻碍、金融呆滞等则是对两省普遍性的损害"③。

鉴于本次战争损害在江浙两省各地的严重程度有较为明显的差异，本书对受损最重的地区，即嘉定、太仓、宝山、青浦、昆山、松江、宜兴、上海、金山等9县④，加以详细说明；对长兴、吴兴（湖州）、嘉兴、嘉善及苏州、吴江、镇江、常州、无锡等地，也予以适当关注；而对南京、扬州及浙江省城杭州、衢州、桐庐、兰溪、宁波、绍兴等地，则略有涉及。

---

① 李文海等：《近代中国灾荒纪年续编》，湖南教育出版社 1993 年版，第 120 页。

② 冯嘉锡、朱祖荫辑：《赈务要编》，江苏赈务处 1924 年编印。

③ 冯筱才：《江浙商人与1924年的"齐卢之战"》，（台北）《"中央研究院"近代史研究所集刊》2000 年第 33 期，第 200 页。

④ 章有义编：《中国近代农业史资料》（第 2 辑），生活·读书·新知三联书店 1957 年版，第 610 页。

一、对城市经济造成严重冲击

(一) 对金融业的冲击

战争传言一起，金融业往往首当其冲受到冲击，而上海作为中国第一大商埠和金融中心，又被战区所包围，受到的冲击可想而知，并进而引起工商业的连锁反应。自1924年8月中旬起，上海公债市场受战讯影响，不断下跌，沪市整六公债竟自100元跌去16元，其他各种亦大幅下落。永春等5家钱庄先后倒闭，共亏欠近220余万元。金融顿呈恐慌，挤兑之风骤趋旺盛。银根紧缩，洋厘银拆开始高涨。经钱业公会及银业公会通力合作，同业互相援助，危机虽得以迅速缓解，人心稍定，但各业交易仍大受影响，客帮停止办理货物装运，现货买卖极罕，纱花、呢绒、五金、煤斤等业皆大受打击，丝市、茶市等因金融关系均告停滞，秋季销售一蹶不振。同时，汉口、天津、济南、北京等地金融亦随之动摇。国内商业即因此而饱受摧残，而上海商人因流通日少，资本呆滞，亦无法正常获利①。

由于市场的系统性，从战区中心上海发生的金融风波、工商业动荡，迅即波及远离战区的其他地方，使战争损害被放大。至于处于战区的江浙两省，其金融业和工商业则基本上已陷于停顿，有崩盘的危险。

战争传言刚起之时，报纸上就不断刊发"钱庄搁浅""又有两钱庄搁浅""商行停贷止汇""嘉湖停市""南京金融界恐慌""苏州钱市受谣言影响"等一系列消息②。此种情形之严重，单从苏州一地即可窥其一斑：1924年8月25日，苏州警察厅长赵金城为维持钱市而致函苏州总商会，指出"自战谣发生以来，银根奇紧，牵动金融，洋厘飞涨，为从来所未有"③。虽然苏州总商会竭力采取各种应对措施，以维持市场和金融秩序，但是显然于事无补，一发不可收拾。于是产生连锁反应，1924年9月7日，苏州铁机丝织业公会致函苏州总商会汇报窘迫情况："敝公会接各厂报告，际此风鹤频惊，金融阻滞，机工生活势难维持……目下金融几绝，无庸缕述。平时各厂转运，专恃各埠销货，会销

① 冯筱才：《江浙商人与1924年的"齐卢之战"》，(台北)《"中央研究院"近代史研究所集刊》2000年第33期，第206—207页。江浙战争对上海金融业的影响，另可参见施正康：《近代突发事件中的上海金融业》，《上海经济研究》2004年第12期，第71—72页。

② 可参见《申报》1924年8月20日、8月22日、8月23日等。

③ 马敏、祖苏主编：《江浙战争》，华中师范大学、中国近代史研究所、苏州市档案馆合编：《苏州商会档案丛编》(第3辑)下册，华中师范大学出版社2009年版，第1621页。

货不通，客款无下，银行、钱庄又无现款接济，工人日用所需不能缺乏，势必迫而停业。"① 可以说，类似苏州这样的情形，在江浙等地区具有普遍性。

（二）工商业遭受重创

江浙战争对工商业活动的破坏，同样是极为严重的，而且波及甚广，不但对上海、南京、杭州、江阴等战区的工商业造成极大的破坏，甚至传导到安庆、蚌埠、汉口、长沙等外省的大中城市②。

早在 1924 年 8 月底的时候，上海的商业环境就已发生紊乱，很多工厂停工，厂家损失巨大，工人则困苦至极。棉布、钢材等货物进口亦困难重重，而丝市则"因江浙战争之关系，遂致一蹶不振"③。杭州的产业包括丝绸业在内，都一落千丈。南京居民亦惶恐不安，该地的纺织、绸缎等行业，几乎完全停顿。江阴成为一座孤城，水陆交通，完全断绝；各种商业，受累匪浅，连居民日常生活所需之粮食等物品，也面临断绝之虞。此外，湖州、嘉兴、硖石、宁波、南浔的商业都受到了严重的影响。

有学者指出："工矿业因战争影响，损失亦不赀，如号称'南方唯一之实业'的商办浙江长兴煤矿公司注册资本为 220 万元，规模浩大，每日出煤 600 余吨，筑有直通矿区之铁路。自战事开始，矿区正当冲要，职员逃散，材料遗失殆尽，矿内工程悉数损毁。公司事后统计，共损失银洋高达 588 万元。其他各类工厂因市面不靖而停工者亦甚多，如上海及无锡荣氏所办申新纱厂、福新面粉厂即是一例。江浙本为棉、米出产之地，战事发生正值新棉成熟、稻禾长成之时，齐卢开战四十日，农民四散逃难，新棉稻禾多烂在田间或遭兵士践踏，以江苏战区太仓、昆山、嘉定、青浦四县为例，棉花平均损失率在 60% 以上，稻谷则在 40% 左右。除棉、稻外，其他如蚕桑、豆麦等农作物损失亦颇巨。农产减收，商人既无从购销，农民收入亦告断绝。农村之衰败、农民购买力的下降，使商业难以独善。"④

① 马敏、祖苏主编：《江浙战争》，华中师范大学、中国近代史研究所、苏州市档案馆合编：《苏州商会档案丛编》（第 3 辑）下册，华中师范大学出版社 2009 年版，第 1622 页。

② 王方中：《1920—1930 年间军阀混战对交通和工商业的破坏》，《近代史研究》1994 年第 5 期，第 150—152 页。

③ 夏友善：《民国十三年上海之丝市》，《农商公报》1925 年第 10 期。转引自高景岳、严学熙编：《近代无锡蚕丝业资料选辑》，江苏人民出版社、江苏古籍出版社 1987 年版，第 231 页。

④ 冯筱才：《江浙商人与 1924 年的"齐卢之战"》，（台北）《"中央研究院"近代史研究所集刊》2000 年第 33 期，第 208 页。

江浙以外的相关省市，也受到池鱼之殃。例如，安徽安庆的各行各业，少有兴隆景象，多数是惨淡经营，绸缎业尤其冷清。蚌埠是重要的转运站，自江浙战争以来，由于南北交通要道被阻断，造成货物积压，堆积如山。湖北汉口的不少商家，因战事爆发顿时举步维艰，甚至濒临倒闭。湖南长沙的工商业，除红纸业、金业、油盐业等少数行业外，其他行业亏损面达90%。天津的情况稍好，据统计，1924年8—12月，灰煤业、鲜货业、干鲜果品与上年同期相比，分别亏损40万元、23万元、87万元①。

总之，大江南北特别是长江中下游地区的许多城市，工商业受到江浙战争直接或间接的影响，损失颇为惊人。

（三）交通运输业几近瘫痪

战争本身就会导致交通断绝，更何况军阀们在战时更加肆无忌惮，随意破坏交通设施，切断交通要道，阻碍客货运行，并且还任意抢夺各种交通工具为其所用，或运送官兵，或运载军械。由此造成的交通不畅甚至瘫痪，无疑给生产生活和商业活动造成了极大的困难。江浙战争期间，"两军开火，沪宁路、沪杭路交通先后被切断，内河航线多数停驶。交通梗阻使货物流通受阻，运输风险及费用激增，于江浙商业颇有影响。南京商货运输本以铁路为主，8月底，齐燮元扣留货车180余辆，客货运输遂告中断。所有土产只得藉水运才能输出，而像匹头、棉纱等各项进口均大为减少。苏州因水陆交通皆断，商务告停，总贸易值比上年减少680万两。杭州由于交通梗阻，货物经嘉兴又须交专捐，故菜子及棉花之出口量较往年骤降。不仅重要商埠受到牵涉，即使像德清之类浙西内地市镇因货源告罄，商民生计为艰。同时一些地方的邮路亦受阻，给民众带来很大不便"②。

整个战争期间，江浙地区的交通道路（主要是铁路和公路）受到一定程度的毁坏，至于对江南地区很重要的水路交通，则因为封船或者拉夫而造成停摆。例如在杭州，"征用船只，阻断交通，强募夫役，……因之水陆运输，为之一时完全停顿……及至十月战事告终，

① 天津市档案馆、天津市社会科学院历史所等编：《天津商会档案汇编》（第4册），天津人民出版社1996年版，第4257页。
② 冯筱才：《江浙商人与1924年的"齐卢之战"》，（台北）《"中央研究院"近代史研究所集刊》2000年第33期，第208页。

人道的力量：中国红十字会救援江浙战争研究

于是月二十日，方见第一次小轮离港开往上海"①。由此可见民众和商家苦不堪言。

交通断绝带来的普遍性后果，在苏州也是存在着的。1924 年 9 月 23 日，吴县知事在回复苏州总商会的公函中指出，"据苏州煤炭业垫震公所函称，敝公所同业万昌盛等煤号报称，苏地自江浙开衅以来，煤炭来源断绝，近因拉夫封船之故，本区域内送货船只亦畏惧远避，营业告辍，以致城厢内外各小煤炭店及用户，均有青黄不接之虞"②。煤炭如此，其他必需和急需的商品，同样如此。上海总商会在函文中指出："受封船影响，当锡澄宜等产区食粮，堆积无可装出，以致内地米价，与沪埠相差悬殊……现北市河下停泊之卸空米船，达三百船，均惧被封，不敢开回。"③ 由此可见江浙战争冲击波之强。

二、使战区乡村市镇遭受重创

第一次江浙战争在江苏境内造成的损失，主要涉及嘉定、太仓、宝山、青浦、昆山、松江、宜兴、上海、金山这 9 个县。"区区九县中，枪炮的子弹纵横突飞，军队于决生死争地方以外，行有余力，则以抢劫，就地土匪，乘机大起，人民的生命财产，真是不堪闻问了。"④ 在第一次江浙战争结束后，旋即成立了"江苏兵灾各县善后联合会"，该会派出调查人员对上述 9 县遭受的战争损害情况进行调查统计，并撰写了纪实调查报告："战局一开，地方糜烂。战线绵长数百里，战期迁延四十日。大兵所指，人民遁逃；炮火所经，村市为墟。兵匪劫掠，十室九空；流弹横飞，伤亡盈野。灾遍九邑，焚烧千户。灾民无衣食住者，数十万家；农田被蹂躏者，百余万亩。直接损失，六千万元以上。诚洪杨以还，吾苏未有之巨劫也。调查所经，荒业瓦砾，人烟几绝，腥秽触鼻，飞苍纷集。兵灾之后，设继以疫疠，为害更不堪设想"，"今战事初平，人民返里，衣食俱无；或房屋被焚，资产积蓄，荡然无存，其惨伤

---

① 王方中：《1920—1930 年间军阀混战对交通和工商业的破坏》，《近代史研究》1994 年第 5 期，第 139 页。

② 马敏、祖苏主编：《江浙战争》，华中师范大学、中国近代史研究所、苏州市档案馆合编：《苏州商会档案丛编》（第 3 辑）下册，华中师范大学出版社 2009 年版，第 1627 页。

③ 《总商会致红十字会函》，《申报》1924 年 9 月 3 日。

④ 章有义编：《中国近代农业史资料》（第 2 辑），生活·读书·新知三联书店 1957 年版，第 610 页。

悲愤之慨，笔难罄述"①。

据调查，"本省兵事经过之地，被灾之重，以一地方论，当以浏河为最重；以全邑普遍论，当以嘉定为首"②。各县具体遭受兵灾的情况，择要概述如下。

（一）嘉定

嘉定全县 34 个市乡全部受灾。"两军相持之地，以嘉境为最广，战线最长，历时最久，剧战最多，房屋之毁损、物品之劫掠、逃亡之众多……统观全邑受灾情形，以西南北三乡为重，东南与东北较轻。然欲求一较完善之地，除城市中心部分及娄塘与广福两镇一部分幸免劫掠外，余则蹂躏所及，无不糜烂"③。战争历时 40 余天，祸及全境，全县死难约 4000 人，流离失所者 10 万余人，毁房 2082 间，大牲畜死亡 1335 头（只），经济损失 66.60 万余元④。其中又以黄渡、安亭、南翔、方泰等地损失为最。

（1）黄渡：嘉定县黄渡镇为两军争夺的焦点，交火最早，相持最久，战祸最烈。两军相持在两星期以上，全镇被劫掠一空。据黄渡同乡会 10 月 22 日请齐韩速撤军队电谓："战事告终，残棉萎地，已无余望。禾稻成熟，尚可收获，而乃军队横行，迄未归伍。帮匪附和，四出搜掠，门窗桌椅，瓶樽针剪，油米杂粮，乡村农具，无物不载，连樯西驶，甚至按户索饷，绑票勒索，不遂其欲，纵火焚屋。拦路搜索，虽一衣一履，亦遭剥夺。迈妇纺女，横被行强，灭绝人道。"⑤ 据里人章圭璎撰《黄渡甲子历劫记》载："交战第三日起，枪炮声始稀，抢掠风始炽。其初挨户打门……既入住宅，即翻箱倒柜。最要袁洋钞票、金银首饰、绸缎衣服。其次家用物件，铜锡器皿，亦被搜一空……入富户，掘地以取藏金。"⑥ 而据王完白的调查，"全镇乡损失三百余万（数不甚确实），而居民死的有三四百人，妇女因兵士们侮辱死的有一百余人，房屋被毁千百家。来扰乱的大都是苏军，夜间抢劫兵士们所用的火把，闪烁和上

① 娄东、傅焕光、黄允之等：《江苏兵灾调查纪实：兵灾各县概论》，江苏兵灾各县善后联合会 1924 年编印，第 1、2 页。
② 娄东、傅焕光、黄允之等：《江苏兵灾调查纪实：嘉定县》，江苏兵灾各县善后联合会 1924 年编印，第 1 页。
③ 娄东、傅焕光、黄允之等：《江苏兵灾调查纪实：嘉定县》，江苏兵灾各县善后联合会 1924 年编印，第 1 页。
④ 杨于白主编：《嘉定县志》，上海人民出版社 1992 年版，第 647 页。
⑤ 《齐卢兵祸》，杨于白主编：《嘉定县志》，上海人民出版社 1992 年版，第 648 页。
⑥ 《齐卢兵祸》，杨于白主编：《嘉定县志》，上海人民出版社 1992 年版，第 648 页。

海街夜间所排列的电灯一样"①。

9月16日，卢军撤走，联军如潮而至，"在吴淞江中停泊巢湖船数十百艘，首尾衔接，拖以小轮。将全镇门窗、台凳、床帐、橱箱，以及米麦杂粮尽行装载而去"；"全镇均被劫掠，镇之西北战期最久……约有九里房屋均被炮弹毁坏"，以至于全镇"竟无不败之屋，不毁之室"，共焚毁房屋458间②。

（2）安亭：嘉定县安亭镇，地跨嘉定、昆山、青浦三县之交，为前线总汇之处，南至白鹤江，北至方泰、外冈，中至黄渡、南翔，无不由此进退。因此"仅八九百居户，三千余人之小镇，前后驻军有一百七十余营之多，叠遭蹂躏，民不聊生……向有所谓四壁萧然者，今且只一二壁危然独存矣。不特十室九空，实已十室十空矣"③，一片破败景象。尤其是西至徐公桥，南至顾浦桥一带，"蚁聚输送船数百号，兵伙数千，如飞蝗扑地……南至吴淞江，北迄铁路，十数乡村被抄无数次，猪羊宰杀净尽，人烟绝迹者两月余"④。又据《嘉定县志》记载："安亭镇一直为联军所踞。镇上即使一家茅棚，兵士、土匪必光顾若干次。第一次入宅，索现洋、珠宝；第二次来者，索各种细软贵件；第三次来者，索一切应用衣服用品；第四次来者，虽钟瓶盆盂，亦携之而去；第五次来者，连花架木器亦肩扛而行；第六次来者，屋中已无所有，则遍撬天花板、地板、掘觅阶石，惟恐难民将珍贵物品密藏其中。兵士抢得各种首饰珠宝，套藏手臂或衣囊之中，钞票等物则置于裹腿布内，若所劫之物多得无处藏身，则脱弃军服，抛掉枪支，披上难民衣裳，逃之夭夭。其所弃军服、枪支为地区流氓所得，则戎装抢劫。"⑤劫后的民众除身着之单衣外，几乎再无余物⑥。

---

① 王完白：《安亭附近被兵情形数则》，原载《孤军》1925年增刊，见俞坚、张涛主编：《人道百年——报刊中的常州红十字（1914—2013）》，常州市红十字会2014年编印，第57页。

② 娄东、傅焕光、黄允之等：《江苏兵灾调查纪实：嘉定县》，江苏兵灾各县善后联合会1924年编印，第2页。

③ 王完白：《战地闻见录》，原载1924年《通问报》《商报》及《中华医学杂志》1925年第3期，见俞坚、张涛主编：《人道百年——报刊中的常州红十字（1914—2013）》，常州市红十字会2014年编印，第57页。

④ 宋琨辑：《江苏兵灾调查纪实——太仓、昆山》，苏州市地方志编纂委员会办公室、苏州市档案局、苏州市政协文史编辑室编：《苏州史志资料选辑》（半年刊）1990年第2辑（总第16辑），《苏州史志资料选辑》编辑部出版，第97页。

⑤ 《齐卢兵祸》，杨于白主编：《嘉定县志》，上海人民出版社1992年版，第649页。

⑥ 娄东、傅焕光、黄允之等：《江苏兵灾调查纪实：嘉定县》，江苏兵灾各县善后联合会1924年编印，第4页。

（3）南翔：嘉定南翔镇并非战地，但军队过境奸淫烧杀，受灾同样惨重。10月14日，苏、皖、鄂、豫各路军队蜂拥而至，不仅抢劫富户大店，连镇上商团、保卫团及警察第一分所之图记、文件亦一并抢去。夜间放火，南街轿子湾一带首当其冲。继而寺前街、上岸、下岸、走马塘、慈善街连烧四昼夜。劫掠焚毁大小商店63家，"全镇共焚毁房屋五百四十余幢，计一百三十户……商店及住宅迭被劫掠者在三千一百户以上。据地方绅商调查损失计，计焚毁房屋货物及劫掠三项，全镇有五百数十万之巨。此外该乡炮火所及经各村……民房亦有炸坏及损伤。至劫掠情形，则逐户搜刮，无一幸免，幸得漏网者仅五户耳"①。"街市两旁均破毁无余，荒凉满目"，就连南翔"最繁盛之香花桥，东街西街，已只余一片焦土，瓦砾成堆而已"②。而后联军集大小船只数百只，将抢来之物满载西去。

（4）方泰：嘉定方泰镇居安亭、黄渡之北，为"战线要隘"，因而该镇"自开战迄终，四十余日，无日不在兵队蹂躏之中"③。经历了炮火的"洗礼"之后，"方泰一镇，洗劫殆尽"④，"但见全市房屋，空空洞洞，状若荒山凉亭，内外无一完物，所余者垃圾如山，遗尿满地而已。秽臭触鼻，蝇蚋扑面，令人几难呼吸"。全镇304家，弹丸之地，"前后驻军逾十万"，供应军需，"筋疲力尽"⑤。在这次战争中，"全镇的居民死伤近五六百人，房屋被毁的有七八十间。全镇学校也被毁去，乡公所连一切记载物，亦都焚去"⑥，至乡村如青石桥、沙浜、小石桥，"房屋受损极多"⑦。

① 娄东、傅焕光、黄允之等：《江苏兵灾调查纪实：嘉定县》，江苏兵灾各县善后联合会1924年编印，第1—2页。
② 王完白：《战地闻见录》，原载1924年《通问报》《商报》及《中华医学杂志》1925年第3期，见俞坚、张涛主编：《人道百年——报刊中的常州红十字（1914—2013）》，常州市红十字会2014年编印，第49页。
③ 娄东、傅焕光、黄允之等：《江苏兵灾调查纪实：嘉定县》，江苏兵灾各县善后联合会1924年编印，第1页。
④ 章有义编：《中国近代农业史资料》（第2辑），生活·读书·新知三联书店1957年版，第610页。
⑤ 王完白：《战地闻见录》，原载1924年《通问报》《商报》及《中华医学杂志》1925年第3期，见俞坚、张涛主编：《人道百年——报刊中的常州红十字（1914—2013）》，常州市红十字会2014年编印，第47页。
⑥ 王完白：《安亭附近被兵情形数则》，原载《孤军》1925年增刊，见俞坚、张涛主编：《人道百年——报刊中的常州红十字（1914—2013）》，常州市红十字会2014年编印，第62页。
⑦ 娄东、傅焕光、黄允之等：《江苏兵灾调查纪实：嘉定县》，江苏兵灾各县善后联合会1924年编印，第1页。

（5）外冈：嘉定的一个小镇外冈，在地势上也没有特殊的优势，然而"因为是由方泰攻嘉定所必经的路，所以这素来朴讷的小镇，也很残酷地被毁了。但是给它遗留下的，并不是将来史册，有种十分光荣记载，也并不是以后使人对它重视尊敬。留下的只是一些残缺不全的屋宇，困苦无告的人们，野外多有些大冢，人们心上添了点恐怖而已"。虽然全乡镇有万余人，500多户，70余村，"平日都醺沉在安逸状态里"，但"这次劫后，恐怕贫富有天壤之分了，极富是满载而去的丘八，极贫是寸草不留的老百姓"①。据记载，"除了吃不下去的大树，喝不干的河水，打碎还有沙砾余存的瓦砖，掘不胜掘、劈不胜劈的棺材外，兵士们所能留给外冈人的，一件也没有。幸而他们还算慈悲，没有把大块的田地也像安亭抢劫来的东西一样，用大船带走。不然，明年外冈人非但没有秋熟的希望，抑且插锄无地"②。

（6）马陆：江浙战争期间，马陆镇先由浙军占住，旋又落到苏军之手，"在这三十天的驻兵期间中，已经给马陆人留下不少挥泪的资料了"。譬如，"小小的一个马陆镇马陆乡，也可以搜刮到十几万，人民财产也不能算不富，向来是没有统计的，经丘八们一来也有统计的数目了。至于死了二三十个人，打伤二十几个人，妇女们受侮辱了三十四个人，在丘八们看来，多算不得一回事。马陆当然不能例外，也没有特别受惠独多的地方，但是老百姓已经很够了。在马陆全乡镇二万人看来，二万个心，二万个身体，都已经被残毁不全了，更何暇顾及田亩上有形的损失——棉稻未得全收获了损失？"③

（7）陆渡、庵桥、唐行：嘉定这三乡亦深受战争之害，据县议会议员侯兆熙致督省为灾民请赈电谓，"居民逃避，猝不及防，有遗弃婴孩而临河涉水者，有单衣外逃伏田沟二三夜者，有误中流弹毙命不及收殓者。三乡农民栽植之棉，听其零落。衣服首饰，箱柜财物卧具，抢劫无遗。尤甚者，地板搁板，方砖屋瓦，尽被捣毁，搜掘一空，疮痍满目，闾里为墟。统计三乡损失，何止百余万元。现在兵匪绝迹，难民回里，

① 王完白：《安亭附近被兵情形数则》，原载《孤军》1925年增刊，见俞坚、张涛主编：《人道百年——报刊中的常州红十字（1914—2013）》，常州市红十字会2014年编印，第65页。
② 王完白：《安亭附近被兵情形数则》，原载《孤军》1925年增刊，见俞坚、张涛主编：《人道百年——报刊中的常州红十字（1914—2013）》，常州市红十字会2014年编印，第65页。
③ 王完白：《安亭附近被兵情形数则》，原载《孤军》1925年增刊，见俞坚、张涛主编：《人道百年——报刊中的常州红十字（1914—2013）》，常州市红十字会2014年编印，第69—70页。

无衣无食。号寒啼饥者，遍地皆是"①，惨不忍睹。

（8）嘉定城厢：嘉定城内自战事发生起，店铺停业十居八九。卢军结伙打劫，西门被抢者十分之九。9月13日，卢军临撤走时放火，自早晨4时烧到晚7时方熄。当天，联军2万余众进驻。入夜，士兵结队又再一次放火，然后往各店打门唤人救火，待人开门往救，即入内抢劫，谓之声东击西。据载，"除城市中心及司令部、县公署附近间有幸免外，余均叠经劫掠，洗荡一空。附郭以西门、北门受劫愈重，东南门较次。据地方绅士述军队劫掠情形，不特衣服、首饰、银钱、家具为其所好，并有鉴别书籍字画之能力，凡较优之品，无不囊括以去"②。

（二）太仓

齐卢之战中，太仓全县大部遭灾，"全县二十六市乡，此次未遭兵灾者，仅腹地之王秀、三老、方家桥三乡"③。尤其在浏河（刘河）一带，两军更是反复拉锯，"市廛热闹之地，历四十昼夜"④，而阵地却无尺寸之进退。浏河镇"为齐军卢军力争之地"⑤，受灾最重，"浏河全市，弥望瓦砾"⑥，"全镇精华化为灰烬"⑦。"齐军骤下，迁避不及，逃难者仅以身免，是以全镇财货，全入两军之手。未及逃而死于枪炮者，百余人，受伤及失踪者尤多。九月六日之役，齐军奄有全镇矣，而不事防卫，四出焚劫，复为杨氏援军夺回。嗣后水陆军队环攻月余，未得尺寸。及卢何亡命，齐军进驻，抢劫之余，继以焚烧，全镇产业荡洗无遗。计全毁房屋三千五百余间，均为繁盛之所。存者亦为枪炮损毁，门户或填壕沟，或作燃料，故战后几无一全屋。室内则倾筐倒箧，靡有孑遗。兵驻之地，秽臭触鼻，甚于厕厕。四郊则壕沟累累。房屋全焚者百

---

① 《齐卢兵祸》，杨于白主编：《嘉定县志》，上海人民出版社1992年版，第649页。

② 娄东、傅焕光、黄允之等：《江苏兵灾调查纪实：嘉定县》，江苏兵灾各县善后联合会1924年编印，第9页。

③ 宋琨辑：《江苏兵灾调查纪实——太仓、昆山》，苏州市地方志编纂委员会办公室、苏州市档案局、苏州市政协文史编辑室编：《苏州史志资料选辑》（半年刊）1990年第2辑（总第16辑），《苏州史志资料选辑》编辑部出版，第86页。

④ 王方中：《1920—1930年间军阀混战对交通和工商业的破坏》，《近代史研究》1994年第5期，第149页。

⑤ 宋琨辑：《江苏兵灾调查纪实——太仓、昆山》，苏州市地方志编纂委员会办公室、苏州市档案局、苏州市政协文史编辑室编：《苏州史志资料选辑》（半年刊）1990年第2辑（总第16辑），《苏州史志资料选辑》编辑部出版，第86页。

⑥ 章有义：《中国近代农业史资料》（第2辑），生活·读书·新知三联书店1957年版，第610页。

⑦ 娄东、傅焕光、黄允之等：《江苏兵灾调查纪实：太仓县》，江苏兵灾各县善后联合会1924年编印，第1页。

人道的力量：中国红十字会救援江浙战争研究

040

余家，存者损毁亦多。抢劫之事更不容说。历世之积聚，数千家之精华，囊括掠夺殆尽。全乡有田约四万亩，棉田仅收二成，稻田少者三成，多者不过七成。西北被马吃者三百余亩。市民无衣无食无住者七百余户，大半流亡未归；或归见一片瓦砾，又复奔亡；或悲愤自尽，殊可痛惜！乡村农具，移掘壕沟。牛羊鸡鸭宰割净尽。回里灾民十病八九。时人悲叹：'今秋深霜凛，饥寒侵骨，生无衣食，死无衣棺，民何辜而罹此厄！'"① 据战后统计，战争期间，浏河仅被毁房屋就达 160 户、1708 间，合银 523915 元；损坏房屋 561 户、4570 余间，合银 156430 元，仅此两项，损失就高达 68 万余元②。

（三）昆山

昆山"全县共十八市乡，被灾者凡九"③，其中昆山城厢作为苏军后方总兵站，前后驻军总计约 11 万余人，床铺、被褥、粮草等需用浩繁，供应不易，财力人力均感困苦。兵士肆行掳掠，一时秩序大乱，"人避一空"④。各公共机关及学校、祠庙物件亦为之一空。沪宁线附近之夏家桥乡，为后方防守之要地，"自军兴以来，军队之驻扎不下数万人。沿铁道之南北各乡村，抢劫殆尽"⑤。

（四）宝山

宝山县下辖 2 市 12 乡，南邻上海，北接浏河，东濒大海，有武松及狮子林炮台，形势险要。战争之初，宝山并未成为战场，但"战事结束，遍县皆兵，受害甚烈，其中又以沿沪宁路线、沿沪太汽车路及沿海海塘一带，被兵尤重"⑥。就拿真如镇来说，"镇上居民约近千余户，均抢劫一空。街口有少数店铺，门首贴有军法处封条，但室内已抢劫如

　　① 宋琨辑：《江苏兵灾调查纪实——太仓、昆山》，苏州市地方志编纂委员会办公室、苏州市档案局、苏州市政协文史编辑室：《苏州史志资料选辑》（半年刊）1990 年第 2 辑（总第 16 辑），《苏州史志资料选辑》编辑部出版，第 87 页。

　　② 中国第二历史档案馆：《中华民国史档案资料汇编》第 3 辑《军事》（三），江苏古籍出版社 1991 年版，第 226 页。

　　③ 宋琨辑：《江苏兵灾调查纪实——太仓、昆山》，苏州市地方志编纂委员会办公室、苏州市档案局、苏州市政协文史编辑室：《苏州史志资料选辑》（半年刊）1990 年第 2 辑（总第 16 辑），《苏州史志资料选辑》编辑部出版，第 95 页。

　　④ 共和书局编辑所：《江浙大战记》，上海共和书局 1924 年版，第 6 章第 3 页。

　　⑤ 宋琨辑：《江苏兵灾调查纪实——太仓、昆山》，苏州市地方志编纂委员会办公室、苏州市档案局、苏州市政协文史编辑室：《苏州史志资料选辑》（半年刊）1990 年第 2 辑（总第 16 辑），《苏州史志资料选辑》编辑部出版，第 97 页。

　　⑥ 娄东、傅焕光、黄允之等：《江苏兵灾调查纪实：宝山县》，江苏兵灾各县善后联合会 1924 年编印，第 1 页。

洗，无补于事。其余商店，则十室十空，门窗户牖，亦毁作燃料，并纵火焚毁楼房三百四十余幢，平房三十余间，乡间四千余户，家家抢掠，无一幸免"①。罗店、刘行、月浦、盛桥等地也是如此。

（五）上海

上海浦西诸乡受灾最重，如蒲松市，"该市有八镇共二十八图，向分四区，除虹桥区受灾少（稍）轻外，他如江桥、诸翟、新泾三区，均遭糜烂。新泾镇焚毁楼房七间，全镇大小商号三百余家，均被劫一空，江桥、华漕两镇，受灾亦重。江桥谢姓被毁房屋二十七间。自阳历十月十五日起，所有镇上及乡间居户，家家被抢，金钱细软、家具杂物、农作收获等，无不搜刮一空。至妇女被奸，房屋被焚，则所见不少"②。漕河泾、马桥、闵行等处，与此类似。

（六）青浦

青浦"市乡十有六，受战事之区"，如在青浦城厢，刘德所部齐军"沿家搜掠，十室九空。其伎俩之精，用心之细，为他军队所莫及，如倾便桶，撬地板方砖等，种种无微不至，以防有藏金也。连劫三日四夜，无一家幸免。城厢内外，以城厢市中受害甚深，东门外之乡间，非特家畜一空，即农具亦归乌有"③。白鹤港、杜村镇、旧青浦等处受战事殃及之处，类多如此。

（七）宜兴

宜兴东滨太湖，南界浙江长兴，西连安徽广德，山岭丛杂，港汊分歧，地势异常险要，"为江、浙之要隘"④。齐卢之战发生后，齐燮元驻重兵及输卒约 3 万人于此，故全县 22 市乡，无不直接间接蒙受损害，"尤以兰右、湖汊、张渚、汤渡、蜀山诸乡被灾为最重，农村被掠，农畜被掳，农具被毁，农妇被污，农田被践踏，农民又被拉充军役而死于无情枪弹之下以及流离四方者，不知凡几。创痍满目，冻馁交啼"⑤，悲

---

① 娄东、傅焕光、黄允之等：《江苏兵灾调查纪实：宝山县》，江苏兵灾各县善后联合会1924 年编印，第 1 页。

② 娄东、傅焕光、黄允之等：《江苏兵灾调查纪实：上海县》，江苏兵灾各县善后联合会1924 年编印，第 1 页。

③ 娄东、傅焕光、黄允之等：《江苏兵灾调查纪实：青浦县》，江苏兵灾各县善后联合会1924 年编印，第 7 页。

④ 徐方干、汪茂遂：《宜兴之农民状况》，《东方杂志》第 24 卷第 16 号（1927 年 8 月），第 88 页。

⑤ 娄东、傅焕光、黄允之等：《江苏兵灾调查纪实：宜兴县》，江苏兵灾各县善后联合会1924 年编印，第 1 页。

惨情形，不堪言状。

（八）松江

松江县共有 24 市乡，此次兵灾中，仅有钱河、山阳、前冈 3 乡未被殃及，其余 21 市乡，无不遭受摧残。如在松江市，"战区内之房屋田园，大多毁损，居民则多半逃避，死亡者闻有十余人，但因乏食饿死及受惊病亡者，恐尚不止此数。十月八日入城之军，大劫三日。二十一、二两日，又有回防军加入掠劫，南门城内外，无一幸免，东门城外未受灾者仅十余家，北门被劫数十家，西门百余家，西门外多大商店，损失尤巨"①。明星桥、打铁桥、新桥乡、吕荡乡等也不例外。

（九）金山

金山县北乡等市乡"损失较巨"，"房屋不毁于炮火，而被坏于士兵。至屋中物件，则抢劫几空。乡间五方里内，同此情形。总全镇百余家，家家被劫"②，损失严重。

上述 9 县，"本来民物殷阜，为江南富庶之地，但经过这一次战事，已变成为'闾里为墟，居民流散'的情形了"③。

总体上看，受战祸摧残的江苏 9 个县，其各个集镇和乡村，虽然损失程度相对嘉定县、浏河镇而言稍轻，但是，大批民众被迫逃难、不幸者被流弹伤亡、田地和庄稼被破坏、房屋和财产遭受毁灭性的损失、兵匪横行、抢劫……诸如此类的苦难情形是一样的。

江苏 9 个县在第一次江浙战争中的物资损失，如果换算成金钱，单以直接损失计，就超过 6000 万元④。各县损失之具体情况见下表：

---

① 娄东、傅焕光、黄允之等：《江苏兵灾调查纪实：松江县》，江苏兵灾各县善后联合会1924 年编印，第 1 页。

② 娄东、傅焕光、黄允之等：《江苏兵灾调查纪实：金山县》，江苏兵灾各县善后联合会1924 年编印，第 2 页。

③ 大山：《战后的江南》，《东方杂志》第 21 卷第 23 号（1924 年 11 月），第 5 页。

④ 另有史料记载称，"当战争未了时，中外人士预算这次战争中，直接、间接的损失，数以'千万'计。这种损失统计，我们虽一时不能得到确实的数目，但法国某武官判定东南、东北两战的国力损失，共须五亿元左右。唐绍仪估计东南战后赈济及善后的款项，非二千万不办。我们试一折算合计算，则齐卢战争中的财富损失额，不难概见。"见章有义编：《中国近代农业史资料》（第 2 辑），生活·读书·新知三联书店 1957 年版，第 610 页。

表 1 - 1 江苏 9 县遭受战争损害统计表

类别	嘉定	太仓	宝山	青浦	昆山	松江	宜兴	上海	金山
田亩	645032 亩	838745 亩	561408 亩	725248 亩	1084000 亩	930289 亩	1303597 亩	686289 亩	396000 亩
人口	56140 人	269672 人	343304 人	298509 人	278730 人	408752 人	544634 人	674088 人	157500 人
伤亡	伤亡四五百人	死约200人，伤及失踪四五百人	40余人	百余人	30余人	数十人	约百人	死10余人，伤50余人	死20人，伤数人，失踪6人
全县市乡	34市乡	26市乡	14市乡	16市乡	18市乡	24市乡	21市乡	19市乡	8市乡
被灾市乡	全县	23市乡	13市乡	10市乡	9市乡	12市乡	9市乡	9市乡	7市乡
市村损失	10500000 元	11712400 元	5000000 元	5300000 元	3060000 元	3820000 元		475000 元	480000 元
农田损失	8660000 元	2952420 元	3000000 元	1700000 元	3040000 元	180000 元		325000 元	120000 元
损失合计	19160000 元	14664820 元	8000000 元	7000000 元	6100000 元	400000 元	2000000 元	800000 元	600000 元

9 县损失总计：6232420 元

资料来源：(1) 本表依据《江苏兵灾调查纪实》所提供的数据制作而成，参见娄东、傅焕光等合编：《江苏兵灾调查纪实》，江苏兵灾各县善后联合会1924年编印；(2) 本表中"市乡"是指"市镇"与"乡村"，"元"是指当时之货币单位；(3) 本表中之损失数据，是指直接损失，不包括间接损失，且排除9个县中那些受灾较轻的乡镇，并从最保守的角度进行评估而得出。

需要特别指出的是，以上记录的是江苏9个县在第一次江浙战争时期所受到的战争损害（主要是指该9县遭受齐燮元部所蹂躏的惨况及损失）。但是，这并不是战争损害的全部：其一，以上9个县，在第二次江浙战争时期又反复遭受了蹂躏；其二，江浙等省的其他地区，在两次江浙战争时期，同样遭受了程度不等的战争损害，其总数同样颇为惊人。例如，江苏兵灾各县善后联合会在上呈执政府请求筹款赔偿兵祸损失事的呈文中指出，除以上9个县之外，"其次则陈乐山部，张允明部所蹂躏者，计松江、上海、青浦、嘉定四县。次则江阴、武进、丹阳、丹徒、无锡、常熟六县，为本年一月齐燮元叛军所蹂躏。又次则吴县、吴江，为秦洸部队所骚扰。此三次之灾，况尚未调查清楚，约而计之，人民损失当在五千万元左右"，而"合计自齐燮元部队出动，以迄于今，江苏人民之有形损失，必不弱于壹万万元"[①]，堪称"损失至巨"[②]。

第三节　伤亡累累　社会动荡

江浙战争不仅造成重大生命财产损失，而且人道危机严重，引发了强烈的社会动荡。

民国时期的军阀部队，基本没有军纪可言，与盗匪无异。所到之处，扰民害民之事层出不穷，民众虽苦不堪言、深恶痛绝，但却无能为力。其主要体现在以下几方面。

一、伤亡惨重　生灵涂炭

"无辜良民，死于战时之炮火，已属可怜；困于战后之焚掠，尤为奇惨"[③]。在战争面前，生命显得那样的脆弱。据《江苏兵灾调查纪实》统计，在第一次江浙战争期间，光是江苏9个县即有近1700名无辜民众伤亡或失踪。唐蔚芝在为《民国十三年江苏兵灾调查纪实》写的序言中提到，"前有同志施君赴黄渡调查兵灾情形，归而告我曰：途中见骷髅，或一肩，或一手，或一足，腐烂者不可胜数。偶于败垣灰烬丛中见一木板门，有妇人卧草薪数茎中哀哭。询之，则曰吾家十人，出而避难，中流弹死者七人，吾翁姑吾父母吾夫吾子皆死矣；归家者三人耳，皆卧

①《各县兵灾善后会请赔偿损失》，《申报》1925年3月26日。

②《江苏省拟拨巨款救济战区农业》，《中外经济周刊》第98号（1925年2月7日），第31页。

③ 大山：《战后的江南》，《东方杂志》第21卷第23号（1924年11月），第5页。

病，今又死一人，已数日矣，此薄板门为埋尸用也。言已，嚎啕哭。施君不觉泪下涔涔，急予钱米为之埋尸而去。施君曰，若是者，比比不胜述也"①。

即便在第一次江浙战争初期、战斗并不很激烈的时候，苏浙战线上每天也有成百的士兵和民众被打死打伤②。其后战斗愈发激烈，伤亡数目更是急剧上升。比如，单是卢军一方在"马陆之战"中，就战死3000多人。据估算，1924年江浙战争造成的死亡总人数达3万人③。

在战争时期，妇女的处境更是危机四伏。有报道称，"苏齐彻查兵士犯强奸妇女者三十一人，一律枪毙"④。虽然此报道看似为正面，但由此可见军阀部队的军纪实在是败坏至极。如在昆山，"有八龄幼女及七十八岁老妪，亦遭轮奸之惨"⑤。在方泰，"一农舟拉去装兵十三人出游，瞥见岸上有一中年妇摘棉花，即上岸挟之登舟，递淫之，妇创甚毙命。彼等复舁之上岸，就土穴埋之，欣然而去"⑥。在宜兴，"军士在山中奸淫妇女时，辄断长凳两脚，将妇女反缚凳上，随地安置，使成倾斜式，从而轮奸之。甚至十余岁之女孩，亦有因奸毙命者"⑦。又如，齐军一部在青浦县白鹤镇犯有"集体奸淫的兽行"⑧，骇人听闻！并且，"妇女被兵士奸淫而逼死者亦有多人，真是令人发指！除此而外，其他被逼被奸而隐瞒不敢告人者，尚有不少"⑨。

---

① 娄东、傅焕光、黄允之等：《江苏兵灾调查纪实》，江苏兵灾各县善后联合会1924年编印，"唐蔚芝先生序"，第1页。

② 马葆珩：《齐卢之战纪略》，杜春和等主编：《北洋军阀史料选辑》（下册），中国社会科学出版社1981年版，第143页。

③ 夏明方：《民国时期自然灾荒与乡村社会》，中华书局2000年版，第80页。其数据来源于"甲子江苏赈务处"所编的《赈务要编》。

④ 《申报》1924年9月7日。

⑤ 王完白：《战地闻见录》，原载1924年《通问报》《商报》及《中华医学杂志》1925年第3期，见俞坚、张涛主编：《人道百年——报刊中的常州红十字（1914—2013）》，常州市红十字会2014年编印，第45页。

⑥ 王完白：《战地闻见录》，原载1924年《通问报》《商报》及《中华医学杂志》1925年第3期，见俞坚、张涛主编：《人道百年——报刊中的常州红十字（1914—2013）》，常州市红十字会2014年编印，第48页。

⑦ 娄东、傅焕光、黄允之等：《江苏兵灾调查纪实：宜兴县》，江苏兵灾各县善后联合会1924年编印，第2页。

⑧ 涂开舆：《齐卢之战松江、青浦战区暴行录》，江苏省政协文史资料研究委员会编：《江苏文史资料选辑》（第18辑），江苏古籍出版社1986年版，第66—67页。

⑨ 涂开舆：《齐卢之战松江、青浦战区暴行录》，江苏省政协文史资料研究委员会编：《江苏文史资料选辑》（第18辑），江苏古籍出版社1986年版，第68页。

另据《安亭志》记载，"齐卢军阀混战给嘉定人民带来巨大的灾难。从备战到撤退后八九个月时间里，双方军队奸淫烧杀、打家劫舍，安亭镇西北计家宅村民蒋小西子，家有老母、寡嫂、妻儿五六人，战事发生，蒋意欲携妻母逃亡他乡，其母见田中棉花盛开，不忍舍弃，留寡嫂与之死守在家。蒋挈妻带儿逃至上海。迨及回家，见草房洞开，老母不知去向，寡嫂已被散兵奸毙榻上，周身赤露，尸首腐烂不堪"①。类似人间悲剧，不胜枚举。

二、强行拉夫　民众恐慌

江浙战争中，"军队动辄拉夫"②。1924 年 8 月，战争还未正式打响，各方军队为补充兵源、输送军用物资，即已开始四处拉夫，引起民众恐慌。根据报刊所载，拉夫风潮主要发生在江苏各地。8 月 24 日从南京开始，然后在扬州、常州、镇江、苏州，甚至上海闸北、南市等地，皆有发生。部分情形简述如下。

在南京：战前，一切人力车夫甚至普通行人均被强迫服役。战争既起，竟由拉夫变为搜夫。水西门一带沿门搜寻，凡年轻者概拖往江东门，代为输送军需物资。兵士以无人可拉，遂拉及妇女，司烹饪缝细等事，且凌辱不堪。民间每家咸用铁栅栏，以防兵士侵入。

在扬州：驻扬黄振魁旅奉令开赴苏州，因兵不足额，肆意拉走乡农、小工甚至商铺店伙补充。又命县知事代募，警察上街强掳平民，扬州被拉者上千人，引起公愤。后放回被拉民夫 300 余名，但已有数十名在逃脱时溺毙。

在常州：各军拉夫封船，强令服役。有一部军队到城后，令知事立办妇女 500 名，备军前缝纫之用，以至警察罢岗抗议，而兵士则上街亲拉数十位妇女以去。

在苏州：一开始是强拉江北人充当夫役，接着是城内的本地人，甚至包括本地的体面人。拉体面人为夫役，实际上是为了威吓敲诈的目的。更有甚者，强拉妇女去烧饭，甚至充当公共人妻。拉夫中的种种不

---

①　上海市嘉定县安亭镇修志领导小组编：《安亭志》，上海社会科学院出版社 1990 年版，第 77 页。

②　娄东、傅焕光、黄允之等：《江苏兵灾调查纪实：宜兴县》，江苏兵灾各县善后联合会 1924 年编印，第 3 页。

堪行为，十分恶劣①。

在太仓："民国元年、二年，太邑曾有军队通过，未犯秋毫，迁徙者反受损失。此次战事发生之处，人民未大惊皇，鉴之往事，以为至多供应而已。于是相戒不迁。孰知齐军大队东下，势如骤雨，封船拉夫，鸡犬不宁。"②

在宝山：南接月浦，北连太仓县界的盛桥乡，"自浏河开火以后，要塞炮台运兵至浏河者，均经该乡，故乡民为兵士拉去充输送夫役者数百人，虽先后放回，迄今尚有失踪者"③。

在昆山：大军云集，"需用浩繁，供应不易，财力人力均感困苦，拉夫封船之事亦与供给需用品先后发生，……一时秩序大乱"④。

在上海："闸北宝山、公兴等路，亦发现拉夫者多起，影响所及，市面不免稍现不安之象，尤以妇孺惊慌为甚，大有草木皆兵之慨。"⑤

又据《黄渡志》记载，开战时，兵士在镇上随处拉夫，供其驱使，不从者以枪柄击。老人被强迫煮饭烧菜，青壮年扛死伤员，抬物件，送茶饭，运枪炮子弹。"凡被拉夫者，一晚一律同宿，逃跑抓回的，鞭挞至身无完肤。扛运枪弹，必在交战时，沿途无法遮蔽，而肩负重物，流弹脑贯而死，不可胜数。当时有一个夫役亲见一屋子夫役三十多人，深夜扛运枪弹，活着回来的只有半数。"⑥

如此等等，不一而足。总之，拉夫风潮从战前延续到战争结束，大量的被拉夫者平时承担繁重的劳役，又身处危险境地，人格尊严和人身安全都得不到保障，不少人为此丧命。

① 冯筱才：《江浙商人与1924年的"齐卢之战"》，（台北）《"中央研究院"近代史研究所集刊》2000年第33期，第200—201页。

② 宋琨辑：《江苏兵灾调查纪实——太仓、昆山》，苏州市地方志编纂委员会办公室、苏州市档案局、苏州市政协文史编辑室编：《苏州史志资料选辑》（半年刊）1990年第2辑（总第16辑），《苏州史志资料选辑》编辑部出版，第93页。

③ 娄东、傅焕光、黄允之等：《江苏兵灾调查纪实：宝山县》，江苏兵灾各县善后联合会1924年编印，第3页。

④ 宋琨辑：《江苏兵灾调查纪实——太仓、昆山》，苏州市地方志编纂委员会办公室、苏州市档案局、苏州市政协文史编辑室编：《苏州史志资料选辑》（半年刊）1990年第2辑（总第16辑），《苏州史志资料选辑》编辑部出版，第96页。

⑤ 共和书局编辑所：《江浙大战记》，上海共和书局1924年版，第6章第19页。

⑥ 上海市嘉定县黄渡乡《黄渡志》编纂办公室：《黄渡志》附一《重大兵事记略》，1986年编印，第118—119页。

三、抢劫勒索　民众遭殃

此种事件在江浙战争殃及地区十分多见。据报载，"昆山安亭等逃难人民，所述遭难情形，至为痛惨。据谓昆山安亭等处，虽一小家庭，而兵士及土匪关顾者，必有若干次。……循环扮演，而人民体无完肤矣"①。

又如，据《黄渡志》记载，在第一次江浙战争时期，"浙军初到镇并不抢劫。八月初八日以后，枪炮声始稀，抢劫风始炽。开始挨户敲门，名为驻扎兵士，实际搜索物件，翻箱倒柜。最要洋元、钞票、金银首饰、绸缎衣服，其次家用物件、铜锡器皿。浙军战败后，苏军似如潮水般涌进黄渡镇。兵士无户不入，无家不抢，少则十次，多则不计次数。沿吴淞江数百艘巢湖船首尾相接，由小轮船拖着，凡是住户未被浙军抢劫之物，土匪抢得未及变卖之物以及歹人勾通浙军私藏抢取之物，均被苏军搜劫尽绝。沿途担杠相接，捆载上船，启轮而去。一批去了，一批又来"②。此种情况，屡屡发生。

在江浙战争期间，抢劫事件有时候是有计划、有组织的集团行为。1924年10月2日，福建一部军队进入金山县的松隐镇后，对全镇区域进行划分，成为旅、团、营以及拉夫队等单位各自专属的"抢劫地盘"，分块包干，野蛮高效，将全镇大街小巷、所有居民和商店的财物，抢得干干净净③。齐燮元、卢永祥、孙传芳的其他部队也非善类，"齐燮元的第六师和白宝山的第二师于8月间在安亭镇日夜出抢，将所抢物资装了七百余船运走；齐部在开战之前就在浏河镇强索犒赏费八千元，抢走物资四万元；吴恒赞、马玉仁部于9、10月间在刘行镇大抢三天，小抢十天，物资装了二百多船……卢永祥第十师一部于9月间经常在松江南门外抢夺钱财、衣饰、耕牛等，并胁迫乡民指出乡中富户；孙传芳部在松江城内外大抢三天，杀人放火无所不至，专抢现金、金货；浙军陈乐山部第四师于10月下旬在松江大抢三天，被劫者三十多家"④。

---

① 《昆山安亭难民所述惨况》，《申报》1924年9月24日。

② 上海市嘉定县黄渡乡《黄渡志》编纂办公室：《黄渡志》附一《重大兵事记略》，1986年编印，第118页。

③ 涂开舆：《齐卢之战松江、青浦战区暴行录》，江苏省政协文史资料研究委员会编：《江苏文史资料选辑》（第18辑），江苏古籍出版社1986年版，第64—66页。

④ 涂开舆：《齐卢之战松江、青浦战区暴行录》，江苏省政协文史资料研究委员会编：《江苏文史资料选辑》（第18辑），江苏古籍出版社1986年版，第66页。

商人因为具有较多的财物，因此更容易受到戕害，各类店铺、商家往往成为官兵勒索或抢劫的目标。比如，苏州的包衙前济泰当、洪昌典、顺兴典就遇到士兵强行典当、实质勒索的事件。包衙前济泰当在第一次江浙战争的9月11日向苏州总商会报告："有纱布包头等兵士三五人，便衣附和者二三人，在该当门首拾取砖瓦石片向屋面抛掷，并已将该当门口阶石掘起，意图猛攻。当由……查苏城各典，前因时有身穿军衣恃强硬当，地痞恶棍结队附和，甚至撞门行凶。"① 洪昌典在第一、二次江浙战争期间的11月9日报告："十一月七日午后一时突来多数军士，先将当门把守，于是群相争先，手持棉被、衣服等物，强行押当，索价甚昂，稍有不遂，动辄殴打……相持至五时半，竟当去洋一千六百余元。"② 顺兴典也同时报告："本月七号，正在收市之后，适有兵士数人要入门当物……后来者络绎不绝，索价无度……本典只得忍痛重当，有仅值洋一、二元者竟当去洋十元。方冀可以了事，而兵士尤嫌未遂其欲，手持藤条、棍棒等物，逢人就击，百般恐吓。"③

又如，在第二次江浙战争期间，"自一月十八日起至四月下旬，无锡先后被勒索现款二十六万五千一百四十余元，代办给养酬劳等九万七千六百四十九元，被焚毁二百七十余户，被抢劫一万五千五百二十九户，公私财物损失（时值）在六百万元以上，真是一场浩劫"④。溃兵从无锡败退后，一路南蹿至苏州望亭镇，蹂躏地方，商家损失惨重。药材行、米行、钱庄、百货店、布庄、砖瓦店等各行各业、大大小小的商家店主，都被抢或被迫支付军需费用，仅此一次即合计损失9349洋元⑤。

至于江浙战争前后，各地区受到勒索、抢劫的民众、商家之具体人数、次数及被勒索之总金额等详情，已无法得知。

不但普通军人、低级军官会变成公开的强盗土匪，直接进行勒索或

① 马敏、祖苏主编：《江浙战争》，华中师范大学、中国近代史研究所、苏州市档案馆合编：《苏州商会档案丛编》（第3辑）下册，华中师范大学出版社2009年版，第1635页。
② 马敏、祖苏主编：《江浙战争》，华中师范大学、中国近代史研究所、苏州市档案馆合编：《苏州商会档案丛编》（第3辑）下册，华中师范大学出版社2009年版，第1636—1637页。
③ 马敏、祖苏主编：《江浙战争》，华中师范大学、中国近代史研究所、苏州市档案馆合编：《苏州商会档案丛编》（第3辑）下册，华中师范大学出版社2009年版，第1637页。
④ 肖宗汉遗稿：《一九二五年无锡围城记》，无锡市政协文史资料研究委员会：《无锡文史资料》（第12辑），1985年编印，第13页。
⑤ 马敏、祖苏主编：《江浙战争》，华中师范大学、中国近代史研究所、苏州市档案馆合编：《苏州商会档案丛编》（第3辑）下册，华中师范大学出版社2009年版，第1663—1665页。

抢劫，而且大长官、大军阀也会以军需为名目，要求商人、商团甚至银行筹集钱款和物资，变相勒索。这是因为战争耗资巨大，军阀往往无法正常解决，就动歪脑筋、邪手段。比如，第一次江浙战争开战前夕，江苏督军齐燮元、省长韩国钧要求苏州总商会迅速筹集12万元军需费用；苏州总商会几次陈情苦衷，官方、军方不允许通融，最后苏州总商会只能百般挪借、凑款，如数上交①。

又如，齐军师长卢香亭曾为筹集军需而致电吴县知事及商会，要求"迅速筹备大米五百石，洋面五百袋，盐菜五千斤，锅饼五千个，并前定之馒首一万斤，民夫三百名，随带绳杠，统交五兵战员立德接收；再新备民船数只，以资沿途保护输送"。

在江浙战争结束后，苏州总商会向江苏兵灾各县善后联合会汇报商家的兵灾损失情况，数字惊人："此次后事损失，商民直接、间接受害不可胜计，但就敝会经筹军用用款，借债已达八十余万元，输送及防务救济各项费用，约二十余万元。一月间，城外各典铺等，溃兵劫掠，据报已有六、七万元。此外未报及各乡镇商铺被劫或供亿，确数难稽，约亦不下数十万元。"②

另据《吴县志》记载，"在此次战争中，齐燮元溃兵到境扰乱，劫财物，烧毁房屋，杀害居民。苏州阊门外大马路、石路一带，遭害惨重，计有商店160余家，共损失140万元"③。

总之，"在此灾区之内，农户家家被抢"④，而大大小小的商家、商会、银行、钱庄等，亦极少幸免于难者。

冯筱才依据其间的报刊资料，获得了24例江浙战争期间商人被勒索的事件：齐燮元、卢永祥、孙传芳、何丰林（淞沪护军史）、潘国纲（浙军第一师师长）、齐惠庵（驻扬州守备司令）等各路军阀，都不约而同地向商家勒索钱物，且往往都数额巨大，动辄数万、十几万、几十万甚至上百万、数百万①。下表即为根据报刊等资料而整理出来的部分主要事例：

表 1-2　1924 年江浙战争期间商人被勒索事例

发生时间	发生地区	名 目	勒索者	勒索对象	数额（元）	备 注
8.22	苏州	开拔费	朱熙（苏军第二路前敌司令）	苏州绅商富户	30 万	最后得 5 万
9.2	苏州		朱熙	苏州总商会	3 万	由义仓、善堂等凑足
9.3	江阴		齐燮元		6 万	当地绅商表示只能筹 2 万
9.4	苏州		苏州警察厅	贝润生	50 万	
9.5	杭州	金库兑换券	卢永祥		50 万	发行颇为阻滞，后似由商会收回销毁
9.16	南京		齐燮元	南京总商会	20 万	此为总商会承诺之数
9.18	杭州	第四师及第十师军费	卢永祥	杭州各业商，财政厅监税及烟酒税	37 万	由总商会代筹齐，后偿清
9.20	上海		卢永祥	上海总商会	40 万	
9.23	扬州		马联甲	扬州四岸运商事务所	30 万	交 10 万
9.23	江苏平望		苏军	绸商	「万金」	
9.25	青浦重固镇		齐军	当地商董	2000	如数交齐
10.1	杭州	军费	孙传芳	总商会	100 万	
10.2	上海	淞沪公债	卢永祥、何丰林	上海商界	200 万	
10.4	宁波	第一师军饷		宁波总商会	14 万	交齐
10.4	宁波	军饷	潘国纲（浙军第一师师长）	镇海县商会	3.5 万	由商会董事及各富户分摊

① 冯筱才：《江浙商人与 1924 年的"齐卢之战"》，（台北）《"中央研究院"近代史研究所集刊》2000 年第 33 期，第 228—229 页。

发生时间	发生地区	名 目	勒索者	勒索对象	数额（元）	备 注
10.7	南京	江苏银行兑换券	齐燮元		100 万	
10.16	衢州		赣军（与闽军一起入浙）		40 万	
10.19	镇江		齐燮元		10 万	
10.20	上海	善后费	孙传芳	上海商界	100 万	付 20 万
	苏州		（军事当局）	潘济之	50 万	据称潘受惊而死
	苏州	苏军军饷摊派	齐燮元		12 万	
	扬州	军饷	齐惠庵（扬属守备司令）	商家	13 万	
	扬州	军饷	齐惠庵	商会	10 万	交 4700 元
	扬州		齐惠庵	商家	10 万	

资料来源：《民国日报》1924 年 9—10 月；《申报》1924 年 9—10 月、1925 年 1 月 29 日；《时报》1924 年 8—9 月；《银行周报》总第 369 期（1924 年 10 月 7 日）；南翔劫余生：《东南烽火》，上海宏文图书馆 1924 年版。

由上表不难想见，抢劫勒索，习以为常，商家尤甚，苦不堪言。有评论称"名兵实匪"[1]，揆诸史实，斯言诚然。

四、难民如潮　背井离乡

"兵凶战危"，为躲避炮火，战区民众不得不背井离乡，走上逃亡之路。作为战争灾难的伴生现象，难民潮于焉涌起。

在江浙战争初露端倪之际，即已形成难民潮。8 月中旬开始，江浙一带的稍微富裕人家和有资产者，就纷纷逃到上海避难，特别是租界。这样一来，沪宁线和沪杭线上的铁路列车，一时间人满为患，各种货物堆积。至于上海近郊的居民，借地理之便，也急速迁往上海城内。当风声日紧，有钱人和无钱者，都想方设法逃难，或铁路，或公路，或水

---

[1] 《江苏兵灾各县善后联合会敬启》，载娄东、傅焕光、黄允之等：《江苏兵灾调查纪实》，江苏兵灾各县善后联合会 1924 年编印。

路，不少人不得不徒步而行。大多数人往上海方向逃难，因为上海无疑是最安全的城市；还有些人从乡镇往就近的城市逃难，如南京、苏州、镇江、无锡和南通等，这些城市相对安全些。

迨至战端一开，民众更为惊恐不安，难民潮更为汹涌：不但身在战区或者处于战线旁的民众，不得不逃难，而且战区、战线周边地带的民众也深感畏惧，认为不能不逃；甚至以前被认为是安全地带的一些城市，其中的民众也有感到惴惴不安的，认为难免受到殃及，于是加入逃难队伍。向上海逃难的人数最多："苏属各埠由镇江转乘江轮逃难来申之人民，每日平均有一千二三百名。前数日以镇江等地者为多，今则多系澄锡虞及吴江等内地逃出者。各江轮进口，无一不拥挤。据日本人切实调查，本埠租界内加增之江浙两地逃难人民，总数将近五十万名。"①实际上，逃难到上海的人数，远远不止50万，随着战局延续，难民源源不断。南通是另一个难民人数较为集中的地方，一度达十几万之众。苏州、常熟、无锡、崇明等地，难民人数亦不少。如太仓浏河，乡民"扶老携幼，仓皇出走，北赴鹤王市、方家桥，南至上海，东渡江至崇明，虽非间关万里，而陆行者饥渴疲惫，流离颠沛，渡江者泗水登舟，饱受风寒"②；青浦县旧青浦镇，"九月五日齐军到镇，逢人搜索。先一日居民逃避十之八，延至十日，则人去一空"③；嘉定县安亭乡，"当祸急，居民率赴昆山境蓬阆镇避难，一部逃至苏州、无锡等处"④。类似记载，连篇累牍，俯拾皆是。可以说，难民潮在整个战争前后，从未断绝，民众流离失所，相望于道。

逃难过程甚为艰辛，不但路途劳顿，饥渴疲惫，而且常常受到兵匪滋扰侵害，防不胜防，更何况战火不时危及生命，更有孩童因父母无力再继续携带逃难而被忍痛抛弃。据报载，"大兵到境，沿途拉夫。开火后有逃兵四去抢劫，按户搜索，声势凶悍，遐迩震骇，亡命奔避，河有淹孩，路多馑毙，风餐露宿，僵仆相望，民食空乏，朝不保暮"⑤。又有

① 《难民到沪益多》，《申报》1924 年 9 月 9 日。

② 宋琨辑：《江苏兵灾调查纪实——太仓、昆山》，苏州市地方志编纂委员会办公室、苏州市档案局、苏州市政协文史编辑室编：《苏州史志资料选辑》（半年刊）1990 年第 2 辑（总第 16 辑），《苏州史志资料选辑》编辑部出版，第 93 页。

③ 娄东、傅焕光、黄允之等：《江苏兵灾调查纪实：青浦县》，江苏兵灾各县善后联合会1924 年编印，第 3 页。

④ 娄东、傅焕光、黄允之等：《江苏兵灾调查纪实：宝山县》，江苏兵灾各县善后联合会1924 年编印，第 4 页。

⑤ 《太仓等五乡乞拨给赈米之代电》，《申报》1924 年 9 月 22 日。

报载，"昆山歇马桥人周西成昨由昆山来沪，述及昆山人民避难惨状……扶老携幼，哭声遍野……沿途男子被苏军拉去者不知凡几，妇女自尽不少，孺子弃道，无暇兼顾，踏毙亦伙……尸骸遍野，皆未掩埋……粮食将绝，年老及小孩饿毙已不少，中年之辈，亦奄奄待毙"[①]。此类新闻，在江浙战争前后不时见诸报端，抑或口耳相传，屡屡听闻。

很多难民一时无法逃出战区，则立刻处于生死边缘，有被炮火、流弹、兵匪戕害之虞，或有因缺粮断炊而被饿毙之忧。因此，亟须慈善机构将其及时救援转移出去。此外，难民潮造成城市秩序相对混乱，也带来一定的安全问题；同时，房租飙升，物价飞涨，很多逃难穷人缺衣少食，露宿街头，同样亟须加以救济援助。

总之，被报道出来的此种事件，在江浙战争前后，多有所闻；而未被发现或揭露者，想必不在少数。由于难民如潮，战区"多数乡村，因居民避难远去，全村空无一人，只余残破之屋壳，鸡犬无声"[②]，一片凄凉萧条的景况。

第四节　兵燹影响的无锡个案

为了更为清晰地揭示江浙战争所造成的严重损害，下面以无锡一地为例，具体叙述战争给地方带来的各种损害。

无锡被称为"小上海"[③]，是近代工业中心，工商业发达，"城周十八里，濒运河，为京沪铁路所经，工商之盛，为本省各县冠。街市以北门大街为最繁华，其次如大市桥、仓桥、清明桥、黄坭桥、西门吊桥等处亦均热闹，米麦之市萃于北塘。光复门外之通运、汉昌诸路，则以逼近车站及轮船码头而发达。工厂以西门为多，堆栈则散立于运河两岸，每逢茧、麦两市，各地商贾蚁集云屯，贸易之盛仅次于上海"[④]。但"自齐氏称兵东南，无锡搜刮一空。迨齐氏两次构衅，兵无斗志，而无锡受灾独重。数十年经营惨淡商场，悉成瓦砾，血汗所得之资财，尽付东流"[⑤]，遭受到重大

---

① 《昆山难民急待救援》，《申报》1924 年 9 月 28 日。

② 王完白：《安亭附近被兵情形数则》，原载《孤军》1925 年增刊，见俞坚、张涛主编：《人道百年——报刊中的常州红十字（1914—2013）》，常州市红十字会 2014 年编印，第 53 页。

③ 独笑：《呜呼小上海》，《无锡日报》1918 年 10 月 24 日。

④ 殷惟龢编：《江苏六十一县志》卷上，《无锡县》，商务印书馆 1936 年版。

⑤ 《无锡丝茧同业公会档案》，转引自高景岳、严学熙主编：《近代无锡蚕丝业资料选辑》，江苏人民出版社、江苏古籍出版社 1987 年版，第 230 页。

生命财产损失①。无锡显然不是第一次江浙战争的主战场，以无锡为个案似乎没有典型性，但透过无锡"战争损害"的呈现，更能凸显战区各地受害之深。

中国近代民族工商业者、实业家、社会活动家薛明剑②曾亲历了整个江浙战争，著有《甲子江浙初战无锡过兵记》《甲子岁暮江浙再战锡山兵燹记》《甲子岁暮江浙再战危城发电记》等文章，详细记录了江浙战争的情形、经过及给无锡带来的深重灾难。这些文章当时即刊于他所创办的《无锡杂志》上，后又被收录于他的文集当中。为简明扼要地揭示无锡所遭受的战争戕害，下面以表格的形式，整理和列举出薛文中所记录的相关情形。

表 1-3　江浙战争期间无锡所遭受的战争损害情况

时　间	事　件	备　注
1924 年 8 月 22 日	上海、苏州金融界停止收解，锡市金融窒塞，百业停顿，工厂因难筹现款发给工资，故亦停工	
1924 年 8 月 25 日	军队、侦稽队、水警纷纷封扣民船备用，各项船只除已被封雇者外，其余一体禁止驶出县境。江阴县署"奉齐督军、韩省长电，筹军费十六万元"	截至 9 月 29 日，先后已缴 7 万余元
1924 年 8 月 28 日	航船交通完全断绝，火车时刻不准，人心惊惶，迁徙者不绝于途。陆军第一师参谋长与营长来锡，"令县代办面包一千五百斤，封扣汽船二艘，民船二十艘，将该师驻海州兵士运锡，分往宜兴、苏州"	
1924 年 9 月 21 日	军警机关四出拉夫应解，被拉者妻啼子号，不肖者借端索取讹诈	
1924 年 10 月 12 日	齐督发行定期兑换券五百万元，锡邑派认七万元，限五日承销集现	

①　参见侯鸿鉴：《无锡兵灾记》，1925 年铅印本。
②　薛明剑（1895—1980），中国近代民族工商业者、实业家、社会活动家，无锡县玉祁镇人。1912 年起，先后担任多所学校的教员或校长，曾应聘兼任上海《妇女时报》编辑。1923 年，创立无锡杂志社，编辑出版《无锡杂志》。他还应聘担任江苏省实业厅咨议及无锡县教育会主任编辑、商埠局顾问、农会调查员等社会职务，并创办明剑工业社、屑茧整理工场等企业。参见无锡市史志办公室、无锡市图书馆编：《民国时期无锡年鉴资料选编》，广陵书社 2009 年版。

时　间	事　件	备　注
1924 年 10 月 13、14 日	齐督电饬，立筹现洋十万元，派总兵站司令刘同春来锡守提。县署召集各公团、各业领袖开筹款会议，议决由金融界垫款	至 10 月 15 日，县署筹集现洋六万元，冯知事亲自解昆。10 月 20 日，县署续解现款三万元赴昆
1924 年 12 月 25 日	晚八时，齐兵数人抢劫保、仁二典，在迎龙桥下向厂方开放排枪	
1924 年 12 月 26 日	民船十余艘，被强行掠去，后经苦苦哀求交涉，始得收回	
1924 年 12 月 29 日	外间拉夫之事，无时或止。即着长服者，亦每被拉。甚至无人可拉时，至工房旁开放空枪，居民闻惊出逃者，即被拉去	
1925 年 1 月 18 日	苏军一下火车，不及招待，纷纷四散。行至通运桥畔，迭放排枪示威，纷向亨得利、岭南公司、紫阳馆、华得利等各店及住家肆行抢掠，被害者三四十家。夜九时，城外齐军抢掠焚烧……是夕，被劫者数十家，被焚者十余家。溃兵三人闯入城内，在打铁桥下天宝银楼与书院弄口汇兴烟店行劫，嗣向南逸去。午后，苏军旅长三人，向林知事及各公团索饷十五万元。不得已，由县内十公团出立借据，并由邑绅诸人作保，向中国、交通、江苏、上海、中南五银行借银五万元为临时军费及防务经费	
1925 年 1 月 19 日	溃兵万余人。马路左近，无店不抢，无户不搜，附郭乡村在二十里以内者，亦多被抢。复有地痞客民，趁风行劫。人民则均四散逃亡，哀号载道。为制止溃兵抢劫，于天未明先送去现款一万二千元，请求实行制止焚掠之行动。另，当日，齐燮元至锡，要求筹饷三万元，且每日须有地方供应白米二百包、及菜、柴、油、盐等，不得不由各公团担保，像各米行及粉厂赊账供给；饷银由十公团担保，向钱业商借一万元。于夜间九时，送往齐氏司令部。深夜，齐军将所劫各物，均装火车及船只运送出境。至此，地方财政已将破产，各银行以库钥交出，倾所有而尽公家借用	

时　间	事　件	备　注
1925 年 1 月 20 日	拂晓，枪声断续不绝。盖马路上已被劫一空，故向东门外亭子桥一带行劫。是日起，兵士遇有人民穿衣服者，即令脱下，彼辈取去，为饱掠后改装之用。城外被劫者尤多。十一时后，枪声渐密，孟渊弄永大典被抢，复放火焚其全屋。丝茧堆栈亦被齐军搬去丝、茧、粮食等，共装二十余列车东去	
1925 年 1 月 21 日	城外抢劫之风依然未息，附郭民居，十室九空，即近城村舍，亦多遭蹂躏，诚浩劫也	
1925 年 1 月 22 日	齐燮元来锡，限商会两日内筹缴饷银三十万元。另，马路一带，兵此去彼来，上自屋顶，下至地板，无处不被搜寻，继复付之一炬。且，自总司令部以及连部，均派人拉夫或强索夫役。夜半枪声仍不绝，继见城外火光上升，则外黄泥桥益懋玻璃五金号被焚矣	经过各种曲折，加之齐军很快战败，本次实际被迫缴纳三万
1925 年 1 月 23 日	夜十一时，北门外万前路口得意楼面店被焚，延及新美华洋货店、永和堂药店、沈源昌洋货店、焦合兴汤团店、谈景清镶牙店、大新楼菜馆、无锡旅店、益兴烟纸店、张万兴大饼店、恒大洋货店、玉露春茶楼、余生酒店、长安居饭店、计顺兴馄饨店等处。两面延烧，直至天明，始未见火光	
1925 年 1 月 24 日	城南枪声起，经探询乃杨巷被劫，前后数十家均无家不搜，居民均惊逸四散，惨状不堪	
1925 年 1 月 25 日	齐燮元派副司令李廷玉邀请公团领袖三十余人至县署闻喜堂宴会，筹商要事。实为勒索钱款。席间要求筹款十万元，经诸绅求肯，议定当日先凑三万元，次日再缴两万元。诸人向各业筹借款项，罗掘俱穷，仍无眉目，终勉凑一万元交纳。夜间，皋桥、钱桥及锡山旁，均有焚屋之举，杂以炮弹之烟。登城了望者，但见西北一带烟雾弥漫	

时　间	事　件	备　注
1925 年 1 月 28 日	是晚，惠山横街起火，两面市屋及钱武肃王祠与秦园头造等，均付一炬。闻为奉军烘火取暖所致，损失约六七万元	
1925 年 1 月 29 日	奉军司令部持韩省长公文，向县署索饷六万元。师景山索下乡搜查军火费一千元，市总董钱基厚凑集五百元与之。师怒其短少，几欲以大令捕钱，经人婉恳始已	前后共缴纳四万元
1925 年 1 月 30 日	师景山又索款项，市公所已无款对。师即指定邑人之富庶者，出票拘提	
1925 年 2 月 11 日	自从奉军过锡，"计自一月十八日至此，先后被提军用款项二十六万五千一百四十余元，代办给养、酬劳等九万七千六百四十九元，两共三十六万二千七百九十余元。其他被焚者二百七十余户，被劫者四万六千余户，共计损失银六百余万元。此尚为有形之损失，其间接无形之损失，更当数倍于此矣。"	

资料来源：无锡市史志办公室编：《薛明剑文集》，当代中国出版社 2005 年版，第 664—711 页。侯鸿鉴：《无锡兵灾记》，1925 年铅印本。

　　从《薛明剑文集》和《无锡兵灾记》中，我们感受到江浙战争这场人道灾难给无锡带来的伤痛，可谓触目惊心。

　　总而言之，无锡在两次江浙战争中同样损失惨重，"盖自无锡车站至城垣，及城垣周围三十里之内，莫不被劫，且有连劫七八次之多者。……溯自一月十八日，齐氏祸锡，迄今一月余，全邑工厂商场，完全停顿，而人民之颠沛流连于境外者，欲归不得，欲留亦不得"[1]。有调查资料称，"被焚者二百七十户左右，被劫者约四万六千户零，全县总损失，约二千万元以上"[2]，而这还是保守估计而已。

---

[1]　中国第二历史档案馆编：《中华民国史档案资料汇编》第 3 辑《军事》（三），江苏古籍出版社 1991 年版，第 369 页。

[2]　高景岳、严学熙编：《近代无锡蚕丝业资料选辑》，江苏人民出版社、江苏古籍出版社 1987 年版，第 230—231 页。

小 结

综上所述，江浙战争给本来相对富庶、稳定的江浙地区造成了极为严重的恶果：生灵涂炭，几十年积累下来的财富被消耗、破坏或劫掠大半，并且贻害无穷①。这场战争，堪称一场人道灾难！

冯梦华在为《江苏兵灾调查纪实》写的序言中指出，第一次江浙战争结束之后，亟须各方想方设法，帮助恢复生产生活，帮助民众渡过难关，而涉及的事情千头万绪，如：开办平价或折扣粮店、掩埋枯骸、募制棉衣、储备药物、收养遗婴、修理破圩、提供农民牛具籽种、减免战地钱粮、截留附加赈捐、分募华侨赈捐、禁米麦出口、停米麦捐及木植捐、严防溃兵积匪、扫除遗弃军火、平治军用建筑、设立官借钱局、酌拨灾区公款，等等②。这其中，既有各慈善组织以及其他社会团体的义务之所在，也有政府官方的职责之所在。

江浙战争之兵灾战祸，所造成的严重的战争损害，引起了许多社会团体包括慈善团体的深切关注和积极介入，它们不遗余力，救死扶伤，对苦难的人民施以援手，堪称黑暗年代的一抹亮色。

当时具有较大影响力的慈善团体及其救济机构有不少，比如，民间宗教"道院"的红卍字会③，上海中国济生会的白十字济生队④，闸北慈善团的蓝十字会⑤，基督教、天主教组织成立的救济机构，上海联益善会，等等。此外，其他社会团体，比如同乡会、商会等，在兵灾战祸

---

① 1925年，《江苏赈务处训令上宝等县知事文》对第一次江浙战争的灾难性影响，仍感触目惊心，云："查太仓、宝山、嘉定、松江、青浦、奉贤、金山、上海，以及昆山、常熟、吴县、吴江、无锡、江阴、宜兴、武进、丹阳、丹徒等县，或直接或间接被兵情形，最重之区，焚劫无遗，流离乏食。……其受灾较轻处所，百业停顿，粮食维艰。"见李文海等：《近代中国灾荒纪年续编》，湖南教育出版社1993年版，第136页。

② 娄东、傅焕光、黄允之等：《江苏兵灾调查纪实》，江苏兵灾各县善后联合会1924年编印，"冯梦华先生序"，第1页。

③ 由山东省滨县人吴福林（道名"福永"）于1916年创立，提倡佛教、道教、儒教、伊斯兰教和基督教"五教合一"。红卍字会是道院专门负责社会救助的救济机构。

④ 由旅沪各省慈善家于1916年在具有佛教色彩的民间团体"集云轩"的基础上创立，因为其用于社会救护的救济机构"白十字济生队"以蓝底白十字为标识，所以又常俗称"白十字会"。

⑤ 由沈联芳、钱桂三、王彬彦等人于1912年发起成立，其用于社会救助的救济机构以白底蓝十字为标识，名曰"蓝十字会"。

之际也积极筹备并成立了相应的救济机构①。但中国红十字会，作为国际性人道救助组织，具有广泛的号召力，能够汇聚人道力量为人道救援服务，理所当然成为战争救援的主导力量。

由于江浙战争的战区主要处于江苏南部及沪城周边地带，尤其是江苏南部，因此社会团体包括慈善团体的兵灾救济活动，一般也主要集中在上述地区，而将上海城区作为主要的运作中枢和大后方，这是由当时上海所具有的特殊地位和独特状况所决定的。本书的论述，在地理空间上也将有所侧重，突出主要地区和重点地区的救济活动。

---

① 同乡会、商会等社会团体，虽然不是专门的慈善团体，但是也发挥了一定的救济作用，主要体现在难民救助上。为体现慈善救济之全貌，本书对它们的救济机构和慈善活动，也作适当介绍。

第二章 中国红十字会及其
救援活动之筹备

在江浙战争即将爆发之际，许多社会团体包括慈善团体，未雨绸缪，积极筹备兵灾救济事务，纷纷成立相应的救济机构，以备不测，如中国红十字会、"道院"的红卍字会、上海中国济生会的白十字济生队、闸北慈善团的蓝十字会、上海联益善会、基督教或天主教所成立的救济机构，另外同乡会、商会等地缘、业缘组织，在兵灾战祸之际也积极筹备参与。作为最大的人道救助组织，中国红十字会在战争救援中发挥着主导作用。中国红十字会自创立以来，经过 20 年的发展，已经日趋成熟，成为历次战争救援的主要力量。在江浙战争爆发前，中国红十字会总会及各地分会已积极行动起来，组织及派遣救护队、设立救护机构、筹备设立妇孺收容所，以应对兵灾。

第一节 江浙战争前的中国红十字会

江浙战争爆发于 1924 年，而此时，中国红十字会已经走过了 20 年的风雨历程。

一、中国红十字会的创立与发展

红十字会的诞生得自于战争的强力推动，瑞士人亨利·杜南正是有感于索尔弗利诺之战的惨状，创立了红十字国际委员会，其初衷就是为了救护战场伤兵①。中国红十字会的发展更是与战争救援活动密不可分。1904 年发生在中国东北的日俄战争，催生了中国红十字会。

1904 年 2 月，为争夺中国东北，日俄战争爆发。清政府腐败无能，迫于列强的压力，竟将辽河以东划为交战区，宣布"局外中立"。战争

人
道
的
力
量
：
中
国
红
十
字
会
救
援
江
浙
战
争
研
究

---

① 亨利·杜南：《索尔弗利诺回忆录》（杨小宏译），山东友谊出版社 1998 年版。

爆发之时，旅居东北的外国侨民由本国政府或红十字会帮助撤离战区，而东北的中国百姓深受战争之害，苦不堪言①。清政府虽也拟派船接运中国难民，但竟遭到俄国的拒绝，船只不准入港。由于必须严守"中立"，清政府对此只能是无能为力。面对如此局面，时任上海记名海关道的沈敦和、直隶候补道的施则敬等人奔走呼号，"拟援万国红十字会例，力筹赈救北方被难民人之策"②。其后，在上海绅商的积极响应之下，于1904年3月3日发起成立了"东三省红十字普济善会"，试图以红十字的名义，并依据其基本规则进行战争救援行动③。但这一组织未能取得交战双方的认可，也未能享有红十字会应享有的权利，沈敦和无奈感叹："红十字会之设始于瑞士，遍于环球。独吾国向不入会。以不入会之国而欲设红十字会，外人必不承认。不承认，则不允入战地以救民。事亟矣！"在此情况下，沈敦和不得不求助于他的老朋友、英国传教士李提摩太，另行组织红十字会。李提摩太对此欣然赞同④。在李提摩太、沈敦和、施则敬等人的多方奔走之下，1904年3月10日，中、英、法、德、美5国代表集会于上海，在英租界工部局发起成立了"上海万国红十字会"。上海万国红十字会虽为5国合办，但"在中国地方创始承办，中国遂永有红十字会主权"⑤。中国红十字会由此诞生。

"上海万国红十字会"是一个与中国传统慈善组织完全不同的组织。其权力机构是董事会，由45名董事组成，从中再推选出9名"办事董事"，其中西董7人，包括有英租界总董、法租界总董、李提摩太等；华董2人，即沈敦和、施则敬（后增任锡汾）⑥。而清政府，这时因"局外中立"并未出面，但对上海万国红十字会的创设动向始终密切关注，暗中运作，在其成立后立即给予全面支持，并以光绪帝的名义拨付内帑银10万两⑦；同时派员赴瑞士补签《日内瓦公约》，取得开办红会

---

① 《盛京时报》1906年10月18日。

② 《普济群生》，《申报》1904年3月11日。

③ 《东三省红十字普济善会章程并启》，《申报》1904年3月3日。

④ ［英］李提摩太：《亲历晚清四十五年——李提摩太在华回忆录》（李宪堂、侯林莉译），天津人民出版社2005年版，第307页。

⑤ 《晚清关于红十字会开创之奏折》，见中国红十字会总会编：《中国红十字会历史资料选编，1904—1949》，南京大学出版社1993年版，第9页。

⑥ 池子华：《中国红十字会诞生记》，《中国红十字报》2014年4月1日。

⑦ 《开办红十字会着颁内帑银十万两等因》，（台北）"中央研究院"近代史研究所馆藏档案，档号：02-21-013-02-005。

的资格①。

上海万国红十字会成立后，即多方筹措款项，社会各界均十分踊跃，短短 4 个月中就收到捐款规元近 18 万两②，为人道救援行动的开展提供了支持和保证。当时，日俄两国只允许"上海万国红十字会"在战区之外展开救援，人道救援行动实际是以解救难民出险为主。据统计，一年多时间，万国红十字会共接运 131177 名难民出险③。另一方面，红十字会在牛庄（今营口）设立战地医院。这里集中着在此避难的东三省各国传教士，医院主要由西方医生负责，为难民疗伤并设立难民庇护所。整个行动共救治伤员 2.6 万人，资遣难民返乡者 2 万人。

战事结束以后，上海万国红十字会继续赈济战区难民。前后 3 年间，被救助的难民（包括救护出险、收治伤病、留养资遣、赈济安置等）总计达 46.7 万余人，因伤重不治死亡的仅 331 人④，堪称"成绩特佳"⑤，由此，红会声誉鹊起。特别需要指出的是，救援行动完全是志愿性质，无论是中方还是西方的红十字会员，均不支取薪水，充分体现了红十字的人道主义和博爱精神。

至 1907 年，日俄战争已结束 3 年，这一年的 7 月 21 日，时任商约大臣的吕海寰和盛宣怀联衔《沥陈创办红十字会情形并请立案奖叙折》上奏朝廷，在为上海万国红十字会奏请奖叙的同时，提出建医院、办学堂等"善后持久事宜"的种种构想和举措，"以结万国红十字会之全局，即以巩中国红十字会之初基"。这标志着历时 3 年有余的上海万国红十字会的终结。自此，中国红十字会开始走上"自立"的发展道路⑥。

此后，中国红十字会积极开设医院和医学堂。1908 年，因疫病流行，红十字会在上海天津路设立临时时疫医院，并面向社会招考医学生，借同济德文医学堂培养医护人才，毕业后担任红十字会医生。首批

① 池子华：《红十字与近代中国》，安徽人民出版社 2004 年版，第 60 页。

② 中国红十字会总会编：《探本溯源——来自博爱论坛的声音》，北京大学出版社 2010 年版，第 81—91 页。

③ 《红十字会理事总长沈敦和报告》，中国红十字会总会编：《中国红十字会历史资料选编，1904—1949》，南京大学出版社 1993 年版，第 285 页。

④ 苏渊雷：《中华民国红十字会简史及大事记》，《红十字月刊》1946 年第 11 期。

⑤ 胡兰生：《中华民国红十字会历史与工作概述》，中国红十字会总会编：《中国红十字会历史资料选编，1904—1949》，南京大学出版社 1993 年版，第 499 页。

⑥ 池子华、郝如一主编：《中国红十字运动历史编年，1904—2004》，安徽人民出版社 2005 年版，第 9 页。

招收学员 12 人①。1909 年，由沈敦和主持，在徐家汇路（今华山路）动工兴建中国红十字会总医院（今华山医院），次年春，医院落成。该院设施完备，门诊、病房、解剖房、手术室、化学房、药房、浴室、消毒室、制剂室、殡殓所等一应俱全，"设备之精美，为沪之冠"②。又在总医院附设医学堂，招收学生，培养专业人才。1910 年 12 月，中国红十字会在上海天津路开设分医院，"利便租界居民治病"，初名为"大清红十字会中国公立医院分院"；继设南市医院于沪南十六铺，易名为北市医院。医院"诊病给药，只收号金（挂号费）。病较重者留院疗治，酌量收费，贫者则免，只收膳费，极贫者膳费亦免"③。1917 年，吴淞防疫医院由总商会移交给了中国红十字会管理。由于防疫医院的并入，中国红十字会的医院建设也向前跨进了一步④。

在辛亥革命人道救援行动中，中国红十字运动得到了前所未有的发展。武昌首义战事发生后，沈敦和在上海发起成立中国红十字会万国董事会，组织三支救护队，推举上海总医院柯师医生为队长，开赴武汉，创立临时医院。救护队抵达前线后，携带担架进入战地抢救伤员。武汉之外，红十字会也派出救护队，奔赴南京等地展开救援。辛亥救护行动中，各地分会纷纷成立，加入救护行列，据统计，各地设立分会近 60 处，建立分会医院 30 余所。辛亥战事，中国红十字总会及各地分会治愈伤病军民达万余人，可谓"所费不赀，其功甚巨"⑤。

中国红十字会的卓越工作，受到社会各界广泛赞誉。在致黎元洪电文中，孙中山对中国红十字会在辛亥革命期间救伤葬亡的人道义举给予了高度赞扬："查民国军兴以来，各战地将士赴义捐躯，伤亡不鲜，均赖红十字会救护、掩埋，善功所及，非特鄂省一役而已。"⑥ 辛亥革命期间的人道救援行动，为红十字会此后的战争救护积累了极为宝贵的经验。

1912 年 1 月 1 日，中华民国成立，中国社会跨入新时代，中国红十

① 池子华、郝如一主编：《中国红十字运动历史编年，1904—2004》，安徽人民出版社 2005 年版，第 11 页。

② 《中国红十字会早期在上海设立的医院》，《中国红十字报》1987 年 8 月 5 日。

③ 池子华、郝如一主编：《中国红十字运动历史编年，1904—2004》，安徽人民出版社 2005 年版，第 14 页。

④ 周秋光：《民国北京政府时期中国红十字会的组织与发展》，中国社会科学院近代史研究所编：《中华民国史研究三十年（1972—2002）》（下卷），社会科学文献出版社 2008 年版，第 1261—1262 页。

⑤ 《公电——武昌黎副总统电》，《申报》1912 年 2 月 28 日。

⑥ 孙中山：《复黎元洪电》，《孙中山全集》（第 2 卷），中华书局 1982 年版，第 125 页。

字运动也进入了新的历史时期。1 月 12 日，中国红十字会得到红十字国际委员会的正式承认①；2 月 28 日，内务部为中国红十字会办理"立案"事宜，中国红十字会得到新政府的正式承认②。5 月 7 日至 17 日，中国红会派员出席在美国首都华盛顿举行的第九届红十字国际大会，由此登上了红十字运动的国际舞台③。9 月 29 日，在上海召开中国红十字会第一次会员大会④，10 月 30 日，又在上海召开统一大会⑤，通过了《中国红十字会章程》（共 6 章 20 条），这是中国红会史上第一个正式会章，中国红十字事业的发展由此步入正轨⑥。

民国虽然成立，战乱却未平息，在此后的"二次革命"、白朗起义、护国战争、护法战争等战事中，都活跃着红十字会的身影⑦。中国红十字会设置收容所救助难民，建临时医院救治伤兵，用车船等救助难民出险，同时动员社会力量，捐款捐物。总之，在战事频发的年代，红十字会会员穿梭各地，竭尽所能，通过各种方式为战地兵民提供帮助。在此过程中，红十字会也日渐成熟。

二、红十字组织架构与运行机制

从 20 世纪 20 年代初开始，中国红十字会进入快速发展时期，各项工作均取得了较大进展，特别是建立起了相对健全合理的组织架构与运行机制。无疑，一套健全合理的组织架构，是兵灾救济的前提和基础，也是高效运行之保障。中国红十字会在江浙战争时期的兵灾救济，之所以能够顺利开展并取得良好成就，正是得益于此。

1922 年 6 月 25 日，中国红十字会第二次会员大会通过了《中国红十字会修正章程》，延续了第一次会员大会的规定，即设总会于北京，

① 池子华、郝如一主编：《中国红十字历史编年，1904—2004》，安徽人民出版社 2005 年版，第 19 页。

② 《大总统令内务部准予中华民国红十字会立案文》，《临时政府公报》第 25 号（1912 年 2 月 29 日）。

③ 中国红十字会总会编：《中国红十字会历史资料选编，1904—1949》，南京大学出版社 1993 年版，第 392 页。

④ 《中国红十字会第一次会员大会记》，中国红十字会总会编：《中国红十字会历史资料选编，1904—1949》，南京大学出版社 1993 年版，第 258 页。

⑤ 《红十字会统一大会记事》，《申报》1912 年 10 月 31 日。

⑥ 池子华：《民国肇建与中国红十字会的转型》，载《民国研究》2012 年秋季号，社会科学文献出版社 2012 年版。

⑦ 池子华：《"军阀时期"中国红十字会的兵灾救护》，《上海师范大学学报》2004 年第 6 期。

设总办事处于上海，并对总会与总办事处的职权做了明确规定。

总会职权仅限于与政府交接以及外交方面之事务；总办事处的职权则广泛得多，包括"一、对于各分会交接事件。二、战时对于军事长官及战地司令官交接事件。三、平时对于地方官厅交接事件。四、对于各商埠外交方面交接事件。五、对于红十字会万国联合会交接事件。六、其他一切会务"①。由此可见，几乎所有的具体会务和活动都是由上海总办事处负责的。因此，中国红十字会的江浙战争救援活动实际上是由上海总办事处具体领导和推动的。同时，也不能忽视北京总会所起到的独特作用。比如，在各种救护、救济和救助过程中，来往交通所需的各种电报、铁路、轮船的免费凭证，凡此事项都由北京总会向北京政府申请获取。此外，对于部分热心募捐的绅商，经上海总办事处转呈，北京总会也向北京政府请求颁发勋章以资奖励②。

按照章程，会员通过会员大会，选举出一定数目的"议员"，由其构成"常议会"。常议会的议长、副议长由议员互选产生。常议会设在总办事处所在地上海，每月开会一次，由议长召集。常议会的职责是，"一、审查预算决算。二、审查入会会员资格。三、决议会员之除名。四、订定各项规则。五、选举会长副会长。六、公推理事长。七、公推财产委员。八、议决其他重要事件。九、刊印征信录及提出成绩。报告于大会"③。常议会对红十字会各重要事件做出决策，总办事处执行常议会的各种决议，常议会对总会和总办事处具有监督功能。

在江浙战争期间，北京总会、上海总办事处，秉持各司其职、团结协作之原则，为顺利完成人道救援任务奠定了基础。

中国红十字会的组织体系分为总会和分会两级，垂直管理。分会是总会的基层组织，是实行人道救援的基本依托。各地分会，必须经过中国红十字会上海常议会的审查认可，方可设立。分会的章程，必须依据中国红十字章程及该会制定的分会通则而制定，并且必须经过常议会的审查和认可，才能生效。"分会应各就所在地名，为中国红十字会某地分会"；"分会所在地，如有军事时，得受总会及地方官厅之补助费"；

① 池子华、崔龙健主编：《中国红十字运动史料选编》（第1辑），合肥工业大学出版社2014年版，第91—92页。

② 张建俅：《中国红十字会初期发展之研究》，中华书局2007年版，第87页。

③ 《中国红十字会修正章程》，中国红十字会总会编：《中国红十字会历史资料选编，1904—1949》，南京大学出版社1993年版，第231页。

"分会应按年将所办事宜及会员名册报告本会。每三年另造总册，报告大会"①。

早在辛亥革命的战场救护中，江苏就涌现了一批红十字分会，包括南京分会、镇江分会、上海城内分会（即沪城分会）、苏州分会、常熟分会、江阴分会、吴淞分会等等②，由此可见，江苏地区拥有良好的红十字传统，红十字精神深入人心。截至 1924 年 5 月 31 日，江苏地区共有红十字分会 30 处，浙江地区共有 10 处③。这些分会，在江浙战争救护活动中发挥了至关重要的作用。

会员方面，经过改革，红会会员分为五种：名誉会员、特别会员、正会员、普通会员和学生会员。"独捐银元一千元以上，或募捐银元五千元以上，或办事异常出力者"，为名誉会员；"独捐银元二百元以上者，或募捐银元一千元以上者，或办事著有成绩者"，为特别会员；"每年纳捐银元五元满六年者，或一次纳捐银元二十五元者"，为正会员。名誉会员、特别会员、正会员均为终身会员。"一次纳捐十元以上者"，为普通会员，普通会员以 10 年为有效期间。"纳捐一元者"，为学生会员，学生会员以修业期间为有效期间④。

学生会员的设置，使得红十字会的会员人数迅速增加，迨至江浙战争爆发前的 1924 年初，全国范围内已近 4 万人⑤。战争的威胁，使得越来越多的人希望加入红会，这不但使红会队伍得以扩大，为兵灾救援提供了不可或缺的人力资源，也使红会的会费收入有了较大增长，这些都有助于兵灾救护活动的开展。

值得一提的是，20 世纪自 20 年代以来，红十字会在医院建设、医疗教育等方面也都取得了较大成果。1921 年 12 月，红十字会将徐家汇

① 《中国红十字会修正章程》，中国红十字会总会编：《中国红十字会历史资料选编，1904—1949》，南京大学出版社 1993 年版，第 233 页。

② 《红十字会第一届分会职员一览表》，《民立报》1911 年 11 月 26 日。

③ 《中国红十字会 20 周年纪念册》，中国红十字会总会编：《中国红十字会历史资料选编，1904—1949》，南京大学出版社 1993 年版，第 155 页。

④ 《中国红十字会修正章程》，中国红十字会总会编：《中国红十字会历史资料选编，1904—1949》，南京大学出版社 1993 年版，第 230 页。

⑤ 《中国红十字会二十年大事纲目》，中国红十字会总会编：《中国红十字会历史资料选编，1904—1949》，南京大学出版社 1993 年版，第 494 页。

红会总医院收回自办①，由王培元博士任院长。此后不断更新和扩充设备，到1924年颜惠庆执掌红会时，红会总医院已获得了较大的发展。同时，红会还对南市、北市医院进行了整顿，经过整顿，"两院开支日减，医务日求进步，半年以后，颇收效果"②。红会亦对防疫医院加强建设③。此外，红会同样注重救护人员的培养，先后创办了中国红十字会救护学校和上海中国红十字会总医院护士学校，培养了一批专业的救护人才。这些都为即将到来的战争救护行动提供了有力保障。

总之，中国红十字会成立20年来，经历了多次战争救护的洗礼。在日俄战争、辛亥革命、二次革命、护国战争、护法运动、直皖战争、直奉战争的战场上，从来都不缺少红十字会会员的身影。正是这一次次的磨砺，使得中国红十字会不断成长、壮大，同时积累了较为丰富的战地救援经验，这些对于江浙战争人道救援行动的顺利开展是至关重要的。

第二节　总会的人道救援筹备

早在江浙战争风云渐起之时，中国红十字会就已经未雨绸缪，在各个方面为人道救援行动进行准备。具体而言，总会总办事处的筹备工作主要包括以下几个方面。

一、四出布置　协调各方

1924年8月27日，红会总会总办事处派出牛惠生医生考察战区各地以及铁道沿途一带，以便确定何处可以设立临时救护机关④。同时，各类救护药品和物资也都由总办事处置办妥当，而后分运各处，以备随时使用。

为保证在即将开始的人道救援行动中，救护队能够随时出发，红会

---

① 此前为解决经费问题，同时又为了总医院能更好地发展，1913—1921年总办事处与哈佛大学、美国安息会合办总医院，9年时间总医院更新医用器材，培养医学人才，"用理化学术疗治疾病以补药石刀圭之不逮"，获得了极大的发展。1921年合同期满后，总办事处决定将总医院收回自办。参见马强、池子华主编：《红十字在上海（1904—1949）》，东方出版中心2014年版，第139—140页。

② 中国红十字会总会编：《中国红十字会历史资料选编，1904—1949》，南京大学出版社1993年版，第473页。

③ 参见《上海吴淞两口防护染疫章程》，《中国红十字会月刊》第6期（1922年3月），第9—15页。

④ 《红会之筹备救护消息》，《申报》1924年8月27日。

总办事处早在 1924 年 8 月底就租下"河安"小轮一艘,以便在内河区域发生战事时,救护队能够尽快到达。铁路方面则"另由沪宁路局及沪杭甬局各拨火车二辆、机车一辆,以备随时乘用"①。

这些举措具有先见之明,因为江浙战争爆发后,铁路、公路常常被阻断,于是轮船即可派上用场,由水路开赴昆山,然后驶至苏州、常州和宜兴。船中共有救护员 40 余人,携带医药用品,可以沿途布置救护。据报道,浏河方面也备有汽车数辆,为紧急救护之用,且常州也曾派人前往预约②。

由于战事将近,要求加入红十字会的人数大大增加,各地新成立的分会也纷纷要求总会发给会员凭证,吴县、太仓、宜兴、镇江等分会,纷纷致电总会总办事处,要求指导、组织救护事宜。红会职员,"益形忙迫,夜以继日,不得稍息"③。

总办事处对各地方分会的预备救护事宜也进行了指导。8 月底,总办事处电告南京红十字分会于恩绶会长:"苏浙风云,倘成事实,救护事项,贵会为全省领袖,自应照章先为部署;下关分会亦已着手筹备,希接洽商同进行为盼。"④ 要求该分会与下关分会接洽,协商合作。此外,总办事处又嘱告江苏镇江、常州、无锡、苏州、昆山等处,浙江之长兴、吴兴、泗安、嘉兴、安吉、杭州等处分会,相机协同办理救护事宜⑤。8 月 30 日,总办事处派员至苏州,与苏州分会接洽筹设战地病院事宜⑥。

总办事处还积极与各军政当局沟通,陆续发电报给江苏督军齐燮元、浙江督军卢永祥、武进姚知事、无锡冯知事等官员,一是请求通令各处前敌军队官长,按万国公法,妥为保护红会各救济机构以及人员之安全;二是请求签发通行证等文件给红十字会,以备到战区救援时使用。各方官员均很快回电,表示同意并照办红会总办事处之各项请求⑦。

---

① 《红会救护中之交通问题》,《申报》1924 年 8 月 31 日。
② 《红会自备船车分途救护》,《申报》1924 年 9 月 3 日。
③ 《红十字会之昨讯》,《申报》1924 年 9 月 2 日。
④ 《红会之救济》,《申报》1924 年 8 月 28 日。
⑤ 《红会救护筹备情形》,《申报》1924 年 8 月 29 日。
⑥ 《江浙风云中各方杂讯》,《新闻报》1924 年 8 月 31 日。
⑦ 《红会之救济》,《申报》1924 年 8 月 28 日;《筹备救护之消息》,《申报》1924 年 8 月 30 日;《红会昨接之四电报》,《申报》1924 年 8 月 31 日;《红会筹备救护之消息》,《申报》1924 年 9 月 2 日。

二、组织并派遣救护队

1924 年 8 月 28 日，红会总办事处先行组织两支救护队，由牛惠生、王培元两人总负责，办理救护事宜，并率同医生和看护生，分头布置[①]：一队由王培元统率，由沪杭甬铁路出发，赴湖州、长兴一带救护；另一队由牛惠霖（牛惠生之兄）统率，由沪宁线往昆山一带救护。同时其掩埋队、输送队也在编制之中[②]。

总办事处此次组织的救护队，共计 5 队，每队 12 人，整装待发。驻扎地点分别为：昆山队驻扎于平泉堂屋，无锡队驻扎于济生医院，苏州队驻扎于更生医院，常州队驻扎于大同医院、完白医院，嘉兴队驻扎于纬成绸厂。宜兴方面因为无当地人士接洽，故未预备，拟将来由常州方面转往。"该会已包定火车，随时闻战事发生，即行出发"[③]。由此可见，总会总办事处的救护计划，积极而有序。

8 月 29 日凌晨，红会上海总办事处派出总会救护队一队，由倪承方医生带队，随沪宁铁路专车前赴昆山组织临时救护队。同行者有任培天、方菊影医生及救护队员张丹卿、耿国祥、张恒伯、孙伯颐、张万俊等人，加上干事徐征东、书记潘克雄及杂役等，共 20 余人，携药品材料及各种应用器具 20 余箱，搭车前往。牛惠生到车站送行，并接洽一切。该队抵昆后，"办事处设于浸礼会教堂"[④]。第二队，拟在组织就绪后，即出发往常州、宜兴一带[⑤]。

截至 8 月 30 日，上海的南车站和北车站、昆山、松江、浏河、吴淞、嘉兴、苏州、常州、无锡、宜兴等处，均已筹备妥帖，万一战事发生，即由各地救护队就近救护[⑥]。具体而言，现该会已在昆山设立救护总队，以备与太仓、嘉定、青阳港三处联络；又在常州设立救护总队，备与嘉兴、宜兴、长兴三处联络；此外，在浏河、吴淞、松江设立救护

---

① 《红会救护筹备情形》，《申报》1924 年 8 月 29 日。
② 《红会组织救护两队》，《申报》1924 年 8 月 28 日。
③ 《苏浙时局之上海影响》（七）《备战声中之救护设备》，《新闻报》1924 年 8 月 30 日。
④ 王完白：《战地闻见录》，原载 1924 年《通问报》《商报》及《中华医学杂志》1925 年第 3 期，见俞坚、张涛主编：《人道百年——报刊中的常州红十字（1914—2013）》，常州市红十字会 2014 年编印，第 45 页。
⑤ 《关于苏浙时局之上海》（十一）《时局严重之各方杂讯》，《新闻报》1924 年 8 月 29 日。
⑥ 《筹备救护之消息》，《申报》1924 年 8 月 30 日。

支队，在吴淞、浏河、太仓设立临时医院。一切器具，业已备好①。

9月1日，总会办事处又派出救护队一队，计10余人，前往浏河一带，预备救护。9月2日，沪宁线中断，红会自备火轮，运送救护员40余人及大量物资药品，前往昆山、苏州、常州、宜兴，沿途布置一切②。9月4日，因战事紧急，又派出3支救护队，分赴吴淞、江湾和宝山驻扎，以备一旦战事发生，可以及时救护。

三、筹备设立妇孺收容所

历次战事之中，妇孺受难者颇多，故而中国红十字会在战地救护工作之外，也将妇孺收容保护列为工作重点，江浙战争中也不例外。江浙之战一触即发之际，总会即"以筹设妇孺救济收容所为第一要事"③。为保证各地难民收容工作的顺利进行，总会总办事处特制定《中国红十字会救济妇孺收容所简章》：

（1）中国红十字会，不论总会、分会，为地方发生战事及灾害时救济妇孺，得设立收容所。

（2）收容所之设置，应察度地方情形，如遇需要多数时，得以第一二三四所分别之，余可类推。

（3）收容所需用房屋，应由地方士绅辅助租借之。

（4）收容之妇孺，收容所负有保护之责，地方官及各路军队，应一体从优待遇。

（5）收容妇孺，除伤者、病者随时分别轻重，送疗养院医治外，其并无伤病救济出险者，则由所收容之。

（6）收容所安置妇孺，每所以50人为度，逾此数，则归第二所收容。

（7）收容所每所设所长一员、医生一员、女监察一员、女看护二员，夫役无定额。

（8）收容所妇孺应一律遵守本所章程，归所长管理之。

（9）收容所妇孺起居饮食，应一律遵守法定时间，不得违犯。

（10）收容所在救护队后方设立，如值战线接近时，得与救护队随时迁退，以避危害。

---

① 《红会筹备救护昨讯》，《申报》1924年9月1日；《淞浏太预备临时医院》，《申报》1924年8月30日。

② 《红会自备船车分途救护》，《申报》1924年9月3日。

③ 《筹备救护》，《申报》1924年8月29日。

（11）收容所妇孺伙食，由所设备，其粮食柴火，另设输送队输送之。

（12）收容妇孺，由家属得信来所领归时，必须有三人以上之保结，并由地方保证盖戳证明，方许出所，以免蒙混。

（13）本简章临时规定，如有遗漏及不适用时，得临时提出修正之①。

该章程对妇孺收容所的设置、饮食供应、日常管理、亲属认领等问题都做了明确规定，为更好地开展妇孺难民收容工作提供了保证。在江浙战争期间，虽然战区各种惨事日日可见可闻，至于妇女被欺负蹂躏之事②、孩童被抛弃或饿毙之事③，多有发生，时有耳闻。但妇孺一旦获得红十字会的收容，则可在惊涛骇浪中觅得一风平浪静之所。妇孺得到保护，其因固多，而红十字会对大批妇孺的制度化救护与管理，可占其一。

此外，总会还积极与军政当局沟通，希冀"各处前敌军队官长，按万国公法，妥为保护"④，以确保妇孺救济工作的顺利开展。

四、设立救护机构

救护队所救之伤兵，除伤势较轻者就近医治外，重伤兵员多由救护队先做简单处理，而后转送医院进行后续治疗。为此，红会事先准备，将上海天津路时疫医院、海格路红会总医院、西藏路时济医院等用于伤兵救助之用，随时准备收治伤兵。此外，总办事处还在沪埠周边及以外地区设立救护机构（下文详论）。鉴于真如镇位置十分重要，为方便救护，9月4日，红会总办事处在该镇暨南大学设立了医务总机关⑤，红会救护队总队长牛惠生还在吴淞、浏河、太仓三处，预备临时医院，以便

---

① 《中国红十字会救济妇孺收容所简章》，《申报》1924 年 9 月 4 日。

② 据《申报》1924 年 9 月 7 日报道，开战不久，"苏齐彻查兵士犯强奸妇女者三十一人，一律枪毙"。虽部分强奸犯得到惩处，但仍可见战乱中妇女命运之悲惨，至于此类未经报道之事及未被惩处之犯，不一而足。

③ "据该处避难来沪者言，战地小孩抛弃甚多，大约均系三四五岁，因肩扶太重，不得不弃之而行，所以到处皆有，比之伤兵尤惨，最好嘱会中救济队诸君迅临战地，专救妇孺，功德实非浅鲜，较之救护伤兵，尤为切要。"参见《红会消息汇志》，《锡报》1924 年 9 月 24 日。

④ 《筹备救护》，《申报》1924 年 8 月 29 日。

⑤ 《红会于暨南设医务总机关》，《申报》1924 年 9 月 2 日。

战时救护之①。总会第二救护总队，在常熟第五中学设后备疗伤医院，甚为完备②。

中国红十字会设立救护机构的行动，得到社会各界人士的积极支持。著名实业家、天主教士陆伯鸿，积极与红会接洽，拟利用松江马路桥新普育堂医院的设施和房屋，筹备设立红会临时医院。该临时医院所需医生在上海聘请，地方人士则纷纷捐送钱款、粮食以及其他物品③。不久，该临时医院即告组建完成。又如，江苏省长韩国钧邀请南京各教会及青年会中西领袖磋商救济战地难民事宜，并于1924年9月10日组成美国红十字会难民救济队，队长是美国人魏慕德。其后不久，该会主动与中国红十字会总办事处联系，实行改组，并与苏州、无锡、常州、镇江、常熟、江阴一带的教会联合起来，重新成立了"中国红十字会难民救济会"。该难民救济会有中西人士60余人，在昆山设立总事务所，在前方战区专任救护难民脱离险地。这两个救护组织，皆隶属于中国红十字会。它们的筹备成立，对江浙战争的兵灾救济，也发挥了很好的作用。

至于筹款募捐，亦在积极推进之中，社会各界纷纷响应，慷慨解囊，为红十字会人道使命的完成提供了有力保障。

第三节　三种类型：分会组织的整建及其人道救援准备

江浙战争的主战区为江浙两省，特别是江苏省，更是两军鏖战之地。据统计，在江浙战争即将爆发之际，全国各地的红会分会，总数已达286处之多（统计截至1924年5月30日）④。这其中，江苏的红十字

---

① 《淞沪太预备临时医院》，《申报》1924年8月30日。

② 《昆山快信》，《申报》1924年9月8日。

③ 《松江：此间妇孺收容所之设立》，《申报》1924年9月13日；《松江：十五日杂讯》，《申报》1924年9月16日；《松江红会纪闻一束》，《申报》1924年9月13日；《红会第五疗养所定期结束》，《申报》1924年11月5日。

④ 《中国红十字会全国分会总数表》，中国红十字会总会编：《中国红十字会历史资料选编，1904—1949》，南京大学出版社1993年版，第154—155页。

分会数量达 30 个，浙江也有 10 处分会①。因此，对战争救护发挥作用最大的，无疑是这两省的分会。红会组织是人道救援的主体，是遂行人道行动的组织保障。正因为如此，为了汇聚人道力量，在中国红十字会总办事处支持之下，江浙地区分会的人道救援准备首重组织建设。至开战前夕，"战区以内之各处红十字分会，纷纷筹备救护，其未经设立各区，亦在积极筹备"②。具体情形，可以分为三种类型，分述如下。

一、重组与整顿：原有分会组织的人道救援准备

江浙战争前已经成立的分会，为开展人道救援，对组织进行重组与整顿，救援准备相对更为充分。具体情形如下。

（一）沪城分会

沪城分会是中国红十字会上海分会的前身，成立于 1911 年，"辛亥秋，武汉风云日紧，因思沪南处于绝地，且制造局为军事上所必争，交通除水程外，陆行须经租界，若一旦有事，交通断绝，定蹈东省之覆辙，是以集合同志，特组织沪城分会"③。因沪城分会与总会总办事处同处上海，因此，无论在战事救护，还是在医疗服务、社会救助等方面，沪城分会均起到有力的配合、协助作用，江浙战争中也不例外。

早在 1924 年 8 月底，沪城分会就已经召集救护队员，在分会讨论一切，筹备药品，整装待发；并与总办事处议定，担任自沪江至嘉兴一路救护事宜，同时派员前赴松江、枫泾一带，察看医院及驻扎地点④。至 9 月 3 日，沪城分会业已组织救护队两队：甲队长派石晓山，乙队长派顾渭川，每队队员 20 人。其中，甲队有医生 5 人，乙队有医生 4 人，其余皆为救急伤科毕业生。同时将药品器具整理完备，预备由沪出发，往松

---

① 江苏境内分会分别为：南京分会、沪城分会、吴江分会、吴淞分会、睢宁分会、宿迁分会、徐州分会、扬州分会、沭阳分会、海赣分会、泰县分会、涟水分会、盐城分会、阜宁分会、东台分会、建阳分会、江阴分会、淮泗分会、灌云分会、常州分会、兴化分会、刘庄分会、无锡分会、如皋分会、仪征分会、镇江分会、溧阳分会、下关分会、苏州筹备处、昆山筹备处；浙江境内分会分别为：绍兴分会、普陀分会、安吉分会、孝丰分会、宁波分会、吴兴分会、泗安分会、长兴分会、龙泉分会、杭州筹备处。参见《中国红十字会各省分会一览表 (1924 年)》，中国红十字会总会编：《中国红十字会历史资料选编，1904—1949》，南京大学出版社 1993 年版，第 152—153 页。

② 《红会救护之筹备》，《申报》1924 年 9 月 2 日。

③ 《分会成绩录要——沪城分会》，《中国红十字会月刊》1921 年第 2 期（1921 年 11 月 10 日），第 39 页。

④ 《沪城红会分会即将出发》，《申报》1924 年 8 月 31 日。

江、枫泾等处，并已发文知照沪杭甬铁路局，备有专车，待命即开①。

开战前夕，沪城分会确定上海公立医院为临时总医院，并将斜桥路、车站路、中华路、新开路等处分别作为东、南、西、北四所救护驻地。至于救护医务，则由张近枢博士总负责，并派一些西医、华医人员，协同办理。"连日来，该分会料理药品及一切器具，昼夜不息，异常忙碌"②。

（二）吴淞分会

吴淞分会成立于1911年，据《红十字会第一届分会职员一览表》记载："吴淞分会：经理员张玉墀，医院广义善堂旧址，医士曹文贵，医士陈森如。"③ 虽然二次革命后，吴淞分会的会务停顿，但有了以前的基础，重整起来相对较易。

随着江浙风云日紧，吴淞当地绅商会同公共防疫医院西医曹思句等，派人赴沪与总办事处接洽，重新组建分会。吴淞分会的发起会议于1924年8月28日召开，决定"一面先行筹备募集款项，购办服装、医药，由各会员担任，分投沪埠各大慈善家捐募，一经筹有善款，日内即将开办"④，同时拟定红十字分会办事处设于西镇荳市街救火会内。一旦开战，则由"总会派员至淞，会同救护队员出发，赶往前线施救。并预定宁商四明公所为被难妇孺收容所"⑤。

（三）吴县分会

1911年辛亥革命救护中，中国红十字会苏州分会成立，依托博习医院、福音医院、广仁医院，救护伤兵。战后会务停顿。1920年，"吴县地方士绅请成立吴县红十字会，根据《中国红十字会通则》规定，需满红十字会会员三十人以上者得立红十字分会，分会未成立前应称红十字会筹备处。遵照这一规定于民国九年成立了中国红十字会吴县分会筹备处"⑥。

江浙战争爆发前夕，为有效开展战争救护，吴县士绅宋铭勋、张仲仁等人决定重组吴县分会。会址设于公园图书馆，计有会员1000余人，其中正会员300余人。选出议事员24人，推举苏州总商会会长贝哉安为吴县分会会长，推定潘子义、潘起鹏为副会长，宋铭勋为议长，季小松

① 《人心惶惶之沪埠状况》（九）、《筹备救护之红白两会》，《新闻报》1924年9月3日。
② 《沪城红会分会进行救护》，《申报》1924年9月4日。
③ 《红十字会第一届分会职员一览表》，《民立报》1911年11月26日。
④ 《吴淞筹办红十字会》，《申报》1924年8月29日。
⑤ 《吴淞筹备红会之续讯》，《申报》1924年9月2日。
⑥ 虞立安：《民国时期的苏州红十字补遗》，载《苏州史志资料选辑》第21辑。转引自李欣栩：《历史记忆：中国红十字运动的苏州实践》，池子华、张丽萍、汪丽萍主编：《〈红十字运动研究〉2014年卷》，合肥工业大学出版社2014年版，第222页。

为副议长，钱鼎为理事长，吴问潮、吴靖澜等人为理事，协同办理兵灾救济各项事务①。苏州分会招待所设于广济桥堍苏州饭店内②，会所在萘葭巷，另在阊胥门外、观前九胜巷等处设立了分办事处③。

分会成立后，随即设立了救护队与妇孺收容所，并将苏州医院、省立医院、博习医院、时疫医院等5处作为临时救护病院④。不久，四摆渡更生医院、阊门下塘持德医院加入，共有7处⑤。吴县分会于8月30日致电总会，通报了相关情况⑥。

（四）南京分会

南京分会创建于1904年4月，名曰"金陵分会"，是江苏境内第一个红十字会基层组织⑦。辛亥南京之战爆发后，于恩绂、宋培之、陈履源于南京雨花台同善堂设立南京分会办事处，组织救援，与总会派遣的救护队同心协力，救死扶伤，掩埋尸体，业绩突出⑧。1912年，中国红十字会首届会员大会召开，江苏各分会被统一到中国红十字会体系中，南京分会也不例外。翌年8月23日，总会电准将南京分会纳入总会体系⑨，并在此后的二次革命等战事救护中屡建功勋。1921年6月5日，中国红十字会总会呈请大总统徐世昌特为南京分会颁发"乐善好施"匾，以示表彰⑩。

江浙战争爆发后，南京分会于1924年9月10日召开大会布置一切，并在门帘桥章宅设立会员办事处⑪。同时因地方需要，设立妇孺收容所10处，并借定医院3处，作为临时救护医院，均经函电陈明在案。不久又添设临时医院2处、临时救济养病所4处、妇孺收容所1处⑫。

---

① 严晓凤、池子华、郝如一主编：《苏州红十字会百年纪事（1911—2011）》，安徽人民出版社2011年版，第5页。

② 《吴语》1924年8月21日。

③ 《苏浙时局之上海影响》（七）、《备战声中之救护设备》，《新闻报》1924年8月30日。

④ 《苏州方面之准备》，《民国日报》1924年8月30日。

⑤ 《江浙风云中各方杂讯》，《新闻报》1924年8月31日。

⑥ 《红会昨接之四电报》，《申报》1924年8月31日。

⑦ 池子华：《金陵分会：江苏第一个基层红会组织》，载郝如一、池子华主编：《〈红十字运动研究〉2008年卷》，安徽人民出版社2008年版。

⑧ 《辛亥革命时中国红十字会暨各分会活动成绩》，中国红十字会总会编：《中国红十字会历史资料选编，1904—1949》，南京大学出版社1993年版，第291页。

⑨ 陆赛楠：《南京红十字运动研究，1911—1949》，苏州大学2012年硕士学位论文。

⑩ 南京市红十字会编：《南京红十字会110年史志》（上册），南京出版社2014年版，第3页。

⑪ 《南京快信》，《申报》1924年9月11日。

⑫ 《红十字会昨讯》，《申报》1924年9月29日。

（五）常熟分会

关于常熟分会，1933 年编印的《中国红十字会常熟分会民国廿一年纪念册》谓"吾邑之红十字分会始于甲子兵祸救护防疫，赓续不绝"，将常熟分会的创会时间认定为甲子年即 1924 年的江浙战争救护，这是不确切的①。事实上，常熟分会创建于 1911 年，是辛亥革命时期经中国红十字会认可的第一批分会之一。根据《红十字会第一届分会职员一览表》（截至 1911 年 11 月 16 日）所载："常熟分会（医院在陶家巷），周惠莲女医士、周晋麒女医士，看护孙志英。"② 在周惠莲女士的主持下，常熟分会积极救治伤兵，如史料记载说："苏沪光复后，常熟女医士周惠莲君，驰函总会愿设临时医院，义务医治伤兵。金陵光复时，伤兵之返常熟者，均由周女士医治之。"③ 常熟分会在辛亥战时救护中，做出了力所能及的努力，取得了一定的成绩。正因为如此，1912 年 10 月 30 日中国红十字会在上海隆重召开"统一"大会时，常熟分会孙志英应邀出席盛会④。江浙战争爆发后，1924 年 9 月 26 日，常熟分会在石梅图书馆重建，张鸿任会长，张玉、宗舜年为副会长，张建铭为理事长，共有会员 590 余人，以"救济民众之困苦颠连，尽力为社会服务"为宗旨⑤。

（六）常州分会

常州分会筹备于 1914 年 10 月，正式成立于 1921 年 2 月⑥。常州分会筹备江浙战争救护的行动十分迅速，早在 1923 年底，鉴于"江浙问题，风声日紧，常邑东南两方，均为重要之地，无论是否成为事实，不能不未雨绸缪，筹备救护事业。结果，于 12 月 24 日下午二时，在局前街分会办事处福音医院开会集议，共决办法，由副议长恽汉辅主席，恽等议事员七人，及分会会长龚瑞其，理事长王完白等均列席，并特约曾在他省办理救护事业之会员伍琢初、沈荫曾、姚公鹤等到会，以资赞

---

① 《中国红十字会常熟分会民国廿一年纪念册》，中国红十字会常熟分会 1933 年编印，第 1 页。

② 《红十字会第一届分会职员一览表》，《民立报》1911 年 11 月 26 日；《申报》1911 年 11 月 27 日。

③ 《辛亥革命时中国红十字会暨各分会活动成绩》，中国红十字会总会编：《中国红十字会历史资料选编，1904—1949》，南京大学出版社 1993 年版，第 292—293 页。

④ 池子华：《中国红十字运动史散论》，安徽人民出版社 2009 年版，第 177 页。

⑤ 严晓凤、池子华、郝如一主编：《苏州红十字会百年纪事（1911—2011）》，安徽人民出版社 2011 年版，第 5 页。

⑥ 张涛：《中国红十字会常州分会筹备处的历史及其贡献》，载池子华、张丽萍、汪丽萍主编：《〈红十字运动研究〉2014 年卷》，合肥工业大学出版社 2014 年版。

助。先有龚、王二君报告为江浙时局召集会议之经过情形，即详细讨论应否筹备救护，及如何着手办理。经众议决，先推恂以特派调查员名义，与总办事处接洽，第一常州邻近之处，或有接触，是否由沪派队救护，分会或即至后方援助，应如何筹备之处，俟有具体答复，再当开会共商进行云云"①。

1924 年 8 月 26 日，鉴于江浙战争难以避免，常州分会乃由会长龚承祖、理事长王完白召集临时会议，议决事项：（一）组织伤兵收容所；（二）组织妇孺救济院；（三）筹备出发前线之救护事宜，甲：救护队，乙：输送队，丙：调查队，丁：掩埋队，各推定队长，赶紧筹备组织；（四）宽筹经费；（五）延请临时职员；（六）由王完白派人至上海总会接洽一切，并领取徽章及医药材料等；（七）由分会制定会员门条，专备会员领用；（八）请王完白与本城各医生接洽，分担医务。"议毕，当晚致电上海总会"②。

至开战前夕，常州分会又与城内各校校长接洽，于女子职业学校、女子师范学校等处，分设妇孺收容所多处，临时收容避难妇孺。鉴于常有兵士闯入滋扰，分会还与驻军长官接洽，请求禁止士兵随意出入收容所③。

（七）镇江分会

早在辛亥革命中，为救护伤病员，镇江地方人士就已联合各教会医院建立了镇江红十字分会，是国内首批红十字分会之一④。至 1913 年，镇江因无战伤救护任务，分会自行解散⑤。1923 年 10 月 18 日，由该埠绸业董事会胡健春联合同道，着手组织重建镇江分会。胡健春当选为正会长，陆小波为副会长，文牍兼会计于幼甫、记杨愈，另推定议事 12 人⑥。江浙战争爆发前，分会即组织救护队，1924 年 9 月 5 日，复增设"红十字会医士会"作为下属组织，参与救护，公举新西门基督医院孟亨利（美籍）为正主任，工部局叶拱式（英籍）及日本医学翰林北京协和医院大医士刘稚陵为副主任⑦。

---

① 《江浙问题中之红会消息》，《申报》1924 年 1 月 5 日。
② 《武邑红十字会为江浙风云日亟，筹备救济事宜，俞坚、张涛主编：《人道百年——报刊中的常州红十字（1914—2013）》，常州市红十字会 2014 年编印，第 57 页。
③ 《红十字会之昨讯》，《申报》1924 年 9 月 2 日。
④ 《辛亥革命时中国红十字会暨各分会活动成绩》，中国红十字会总会编：《中国红十字会历史资料选编，1904—1949》，南京大学出版社 1993 年版，第 292 页。
⑤ 张世闿等：《镇江市志》（上册），上海社会科学院出版社 1993 年版，第 357 页。
⑥ 《镇江组织红十字分会》，《新闻报》1923 年 10 月 21 日。
⑦ 江苏省红十字会编：《红十字运动在江苏——110 周年大事记》，江苏人民出版社 2014 年版，第 12 页。

（八）江阴分会

江阴分会成立于辛亥革命期间，据史料记载："江阴分会成立于光复之后，救护人员悉借才福音医院，军士之就医者达三千人，住院者二十有六，大割症多至数十起，而诸医士之心力交瘁矣。"① 可见，辛亥救护成绩颇为可观。江浙战争爆发后，江阴分会进行了改选，顾孟养为正会长，吴廷良、何荣桂为副会长，吴增元为理事长，郭丕绸、章崇治为副理事长②，而后积极投入救援筹备之中。

（九）杭州分会

杭州分会是浙江省第一个红会组织，1911 年 11 月 5 日在杭州广济医院（又名广济医学堂，现为浙医二院）召开成立会，会址设在横大方伯医院屋舍，会长由英国圣公会传教医师梅滕更院长兼任，组织两个救护队，一队出动专门负责战场救护，二队则留院担任治疗任务。它们在辛亥革命杭州战地救护中发挥了重要作用③。

江浙战争期间，杭州分会重建。1924 年 8 月 30 日，浙江陆军医院院长厉绥之，浙江病院院长盛佩葱，浙江公立医药专门学校校长陆慎微及金润泉、俞彦文、陆佑之等 10 多位绅商在总商会开会，讨论发起并重组杭州红十字分会事宜，决定于 9 月 2 日开发起人创立会，其会所暂设总商会④。9 月 4 日正式开会，推举产生各股办事员、总务股长张冷僧等 7 人，医务股厉绥之等 7 人，救济股高白叔等 12 人，交际股金溶仲等 6 人，4 日午后开办事员会议及西医联席会⑤。

经过重组和整顿，原有各分会组织均以新的面貌出现在人道救援的现场，毕竟这些分会经历过战争的洗礼，积累了一定的救援经验，应急能力较强。

二、江浙战争前后新建分会及其人道救援准备

江浙战争爆发前夕及开战以后，战区各地意识到战争的残酷性和人道救援的紧迫性，纷纷成立分会，分会数量迅速增加。

（一）嘉定分会

1924 年 9 月 1 日，嘉定分会召开成立大会，推定项如松为会长，朱

---

① 《中国红十字会杂志》第 1 号，第 48 页。
② 《江阴：红会改选揭晓代电》，《申报》1924 年 9 月 19 日。
③ 徐国普：《浙江红十字运动起源探究》，《浙江档案》2010 年第 9 期。
④ 《绅商拟组织杭州红十字分会》，《申报》1924 年 8 月 31 日。
⑤ 《杭州快信》，《申报》1924 年 9 月 5 日。

吟江为副会长，顾吉生为理事长。因3人均在沪，由戴思恭代理职务①。会议决定分部办事，设疗养院、妇孺救济院、救护队、掩埋队，并通函县议会、参事会、款产处，筹拨经费②。

（二）松江分会

松江分会成立于1924年9月初，会址设于超果寺。9月5日下午，分会会长冯友鹿邀集会员，集议成立战时后方医院，所需开办经费，议决请县拨给③，并在祭江亭西区小学之第一、第二收容所内设立妇孺收容所，由西医沈乙黎担任该两所的医疗任务④。

如前文所述，天主教士陆伯鸿积极与分会接洽，设红会临时医院（即红会第五疗养所驻松分所）于新普育堂医院房屋内。陆教士为主任，周学文为总干事，俞橘芳为医务主任，推举张汝砺、吴前楣为董事。此外，富户朱某函，则与分会接洽，拟在自家室中筹设妇孺收容所，也获得分会认可⑤。

9月6日下午，松江后方医院成立。医务人员有医院院长冯友鹿，西医朱志一、周中一、侯念言，中医金省三等人⑥。

（三）昆山、青浦、宜兴分会

战区内的昆山、青浦、宜兴各县的红十字分会也都成立于开战之前。其中，昆山分会正式成立于1924年9月1日⑦，方还、王颂文分别

① 一说9月2日成立，据《嘉定卫生志·大事记》记载："九月二日，中国红十字会嘉定分会成立。会长项如松，副会长朱吟江、顾吉生，代理会长戴思恭（伯寅）。"见上海市嘉定区红十字会编：《嘉定红十字历史编年实录（1918—2013）》（上卷），合肥工业大学出版社2014年版，第18页。

② 《嘉定：红十字分会成立》，《申报》1924年9月4日。

③ 《开战后之松江讯》，《申报》1924年9月7日。

④ 《松江：红会纪闻一束》，《申报》1924年9月13日。

⑤ 《松江：红会纪闻一束》，《申报》1924年9月13日。

⑥ 《六日杂讯》，《申报》1924年9月8日。

⑦ 其实在此之前，昆山就有设立红十字分会的尝试。据载，在辛亥革命的影响下，昆山有识之士葛文浚、王朱点、赵元鼎、葛授章等人先后加入红十字会。他们在1912年就有设立昆山红十字分会的设想。是年1月，昆山、新阳两县复合并为昆山县。3月，奉江苏都督指令废新阳邑庙。其庙田300余亩，系清康熙年间由葛文浚等人先祖集资兴办。葛文浚召集各捐户后裔开会，众捐户后裔纷议要求收回，议决将该田亩悉数捐入红十字会，以充慈善救医施药款项，并在城内奔走呼吁，筹备设立红十字分会，借集街39号为办事处，以所收田租余息作为分会经费。葛文浚等红十字会员将议决方案函呈上海中国红十字总会，转请昆山县知事宋承嘉立案。中国红十字会负责人沈敦和为此致函宋承嘉，恳请给予立案。宋承嘉以庙田系地方公产未便拨于红十字会为由，复照中国红十字会，拒绝此事，从而昆山筹建红十字会之事夭折。见刘超英主编：《昆山红十字运动发展史》，安徽人民出版社2010年版，第1—2页。

为会长。成立后，昆山分会随即展开兵灾救护和难民救济工作①。因身处战地中心地带，救援任务相当艰巨，在此情况下，昆山分会组建了救护队、掩埋队，其后又陆续设立了多个妇孺收容所。

青浦分会于 1924 年 9 月 3 日在明伦堂成立，徐熙春任会长，有会员 310 人②。宜兴分会则是因江浙战事迫近，由在沪宜兴同乡发起，并于 1924 年 9 月 1 日正式成立③。

（四）宝山、闵行、南汇分会

宝山分会成立于 1924 年 9 月上旬，据《申报》报道，9 月 8 日宝山代表陈石和到中国红十字会总办事处要求设立分会，"按照章程缴费立案，领取旗章，正式成立分会"④。宝山分会由袁叔畲任会长，会所设于一高小学内，"经费由地方公款内支拨"⑤。

1924 年 10 月 1 日，闵行代表徐亚伯前往总会总办事处，商定成立分会⑥。10 月 2 日，闵行分会召开成立大会，举定乔念椿为正会长，徐亚伯为副会长，马柳江为理事长，潘村山为理事，顾鸳云、吴履平为正副议事长。并经议定组织救护、掩埋各队及疗养、收容等所，分别进行⑦。

南汇分会于 1924 年 10 月 11 日开成立大会，各界代表莅临，到会者四五百人⑧。大会选举西联乡议长徐光禄为会长，王保康为副会长，李宝然为理事长，徐庆之为资产委员，并由分会长聘任秦葆青为文牍员，徐典文为书记员，徐信孚为会计员，"业已组成救护队，克日前往战地救护伤兵，一面组织难民收容所"⑨。

（五）兰溪、嘉兴、嘉善、平湖分会

兰溪绅商医各界，发起组织红十字分会。于 1924 年 8 月 27 日开会成立，议就简章，组成议事会。由议事会选举蒋辅周为正会长，徐警

① 严晓凤、池子华、郝如一主编：《苏州红十字会百年纪事（1911—2011）》，安徽人民出版社 2011 年版，第 4 页。
② 参见冯学文主编：《青浦县志》，上海人民出版社 1990 年版，第 716 页。
③ 《宜兴：红十字分会宣告成立》，《申报》1924 年 9 月 2 日。
④ 《各地纷纷要求设立红会分会》，池子华、严晓凤、郝如一主编：《〈申报〉上的红十字》（第 3 卷），安徽人民出版社 2011 年版，第 36 页。
⑤ 《宝山红十字分会成立》，《申报》1924 年 9 月 11 日。
⑥ 《红会救护之昨讯》，池子华、严晓凤、郝如一主编：《〈申报〉上的红十字》（第 3 卷），安徽人民出版社 2011 年版，第 71 页。
⑦ 《红十字会闵行分会成立》，《申报》1924 年 10 月 4 日。
⑧ 《南汇红十字分会成立》，《申报》1924 年 10 月 14 日。
⑨ 《南汇组织红十字分会》，《申报》1924 年 10 月 8 日。

中、严端铭为副会长，严以廉为理事长，蔡锡阳、严鑫为资产委员，郑吉之为会计；并议定会所暂设□武小学校内。所有各正会员捐洋，当已全额缴足，并已呈请县署立案，次日即由蒋会长携带函件及捐款，亲赴上海总办事处接洽一切，并领各种需要药品，携回兰溪作为救济之用①。

嘉兴红十字分会于江浙战争爆发前组建。1924 年 8 月 29 日，在南堰纬成分公司开成立大会。正会长乐谋先，副会长高叔荃，均因事未到，由理事长蔡定武主席主持，宣告成立；并推王左□等三人为理事员，钱绍型为资产员，聘任正会员、分会议事员查无畏兼任文牍②。

嘉善分会于 1924 年 9 月 7 日在自治公所开会，选举顾振庠为正会长，孙彦才、夏凤歧为副会长，钱绛年为理事长，理事有关荣生、沈质人、陈端青、汪育才等人；资产委员为朱谥开，议长为孙萌庭，副议长为徐郁叔③。

平湖分会由士绅计宝文等发起组织，一时入会者达 60 余人，遂于德慎钱庄举行筹备处成立大会，公推计宝文为会长，徐声甫为副会长，胡谨修为理事长，计咏芝为议事长，莫叔怡为资产委员，并已呈报总会④。1924 年 9 月 13 日，总办事处备案，并发给凭证，准予成立。

此外，浙江省的衢县、永嘉、丽水、金华、处州、吴兴、南浔、温州等地分会也相继成立。9 月 17 日，衢县以及德清之新市，派人到总办事处接洽，筹备组织分会；19 日，衢县万良才、叶元馨，永嘉分会吕渭英，分别组织成立分会。21 日，丽水分会成立，会址设在丽水天主堂；同日，温州分会来电，称分会已于 18 日成立，正会长林卓，副会长杨振炘、白文俊；22 日，金华县商会来电，报告金华地方组织红十字分会⑤。

上述分会，虽然仓促成立，救援准备或不够充分，但在人道主义精神激励下，毅然投入江浙战争的人道救援之中。

三、乡镇分会的组建及其人道救援准备

值得注意的是，在这一时期，红十字会进一步走向基层，乡镇分会

① 《兰溪红十字分会组织成立》，《申报》1924 年 9 月 6 日。
② 《嘉兴：红十字分会开会情形》，《申报》1924 年 8 月 31 日。
③ 《嘉善：红十字分会之成立》，《申报》1924 年 9 月 10 日。
④ 《平湖：红会筹备处成立》，《申报》1924 年 9 月 12 日。
⑤ 《1924 年的红十字运动》，浙江红十字会网站：http://www.zjredcross.org.cn/web/comm/context.jsp? MenuIds=55&articleRelationId=3010。

得到了较大发展。其中有的乡镇，反应迅速，早在开战之前便已成立了红十字分会，积极筹备救援活动；而有些则是在战争爆发之后，才开始组织成立分会。具体情况见下表：

表 2-1　江浙战争期间乡镇分会一览表

分会名称	成立时间	组织人事	救援筹备情况及其他
震泽分会	1924 年 8 月 31 日	推举沈建冲为理事长	成立救护队，指定震泽医院为代用医院，并设妇孺收养所①
盛泽分会	1924 年 9 月 1 日	推举张质斌、洪雄声分别为正、副会长，沈志万、王恺君分别为正、副理事长	设办事处于培元公所，临时医院、妇孺收容所设于女校，职员、看护、救护役各 20 人，并置备船只 10 只②
大场分会	1924 年 9 月 1 日	陆、王两会长	组织救护队，设立疗养院及收容妇孺暂留所③
娄塘分会	1924 年 9 月 2 日	举印沾伯为会长，王侍庭、陈仲衡为副会长，殷子盘为理事长④	雇船以备接运难民
东山分会	1924 年 9 月 13 日	推定施君为正会长、周君为副会长、严君为会计	分会上海办事处，设在英大马路逢吉里本山浚河事务所⑤
高资分会	1924 年 9 月 16 日	选举出议员十六名，吴玉堂当选为正议长，刘正心当选为副议长；焦尔昌为正会长，郑有渠副之，颜德身为理事长	议决设立医院，地址一在琴园，一在粮米仓。分会设在高资镇，办事处设镇江节孝祠内⑥

人道的力量：
中国红十字会救援江浙战争研究
084

① 《震泽红十字分会公电》，《申报》1924 年 9 月 3 日。按：震泽分会初建于 1913 年，由中国红十字会创始人之一的施则敬创立。池子华：《施则敬与中国红十字会的创始》，载郝如一、池子华主编：《〈红十字运动研究〉2007 年卷》，安徽人民出版社 2007 年版。
② 《红会救护》，《民国日报》1924 年 9 月 4 日。
③ 《大场红十字分会之救护情形》，《申报》1924 年 9 月 30 日。
④ 《娄塘红十字会分会昨讯》，池子华、严晓凤、郝如一主编：《〈申报〉上的红十字》（第 3 卷），安徽人民出版社 2011 年版，第 32 页。
⑤ 《洞庭东山人组织红会分会》，《申报》1924 年 9 月 13 日。
⑥ 《高资镇红十字分会成立》，《申报》1924 年 9 月 20 日。

分会名称	成立时间	组织人事	救援筹备情况及其他
泗泾分会	1924 年 9 月 26 日	推定李修则为会长①，徐淮清为副会长，汪启愚为理事长，并举定议员十余人	组织救护队及妇孺收容所②
莘庄分会	1924 年 10 月 8 号	公推金石声、荣善钧为正、副会长，孙翰青为理事长，阮书华、孙友于等六人为理事，丁又新、何永江为资产委员，钱亦庄、陈花孙为正副议长，并议员十八人，随即呈报总会遵章进行③	
鲁家汇分会	1924 年 10 月 8 日	选举西联乡议长徐光禄为会长，王保康为副会长，李宝然为理事长，徐庆之为资产委员，并由分会长聘任秦葆青为文牍员，徐典文为书记员，徐信孚为会计员	
胡家桥分会	1924 年 10 月 10 日	正会长徐伯勋，副会长唐护行，理事长何志梅	连同正会员等名单，均向总办事处呈报备案④

南京下关，吴县西山、周庄，浦东三林塘，嘉定（昆山）安亭⑤、太仓浏河、罗店等乡镇也都陆续成立了红十字分会。

此外，浙江省的嘉兴濮院镇、新塍镇，嘉善西塘、乌青镇等地分会也相继成立。嘉兴下属的濮院镇，该地士绅特发起组织红十字分会以资救护，经总会许可，于 1924 年 9 月 25 日开成立大会，到会会员 40 余人，公举沈纯卿为会长，郑寿庄、章镜明为副会长，钟爻吉为理事长，徐崇锴为资产委员，夏岁先为议事长，范稼民为副议事长，并议定借濮

---

① 后又报道李文来为会长。《泗泾镇组织红十字分会之经过》，《申报》1924 年 10 月 5 日。
② 《松江：红十字会泗泾分会成立》，《申报》1924 年 9 月 28 日。
③ 《莘庄红十字分会声明事实》，《申报》1924 年 10 月 31 日。
④ 《红十字会昨讯》，《申报》1924 年 10 月 11 日。
⑤ 当时因安亭地处嘉定、昆山之间，分属两地，因而安亭属地较为模糊，一说属于嘉定，一说属于昆山。其主体部分在嘉定。

镇医院为临时医院，指定翔云观及香海寺两处为收容所①。1924 年 8 月，嘉兴新塍镇设立分会，会员 200 余人。9 月 12 日，嘉善西塘代表李熙谋、乌青镇代表卢学浔，到总办事处履行成立分会手续，总办事处备案并发给凭证，准予成立。9 月 17 日，德清之新市，派人到红十字会总办事处接洽，筹备组织分会②。

成立红十字分会的乡镇，大多为一方重镇，有一定的辐射力。从管理体制上说，乡镇分会和县级分会，同属于总会直辖的基层组织，分会与分会之间，没有级别上的高下之分。乡镇分会的组建，为人道救援增添的新生力量。

综上所述，中国红十字会自成立以来，素以"博爱恤兵"为宗旨；江浙战争前的风云变幻，使人道救援刻不容缓，呼唤红十字会组织的广泛建立。截至 1924 年 9 月 21 日，各地共组织分会 30 余处，入会会员达 3000 人③。并且，在江浙战争爆发后，战区各地都意识到战争的残酷性和人道救援的紧迫性，成立红十字分会的热潮持续高涨，分会数量不断增加。正是由于总会及各分会的积极筹备，才使得随之而来的战地救护工作得以顺利展开。

小　结

经过 20 年的发展，到江浙战争爆发前，中国红十字会已经逐渐成熟起来，在组织结构、规章制度、会员及分会数量等方面都取得了较大发展。最为重要的是，红十字会在此前历次战争人道救援活动中积累了丰富的实践经验，这对于即将到来的江浙战争人道救援行动意义重大。面对战争一触即发的紧张局势，中国红十字会责无旁贷，总会和各地分会无不积极行动起来，从组织、人员、物资、救护机构等多个方面展开筹备。从战前的救援筹备工作来看，中国红十字会已经为江浙战争的人道救援做好了较为充分的准备。

① 《沪埠昨日形势颇严重》（四）《救济中之难民与伤兵》，《新闻报》1924 年 10 月 10 日。
② 《1924 年的红十字运动》，浙江红十字会网站：http：//www. zjredcross. org. cn/web/comm/ context. jsp？MenuIds＝55&articleRelationId＝3010。
③ 《申报》1924 年 9 月 21 日。

第三章 战地救护

　　救死扶伤，践行人道主义，是红十字会的天职。战地救护，无疑是红十字会人道救援行动中最为关键的环节。迅速、有效的战场救护，对及时挽救伤员的生命，减少残疾的发生，以及对伤员的进一步治疗、康复，都有十分重要的意义。战地救护的对象，既包括军人，又包括身陷战区的无辜的平民百姓；其具体工作，既包括战场急救，又包括伤病员输送转运等等。兵凶战危，战地救护极具危险性，但中国红十字会本着人道主义的精神，不畏艰险，穿梭于枪林弹雨之中，积极展开人道救护，取得了丰硕的成果。

　　需要指出的是，第一次江浙战争历时 40 余日，其间的战事常常处于互为攻守的胶着状态，且有时战斗较为激烈。所以，无论是军人伤亡人数还是难民人数，都远超第二次江浙战争。因此，第一次江浙战争救护是本章考察的重点。

第一节 总会的战地救护

　　在江浙战争期间，中国红十字会，包括总会和各地分会，因应战地救护需要，组织了大量救护救济队投入人道救援行动。队员们在凶险的战区、前线进行战地救护，付出了超乎想象的巨大努力。

　　第一次江浙战争爆发前夕，由总办事处直接派遣发出的救护队已达9 队：（1）昆山总队，其与太仓、嘉定相呼应；（2）浏河队；（3）常州总队，其与宜兴、长兴、吴兴相呼应；（4）吴淞队；（5）江湾；（6）北车站；（7）镇江；（8）后备队，出发南翔；（9）游行队（机动队），接应各处[①]。9 月 4 日，鉴于战场情况，又增派 3 支救护队，赶赴吴淞、

---

　　① 资料来源于《红会救护团之统计》，《申报》1924 年 9 月 5 日。红会总办事处驻昆山救护总队又称"第一救护队"，驻常州救护总队又称"第二救护队"，驻浏河救护总队又称"第三救护队"（报刊有时亦称之为"红会第三团"）。

江湾和宝山，以便于随时就近救护①。

对于派驻各处的救护队的工作，总办事处则多方进行协调、督导。战争期间，红会总办事处因战线以北各救护队之救护情形未能十分明悉，于9月13日特请第一医院张卜熊率书记唐如陵等人乘船先至镇江，后经沪宁路分诣常州、昆山各救护队，调查救护经过情形。又请王培元君分诣彭浦、大场各分会，视察救护情形②。9月19日，考察人员由镇江乘坐轮船回沪，向总办事处报告战线以北之一切救护情形③。

总办事处伤兵、难民救护情形，分述如下。

一、伤兵救护　不遗余力

1924年9月3日晨，红会总办事处接昆山开火确讯后，特派救护员李桂林、戴阿福两人携带大批急救器具及药品两大箱，搭红会专轮于清晨5时由苏州河出发至昆，开往前敌实施救护④。下午，红会总办事处接到淞沪护军使署的电话，请求前往南翔载运伤兵。预备的后备救护队当即出发，运回伤病兵6人，送入吴淞陆军医院治疗⑤。9月4日全天，运到伤兵13人、受伤儿童1人，根据伤情分别安置在时疫医院和海格路总医院。7日，从战地运到红会医院的伤兵总数已经超过200人，其中因伤重不治或病故者有10多人⑥。9月8日，红十字会续接伤兵50余人，除旧有各处临时养伤所外并借定南市新普育堂及上海医院两处为临时养伤所，分寓伤兵⑦。

浏河是争战较为激烈的地区，救护主要由总会第三团担任，团长为王遐章，职员有任积余、韩世民、吴春荣、刘瑞清、沈彭年等10余人，救护药品由总会供给，伤兵则送往天津路时疫医院及海格路总会医治。9月5日早晨及下午，陆续由红会载运浙军伤兵到沪治疗，共有30余人，轻伤者10余人，暂在天津路时疫医院疗治，其重伤者转送徐家汇路红会医院由牛惠生医生诊察⑧。截至9月8日，该救护队从战地运回

---

① 《红会添派三队出发》，《申报》1924年9月5日。
② 《救护声中之伤兵与难民》，《新闻报》1924年9月14日。
③ 《红会消息并志》，《申报》1924年9月20日。
④ 《开战声中之红会救护》，《新闻报》1924年9月4日。
⑤ 《红会救护队自南翔回沪后谈话》《红会之施救伤兵》，《申报》1924年9月4日。
⑥ 《红会昨日之消息》，《申报》1924年9月7日；《红会消息汇报》，《申报》1924年9月8日。
⑦ 《沪埠情势昨日仍甚严重（五）难民惨状与救护情形》，《新闻报》1924年9月9日。
⑧ 《救护中之红会与慈善团》，《新闻报》1924年9月6日。

伤兵已超过 150 人①。

9 月 9 日全天，红会接收浏河、黄渡、嘉定等地的伤兵超过 60 人，其中 3 人因伤重死亡②。同日，红会驻昆山救护队接收并运送伤兵 20 人至昆山城内后街高板桥县内高小女校内之第一军野战病院医治，伤势颇重③。

9 月 10 日，红会驻浏河救护队又运来伤兵 20 多人④，其中浙江伤兵 13 名收治于宝山路红会分设之第六疗治院，由陈惠民医师分别诊治⑤。当天，由浏河、嘉定、黄渡等处运来伤兵，截至下午 6 时，计有 74 人⑥。

9 月 12 日，驻浏河救护队从"早六时起至下午五时半止，共救护浏河伤兵二十余人，另有一兵伤重，未及医治即毙"⑦。12 日一天运到红十字会医院的伤兵共 25 名，其中浏河 19 名、嘉定 4 名、南翔 2 名，均由天津路时疫医院医生视察轻重，分送各医院疗治⑧。

13 日，又从浏河、嘉定、黄渡等处运来伤兵 25 人，其中浏河 17 人、嘉定 6 人、黄渡只有 2 人⑨。

14 日，救护队"自上午一时起至下午六时，计运伤兵十四人、为浏河七人、吴淞三人、黄渡四人"⑩。

截至 9 月 14 日，红会驻常州救护总队派支队到前线救护，"连日昆山、宜兴，运到伤兵百余名"⑪。

9 月 15 日，红会驻浏河救护队救护伤兵 30 多人，其中 1 人因伤重而不治身亡⑫。

16 日，红会救护队运到伤兵 24 人，其中浏河 10 人、黄渡 8 人、南

① 《红十字会医院之救护忙》，《申报》1924 年 9 月 6 日；《红会救护浏河伤兵》，《申报》1924 年 9 月 6 日；《红会昨日之消息》，《申报》1924 年 9 月 7 日；《红会消息汇报》，《申报》1924 年 9 月 8 日；《红会昨日所救浏河伤兵》，《申报》1924 年 9 月 9 日。
② 《红会昨救之伤兵》，《申报》1924 年 9 月 10 日。
③ 《地方快信》，《申报》1924 年 9 月 9 日。
④ 《申报》1924 年 9 月 11 日。
⑤ 《救济声中之伤兵与难民》，《新闻报》1924 年 9 月 11 日。
⑥ 《红会昨日救护之伤兵》，《申报》1924 年 9 月 11 日。
⑦ 《救护浏河兵民之昨讯》，《申报》1924 年 9 月 13 日。
⑧ 《救护中之灾民与伤兵》，《新闻报》1924 年 9 月 13 日。
⑨ 《救护声中之伤兵与难民》，《新闻报》1924 年 9 月 14 日。
⑩ 《红会消息一束》，《申报》1924 年 9 月 15 日。
⑪ 《红会救护消息》，《申报》1924 年 9 月 14 日。
⑫ 《救护浏河伤兵难民之昨讯》，《申报》1924 年 9 月 16 日。

翔 6 人①。

17 日，红会救护队由前线运来伤兵，浏河 13 人、黄渡 5 人②。

18 日，驻浏河救护队运来伤兵 10 多人③，另有黄渡 5 人④。

19 日，红会救护队由黄渡运到伤兵 4 人、嘉定 5 人、浏河 20 人左右、南翔 54 人⑤。

20 日，至下午 5 时止，前敌运到伤兵计黄渡 11 人、南翔 9 人、浏河 14 人、吴淞 6 人、嘉定 2 人⑥。

21 日，接收伤兵数 10 人，其中属于前线运来的伤兵为泗安 2 人、嘉定 11 人、吴淞 8 人、黄渡 20 人、浏河 19 人⑦。

22 日，红会驻浏河救护队由浏河运到伤兵 9 人。当天，红会还接收前线运来黄渡伤兵 2 人⑧。

23 日，红会救护队从江浙前线运到黄渡伤兵 22 人、浏河 2 人、嘉定 5 人、南翔 1 人、大场 1 人⑨。

24 日下午 5 时半至 25 日下午 6 时，红会救护队计运到黄渡伤兵 16 人、嘉定 2 人、南翔 2 人、浏河 1 人⑩。

25 日下午 6 时至 26 日下午 6 时，红会救护队计运到黄渡伤兵 15 人、浏河 5 人⑪。

26 日下午 6 时起至 27 日下午 5 时半，红会救护队计运到浏河伤兵 7 人、黄渡 13 人⑫。

27 日下午 5 时半至 28 日下午 6 时，红会救护队计运到浏河伤兵 1

① 《救济中之难民与伤兵》，《新闻报》1924 年 9 月 17 日。
② 《红十字会消息》，《申报》1924 年 9 月 18 日。
③ 《昨日浏河运来之伤兵》，《申报》1924 年 9 月 19 日。
④ 《救护中之伤兵民与伤兵》，《新闻报》1924 年 9 月 19 日。
⑤ 《红会消息并志》《红会救护浏河伤兵》，《申报》1924 年 9 月 20 日；《红十字会消息》，《申报》1924 年 9 月 21 日。
⑥ 《关于伤兵之闻见》，《新闻报》1924 年 9 月 21 日。
⑦ 《红十字会救护消息》，《申报》1924 年 9 月 22 日；《红十字会昨讯》，《申报》1924 年 9 月 23 日。
⑧ 《红会第三救护队消息》，《申报》1924 年 9 月 23 日；《红十字会消息》，《申报》1924 年 9 月 24 日。
⑨ 《红十字会消息》，《申报》1924 年 9 月 24 日；《红十字会消息》，《申报》1924 年 9 月 25 日。
⑩ 《红十字会昨讯》，《申报》1924 年 9 月 26 日。
⑪ 《红十字会消息》，《申报》1924 年 9 月 27 日。
⑫ 《红十字会救护讯》，《申报》1924 年 9 月 28 日。

人、嘉定 7 人、马陆 14 人、黄渡 14 人、南翔 2 人、吴淞 3 人①。

28 日下午 6 时至 29 日下午 6 时，红会救护队计运到冈村伤兵 9 人、马桥 3 人、嘉定 12 人、马陆 142 人、浏河 1 人、罗店 1 人、黄渡 14 人②。

29 日下午 6 时至 30 日下午 5 时半，红会救护队计运到浏河伤兵 6 名、嘉定 8 名、南翔 18 名、黄渡 118 名、马陆 16 名③。

30 日下午 5 时半至 10 月 1 日下午 5 时半，红会救护队计运到吴淞伤兵 2 人、浏河 5 人、嘉定 5 人、南翔 7 人、黄渡 46 人④。

10 月 1 日下午 5 时半至 2 日下午 5 时一刻，红会救护队计运到黄渡伤兵 38 人、马陆 1 人、南翔 1 人、吴淞 2 人、嘉定 2 人、浏河 8 人。此外，从浏河救护 2 名被流弹所伤的居民⑤。

2 日下午 5 时一刻至 3 日下午 5 时半，红会救护队计运到青浦伤兵 1 人、嘉定 2 人、南翔 1 人、吴淞 2 人、浏河 2 人、黄渡 27 人⑥。

3 日下午 5 时半至 4 日下午 5 时半，红会救护队计运到马陆伤兵 4 人、浏河 4 人、松江 4 人、嘉定 7 人、黄渡 27 人⑦。

10 月 4 日下午 5 时半至 5 日下午 6 时，红会救护队计运到浏河伤兵 1 人、马陆 4 人、黄渡 19 人⑧。

5 日下午 6 时至 6 日下午 6 时，红会救护队计运到浏河伤兵 6 人、黄渡 20 人、松江 23 人、吴淞 1 人、南翔 2 人⑨。

6 日下午 6 时至 7 日下午 6 时，红会救护队计运到吴淞伤兵 1 人、嘉定 3 人、浏河 6 人、黄渡 38 人⑩。

7 日下午 6 时至 8 日下午 6 时，红会救护队计运到嘉定伤兵 5 人、黄渡 16 人、浏河 1 人、马陆 3 人、宜兴 1 人、松江 3 人⑪。

8 日下午 6 时至 9 日下午 5 时半，红会救护队计运到浏河伤兵 1 人、

① 《红十字会昨讯》，《申报》1924 年 9 月 29 日。
② 《红十字会之救护》，《申报》1924 年 9 月 30 日。
③ 《红十字会救护讯》，《申报》1924 年 10 月 1 日。
④ 《红会救护之昨讯》，《申报》1924 年 10 月 2 日。
⑤ 《红十字会之救护》，《申报》1924 年 10 月 3 日。
⑥ 《红十字会消息》，《申报》1924 年 10 月 4 日。
⑦ 《红十字会昨讯》，《申报》1924 年 10 月 5 日。
⑧ 《红十字会救护消息》，《申报》1924 年 10 月 6 日。
⑨ 《红十字会之救护》，《申报》1924 年 10 月 7 日。
⑩ 《红十字会昨讯》，《申报》1924 年 10 月 8 日。
⑪ 《红十字会消息》，《申报》1924 年 10 月 9 日。

南翔 1 人、嘉定 2 人、黄渡 10 人、马陆 1 人、松江 2 人①。

9 日下午 5 时半至 10 日下午 5 时半，红会救护队计运到黄渡伤兵 6 人、嘉定 5 人、马陆 3 人、浏河 9 人、松江 3 人。此外，救出 1 个受到流弹所伤的松江居民，转送医院治疗②。

10 日下午 5 时半至 11 日下午 5 时，红会救护队计运到南翔伤兵 1 人、马陆 3 人、黄渡 9 人、嘉定 8 人、松江 4 人、浏河 1 人③。

11 日下午 5 时至 12 日下午 5 时，红会救护队计运到嘉定伤兵 4 人、浏河 4 人、黄渡 10 人、吴淞 2 人、马陆 2 人、松江 16 人④。

10 月 12 日，总会派救护队队长李星畴率领医士、救护员、夫役等 20 余人，出发松江，施行救护⑤。12 日下午 5 时至 13 日下午 5 时，红会救护队计运到纪王庙伤兵 3 人、黄渡 31 人、马陆 11 人、明星桥 1 人、南翔 1 人、嘉定 3 人、浏河 3 人⑥。

13 日下午 5 时至 14 日下午 5 时，红会救护队计运到松江伤兵 3 人、马陆 3 人、黄渡 12 人、南翔 15 人、新桥 1 人⑦。

随着第一次江浙战争正式结束，前线趋于平静。因此，红会总办事处救护队，自 10 月 15 日起，无伤兵送到⑧。

此外，红会驻昆山救护队自 8 月底出发赴昆山后，迄今已有月余。截至 10 月 6 日，该处救护队在战地救护难民伤兵，合计 1000 余名。各队员之间分工合作，都异常忙碌，废寝忘食⑨。26 日，红会驻昆山救护队乘车返沪。该救护队在昆山近 2 个月，"医治伤兵一千五百余名，异常辛苦"⑩。10 月 27 日，红会驻常州救护队亦乘车返沪。

综上所述，第一次江浙战争期间，中国红十字会总办事处救护队在黄渡救护的伤兵计 600 多人，在浏河救护的伤兵计 400 多人，在马陆救护的伤兵约 200 人，在嘉定救护的伤兵计 100 多人，在南翔救护的伤兵约 100 人，在松江救护的伤兵计 60 多人，在吴淞救护的伤兵约 30 人，

①《红十字会消息》，《申报》1924 年 10 月 10 日。
②《红十字会昨讯》，《申报》1924 年 10 月 11 日。
③《红十字会消息》，《申报》1924 年 10 月 12 日。
④《红十字会昨讯》，《申报》1924 年 10 月 13 日。
⑤《红十字会昨讯》，《申报》1924 年 10 月 13 日。
⑥《红十字会昨讯》，《申报》1924 年 10 月 14 日。
⑦《红十字会消息》，《申报》1924 年 10 月 15 日。
⑧《红会昨日无伤兵到》，《申报》1924 年 10 月 16 日。
⑨《驻昆红会救护记》，《申报》1924 年 10 月 4 日；《红会昆山救护之成绩》，《申报》1924 年 10 月 6 日。
⑩《红会驻昆救护队返沪》，《申报》1924 年 10 月 28 日。

在罗店、冈村、纪王庙、新桥、明星桥等地救护伤兵500多人。红会驻昆山救护队的战地救护伤兵人数计1500人左右，红会驻常州救护队的战地救护伤兵人数不可考①。由此可以认为，在第一次江浙战争中，红会总办事处救护队救护伤兵的总人数，虽然准确数字难以确认，但是仅对以上见诸报端的数字进行统计，合计在4000人左右。

二、难民救护　恪尽人道

红会总办事处救护队，不但把主要精力用于救护伤兵，而且也对战地难民给予人道关怀，千方百计进行救护，助其出险，并予以收容。

9月5日，红会总办事处驻常州救护总队总队长焦锡生派支队长方菊影率领第一支队的看护、夫役数十人，乘商轮前往宜兴，救援东岭山的800多名难民②。

9月8日，"有红十字会汽车，载运嘉定难民三百余名来申，至法租界□山路第四百号门牌洋布公所内居住"③。

9月13日，红会第三团运出在浏河救出的难民200余人，并予以安置④。

10月上旬，红十字会总办事处向闽南小轮公司协商，获准借用3艘小轮船，每日驶往松江、闵行及该处各乡镇，援救各战地男女避难人民。截至10月13日，共有数百名之多，以年老之妇女及幼孩为多数。到沪后，有亲友者，多投奔亲友；如无亲友者，即由红会设法收容⑤。

10月19日，中国红十字会总办事处派队员6人，乘坐小轮船，出发至吴淞，计救回难民165人⑥。20日，又派出队员6人，仍乘坐小轮船至吴淞，于次日返回上海，计救难民300余人⑦。22日，"据松江佘

---

① 红会驻常州救护队的战地救护伤兵总数不可考，只有部分时段的数据。但是，基于常州本身受到的战争损害较为轻微，而红会驻常州救护队所负责的宜兴、长兴、吴兴一带，战斗也不激烈，因此可以认为，红会驻常州救护队之战地救护伤兵总数应当不多。

② 《地方快信》，《申报》1924年9月9日；《申报》1924年9月11日；《申报》1924年9月12日。

③ 《申报》1924年9月9日。

④ 《昨日所救之浏河伤兵》，《申报》1924年9月14日。

⑤ 《红会小轮昨在松江闵行救得大批难民》，《申报》1924年10月11日；《红会小轮运送闵行难民消息》，《申报》1924年10月13日。

⑥ 《红十字会之救济》，《申报》1924年10月20日。

⑦ 《红十字会昨讯》，《申报》1924年10月21日；《红十字会昨讯》，《申报》1924年10月22日。

来庙乡人报告云，该处有难民数百人，风餐露宿，加以交通梗阻，未能来沪。该会得报后，当即派职员二人，乘河安轮前往救济"①。

此外，红会驻昆山救护队在第一次江浙战争期间，驻扎昆山近两个月，"救得难民千余"②。

在第二次江浙战争爆发前后，1925年1月6日，中国红十字会第六救护队，在松江一带救护难民740名，妇孺居多数③。13日，红十字会总办事处理事长庄得之，特派沈锦涛等人，雇乘小轮船一艘，用红十字会名义，出发苏州，救护伤兵难民，顺便接庄得之夫人等人来沪④。该船至苏州城内，救出妇孺311人⑤。此后陆续又派船救护难民到沪，截至1月27日，共计8批次⑥。

综上所述，中国红十字会总办事处救护队直接在战地救护难民之总数，仅对以上见诸报端的数字进行统计，就超过5000人。加上其他未统计部分，救护难民总数当远不止此数。

另外，第一次江浙战争期间，由天主教士陆伯鸿主持的红会第五疗养所驻松分所，开办两个月来，"疗养战地伤兵达二千余名，收容避难妇孺计近九百口"⑦。在第二次江浙战争即将爆发之际，该所又立刻重新开展兵灾救济："上海红十字总会，因松江战祸发生，已由董事陆伯鸿君委托周学文君为总干事，赴松组织第五疗养所第六救护队，救济灾民。"⑧"该所一月一日，在松成立，是日松城岌岌可危，灾民来所者，将近千人……二日晨陈军败退，来所者更形拥挤"，"三日内陆续送所灾民达三千余众，其未收容者，尚不知凡几"⑨。1925年1月6日，该所第六救护队，又在松江一带救护难民740名，妇孺居多数⑩。

① 《收束声中之慈善团体与难民》，《新闻报》1924年10月23日。
② 《红会驻昆救护队返沪》，《申报》1924年10月28日。
③ 《红会救出多数松江难民》，《申报》1925年1月6日。
④ 《红会庄得之派小轮往苏救护》，《申报》1925年1月14日。
⑤ 《红会救护之昨闻》，《申报》1925年1月17日。
⑥ 《红十字会出发苏州救济》，《申报》1925年1月18日；《红会救护难民之忙碌》，《申报》1925年1月28日。
⑦ 《红会第五疗养所定期结束》，《申报》1924年11月5日。
⑧ 《红十字会第五疗养所募捐》，《申报》1925年1月4日。
⑨ 《（松江）红会救护松地灾民之一斑》，《申报》1925年1月5日。
⑩ 《红会救出多数松江难民》，《申报》1925年1月6日。

第二节　分会的战地救护

在红会总办事处的指挥协调之下，各地分会，无论是已有分会，还是新设分会，纷纷行动起来，组织救护队并开赴战地，配合总会开展人道救援。

一、沪城分会及松江、嘉定县各分会的战地救护

（一）沪城分会的战地救护

沪城分会的救护成绩在各地分会中最为突出，自江浙两军开战以来，连日异常忙碌。分会借用江湾的万国体育场，作为该分会的办事处①。1924年9月6日下午1时，分会即派出救护队队长石晓山、滕勤，会同德国医士史国藩、吴天民，带领救护队员谢洪英、耿心伯等12人，携带药品、旗帜以及应用器皿，前往松江救护②。后松江分会成立，可以完全担任一切事宜，才将驻松队员如数调回③。沪城分会随即按班分派南车站习艺所、闸北联义善会、南市公立医院等处，日夜轮值。同时择定沪闵长途汽车公司并中华路普济会等处为救护驻在所，其收容所经分会商准设于同仁辅元堂、慈善团等处，必要时以大南门外施粥厂等处为收容所，而陆家浜迦陵桥职业学校，亦在接洽之中④。9月11日，沪城分会第二救护队出发，乘火车往松江实施救护。

据统计，自开战以来，截至9月12日，沪城分会由浏河、嘉定、黄渡等各战地运沪救护之伤兵，计4日5人、5日73人、6日67人、7日108人、8日74人、9日59人、10日80人、11日42人、12日24人，共计532人，此外吴淞医院尚有400余人⑤。13日，该分会在战地附近救出伤兵13名，一并送新普育堂，分别医治⑥。

15日午后1时，沪城分会用汽车装载受伤兵士5名，由乔家浜送往上海公立医院医治⑦。23日，该分会救护队在南翔、黄渡等处战地救出

---

① 《沪城红会分会进行救护》，《申报》1924年9月4日。
② 《救济声中红会与慈善团》，《新闻报》1924年9月7日。
③ 《红会消息　束》，《申报》1924年9月15日。
④ 《沪城红会分会接洽收容所》，《申报》1924年9月6日。
⑤ 《救护中之灾民与伤兵》，《新闻报》1924年9月13日。
⑥ 《沪城红会分会救出伤兵十三人》，《申报》1924年9月14日。
⑦ 《沪城红会运载伤兵就医》，《申报》1924年9月16日。

伤兵 21 名，"皆形容憔悴，或伤手臂，或伤双足"，送往新普育堂及上海医院医治①。30 日，位于肇嘉路太平街喻义堂药业公所的该分会临时医院，接收从黄渡、浏河等处运回的伤兵六七十名②。

因松江战事剧烈，10 月 9 日，沪城分会殷受田副会长特率救护队前往救护，在闵行救得难民 5 人、小孩 1 人，交煤炭公所灵学会之留养院留养③。12 日，沪城分会临时医院将前日收到的松江、莘庄、颛桥等处运来的伤兵 36 名，除轻伤转送九亩地新舞台第二疗养院留养外，余均留院。13 日，传闻军事紧张，殷受田副会长特率救护队出发救护，因火车停止开行，不能前进，当在南火车站守候，接到松江等处之难民 3 车，均送留养所留养，晚间召集全体救护队员驻扎会中，以便紧急时随时出发救护④。因松江前线已经停战，沪城分会于 10 月 14 日特派救护队前往闵行莘庄等处，办理救护掩埋等事，下午返沪，带回难民 10 余人，当即转送难民收容所留养⑤。

1924 年底至 1925 年初，在第二次江浙战争爆发之际，"该会已派员前往松江调查，如有难民或因交通断绝，无可逃生者，拟向当局设法疏通，或开专车，以便居民出险"⑥。

在 1925 年 1 月上旬这段时间里，该分会每日派人到南火车站及南市各处巡逻，救护伤兵难民。2 日晚，由莘庄运来第四师伤兵两批，共 132 名，由殷受田副会长率领救护员郑鸿钧、鲁志、童君怀、赵经甫等雇用汽车陆续由南站装载，运往太平街红会医院医治。3 日下午 4 时接报称，新龙华尚有伤兵众多，亟待医治，请求派员前往救护送沪。故此，救护员郑鸿钧等 8 人于下午 5 时乘车前往新龙华救护，共救得第四师伤兵 78 名，分两批载运来沪，夜间 9 时至 11 时由南站装入汽车，送交城内太平街红会医院医治⑦。1 月 4 日至 5 日，该会救护队队员继续前

① 《沪城红会救护伤兵》，《申报》1924 年 9 月 24 日。

② 《沪城红会分会医院救治伤兵讯》，《申报》1924 年 10 月 1 日。

③ 《沪城红会救护队救得难民》，《申报》1924 年 10 月 10 日。

④ 《沪城红会之救护消息》，《申报》1924 年 10 月 14 日；《沪城红会之救治伤兵讯》，《申报》1924 年 10 月 13 日。

⑤ 《惊魂未定之沪人苦兵声（十）救济中之伤兵与难民》，《新闻报》1924 年 10 月 15 日。

⑥ 《沪城红会助救松地难民出险》，《申报》1925 年 1 月 1 日。

⑦ 《沪南红分会救护伤兵》，《申报》1925 年 1 月 4 日；《沪南红会与租界探员在新龙华救护调查》，《申报》1925 年 1 月 5 日；《沪城红会设法救护伤兵》。需要说明的是，《申报》新闻报道中有个别地方出现所谓"沪南红会""沪南红分会""沪南红会分会"这些名称，实际上就是指"沪城分会"。"沪南红会"是基于沪城分会所在的地理位置（沪南太平街）而形成的称呼。

人道的力量：中国红十字会救援江浙战争研究

096

往莘庄救护伤兵难民①。

1月11日，该分会"得悉徐家汇之新龙华间发生战事，当由该会救护队员滕克勤、顾志新、潘守生、郑鸿钧等于上午九时，至下午一时，两次雇乘沪闵南柘长途汽车，前往徐家汇一带救护克字军伤兵八十五人，内有重伤者四人，不及医治，已经毙命，并有第四师伤兵三名，分送九亩地新舞台及太平街两处红会医治"②。

1月12日上午10时至下午2时，沪城分会又从徐家汇救得伤兵30余名。至1月中旬，沪城分会临时医院连日所收伤兵共有300余名，九亩地第二疗养院所留伤兵500余名，"满坑满谷，几无隙地"③。

根据以上资料统计，沪城分会救护伤兵共计600人左右，救护难民数以千计。

（二）松江县各分会的战地救护

江浙战争爆发后，与上海临近的松江县各地分会，积极开展人道救援行动。

松江县分会：松江分会于1924年9月7日成立后，即筹备设立了临时医院，以治疗伤兵；又成立了救护队，从事战地救护，但在成立时发生了波折，因为"分会对于救护队之组织，本有医员侯念言担任办理，嗣因受青浦方面误会之影响，以致已经报名者，纷纷撤销……是以救护队之组织，非请向双方军事当局，接洽妥当，实属无从筹办，并非有意诿却。即日函复总办事处查照矣"④。据松江分会报告，该分会在第一次江浙战争期间，"医疗住院伤兵先后四百余人，刻已完全出院。病兵治疗，则达□千余人，救济妇孺送上海济生会收容者，有四百余名"⑤。

莘庄分会：松江县的莘庄分会于1924年10月8日成立后，"马桥沙江开火，男女难民，充塞道途，由办事诸公，出面一一收容，数达千余人"⑥。此后，救护工作持续不断，救护难民总数达数千人之多。

在第二次江浙战争爆发后，莘庄红会的七宝分事务所于1925年1月成立，因为"七宝自兵队驻镇后，人心恐慌，爰由李启贤等发起聚集同

---

① 《沪城红会设法救护伤兵》，《申报》1925年1月5日。

② 《沪南红会分会救护伤兵》，《申报》1925年1月12日。

③ 《红会收容伤兵中之逾额者》，《新闻报》1925年1月15日。

④ 《松江：红会纪闻一束》，《申报》1924年9月13日。

⑤ 《（松江）红会医院之结束》，《申报》1924年12月1日。值得注意的是，在1924年9月13日关于松江分会的报道中，有指出："即近日来院伤兵，均由前方军队护送前来。"见《松江：红会纪闻一束》，《申报》1924年9月13日。

⑥ 《莘庄红会办理善事之经过》，《申报》1924年11月7日。

志十余人，加入莘庄红十字分会，设立一分事务所，于一月四日成立，公举骆友仁为主任、李锡堂为理事，并推举救护队等各职员"①。七宝"自红十字会事务所成立后，当即与天主堂救护团出发救护。第一日救出灾民五百余人，送至土山湾，经朱相公设所收容。第二日救出灾民一千三百余人，仍送土山湾收容所。闻此项灾民，均系蒋家荡、塘湾、李家木桥、朱家巷、裕家巷等四乡救出"②。

总之，莘庄分会救护难民不遗余力，"孙陈开衅后，中国红十字会莘庄分会会长金石声君，立即召集理事员，开理事会，筹议救护收容事宜……陈军溃退时，乡镇居民之被救出险者，有数千人之多"；其后，"大队孙军，三路突至，因之扶老携幼，肩挑背负，纷纷逃避。金会长目击斯情，心殊不忍，因原有收容所人满，即于镇西□□纯宅、镇南杨□时宅、本镇陈花孙、孙翰青宅，设立暂时收容所，收留难民"③。

泗泾分会：松江的泗泾分会成立于1924年9月。9月24日，松江泗泾镇派员到总会总办事处，商定成立分会，公举李文来、徐淮清为正副会长，汪启愚为理事长，程访湖、秦雨生为正副议长，同时设立妇孺收容所④。"雇定民船十四，编制号数，专为青松一带及本镇避难人民之用，业已出发救护，每日必有数十人。上月二十九日，有昆山难民五十九人到泗，即入收容所，有病者及伤者，则由临时医院医治，一切手续，行将就绪。现复进行组织救护队，往就近各战线，救护伤兵及难民云"⑤。

（三）嘉定县各分会的战地救护

嘉定是江浙战争的重灾区。对于嘉定县的兵灾救济，有调查报告认为，"当战争中，营全县救济事业者，为红十字会嘉定分会、嘉定旅沪临时维持会；营部分救济事业者，有红十字会南翔分会、娄塘分会及嘉定分会之安亭办事处，与苏州、常熟、无锡、昆山各红十字分会，均非常尽力"⑥。可见，嘉定分会出力甚多，这是因为其是遭受江浙战争蹂躏最严重的地区，对嘉定分会而言，恪尽人道，责无旁贷。

① 《莘庄红会七宝分事务所成立》，《申报》1925年1月7日。
② 《莘庄红会七宝分事务所成立》，《申报》1925年1月7日；《七宝红十字会救护灾民情形》，《申报》1925年1月10日。
③ 《莘庄红会之成绩》，《申报》1925年1月16日。
④ 《松江：红十字会泗泾分会成立》，《申报》1924年9月28日。
⑤ 《泗泾镇组织红十字分会之经过》，《申报》1924年10月5日。
⑥ 娄东、傅焕光、黄允之等：《江苏兵灾调查纪实：嘉定县》，江苏兵灾各县善后联合会1924年编印，第14页。

嘉定县分会：嘉定分会于 1924 年 9 月 1 日成立，正会长项如松，副会长朱吟江，理事长顾吉生，"三君皆经商沪滨，公函属恭代为暂理"①，由戴思恭实际代理会务，旋即决议设立疗养院、妇孺救济院、救护队、掩埋队等机构。直接从事救护工作的人员共 70 余人，均能"克尽厥职"②。"在沪项（如松）、朱（吟江）、顾（吉生）暨同乡诸君，亦能源源募款接济。救护船只，络绎于途，贷屋收容，心力俱瘁"③。

该分会于江浙战争期间，救护难民出险颇多。比如，"嘉定县第一区教育委员朱鼎六君特请由中国红十字会发给护照，雇船救济。自十三日起，至昨日止，连接往来三次，共计救出难民八百余人"④。此外，9 月 30 日，"嘉定红十字分会所雇大驳船一艘，内载由嘉定稍近方泰、外冈、马陆、黄塘等一带难民二百八十余人，挤满一船，其中妇女小孩居多"⑤。仅这几次救护，人数即超过千人。一个月下来，该分会从战地救护难民合计有 1 万多人⑥。

娄塘分会：娄塘地处浏河与嘉定县城之间，而浏河、嘉定县城正是齐卢两军剧战之处，故此娄塘周边难民、伤兵为数众多，而娄塘分会于战地救护一事，出力甚巨。1924 年 9 月 2 日，娄塘分会一经成立，"所聘医生印七襄、张应芹于四日由上海携带药品前往救护，到嘉城后，因两军正在激战，路途阻塞，暂驻城中，帮同嘉定红十字分会救护伤兵"⑦，旋因"嘉定浙军与太仓苏军剧战数日，西北乡娄塘等处乡间人民，无法逃避，狼狈不堪。由本镇红十字分会派救护员雇大舟三艘，装载难民三百余人"，运到上海予以安置⑧。

据 9 月 13 日《申报》报道，"娄塘红十字分会自成立以来，雇船救护难民到沪二批，计有六七百人。昨晨，又由该会载到难民三大船，约

① 上海市嘉定区红十字会编：《嘉定红十字历史编年实录（1918—2013）》（上卷），合肥工业大学出版社 2014 年版，第 18 页。
② 《嘉定近况》，《申报》1924 年 9 月 27 日。
③ 《嘉定红会致昆山红会函》，《申报》1924 年 10 月 5 日。
④ 《嘉定朱鼎六嘉惠难民》，《申报》1924 年 10 月 1 日。
⑤ 《西乡难民过淞到沪》，《申报》1924 年 10 月 1 日。
⑥ 池子华、郝如一等：《近代江苏红十字运动（1904—1949）》，安徽人民出版社 2007 年版，第 105 页。
⑦ 上海市嘉定区红十字会编：《嘉定红十字历史编年实录（1918—2013）》（上卷），合肥工业大学出版社 2014 年版，第 20 页。
⑧ 《娄塘镇红会救护难民来沪》，《申报》1924 年 9 月 8 日。

计四百余名，仍经旅沪同乡到埠招待，安插于新闸路江宁会所。现在该镇并无战事，地方治安，由本乡人士热心维持，尚属安静。惟附近各乡被难者纷纷到镇避难，尚有二三千人，一切饮食，由该分会供给"①。9月16日，"又送出难民千余名，分载大船二艘、小船七艘，由该分会救护员张国英及职员唐耀寰、陆道生、潘子久等率领到沪"②。9月18日至19日，又从娄塘救出60余人③。截至9月20日，"娄塘红十字分会连日救护难民到沪，已有三千余人"④。

据统计，娄塘分会在第一次江浙战争期间，"救济难民共四千六百余口。自（阴历）八月八日始，陆续雇船送至上海，除自觅住宿外，余均分派各会馆，收容留养"。同时，"施诊伤兵病兵，西医诊视计有三千余号，中医诊视病兵计有八百六十二号。又有灾民二百八十四号，经治见效，颇得军民感激"⑤。

安亭分会：嘉定县的安亭分会，也主要在嘉定县城一带进行战地救护；并且鉴于黄渡等地战事一直较为激烈，为避免危险，常将救护出来的难民送往昆山、无锡等地安置，并得到了当地红会的大力协助。安亭分会的战地救护工作亦成绩不小。譬如，曾经往返数次，即救出难民700多人⑥。据统计，该分会从战地救护难民合计4000多人，并送至昆山、吴县、无锡、镇江等地避难⑦。

南翔分会：嘉定县的南翔分会于1924年9月初成立，朱庚石为会长。9月11日，南翔分会驻沪办事处李功孚、顾吉生、胡湛华等召集紧急会议组织战事救护，决定分为两组：甲组乘长途汽车赴大场，乙组乘专轮拖民船至南翔。因黄渡连日大战，"阵亡兵士，被害农民，尸首急需掩埋，免至酿为时疫"⑧，南翔分会组织掩埋队前往掩埋。9月18日，朱庚石会长专程"至总会报告掩埋赴嘉服务情形"⑨。

①《娄塘红会又救护难民来沪》，《申报》1924年9月13日。
②《娄塘红十字分会又救大批难民到沪》，《申报》1924年9月17日。
③《娄塘临时救护队之昨讯》，《申报》1924年9月21日。
④《娄塘红会救护重伤难民到沪》，《申报》1924年9月20日。
⑤《娄塘红十字会分会之成绩》，《申报》1924年11月6日。
⑥《救济安亭避难人民消息》，《申报》1924年9月22日。
⑦ 池子华、郝如一等：《近代江苏红十字运动（1904—1949）》，安徽人民出版社2007年版，第104页。
⑧《掩埋队赴南翔》，《民国日报》1924年9月15日。
⑨《救护中之伤兵难民》，《新闻报》1924年9月19日。

二、昆山、吴县、江阴分会的战地救护

（一）昆山分会的战地救护

临近战地的昆山活跃着多个红会救护队：一是总办事处派驻昆山的第一救护总队，该救护总队又在正仪、太仓两处设立了支队；二是由原"南京美国红十字会"改组成立的"中国红十字会难民救济会"，该会在昆山设立了总事务所，在前方战区专任救护难民脱离险地；三是昆山分会成立的救护队。

经与总会接洽，1924年9月1日，昆山地方士绅组织成立了中国红十字会昆山分会。该会不仅救济妇孺、诊治伤兵，还积极与总会驻昆救护队、无锡分会配合，展开救护。9月6日下午，救护队与昆山分会卫序初等，共同商议救护事宜，决定由卫序初具函要求县知事设法解决收容场所问题。经洽商允许借昆山医院为临时治疗所，宁绍会馆为收容伤兵之用。"所有置备稻草及雇用扛夫等事，皆责任分会办理"①。昆山分会在积极支持总会驻昆救护队救护工作的同时，自行设立医院、疗养院进行救伤，总计治愈伤兵、俘虏、乡民583人，因伤不治而死者仅8人②。

此外，昆山分会与其他救护队互相配合，协同救护。如9月17日，"昆会收容妇孺，有四百余人之多，亟待后方救援。适南京美国红十字会救济队毕君、司徒君率队莅昆，由昆会商请该队，即刻乘车赴安亭救护到城，翌日用大号农船，载妇孺一百三十三人，抵城时已黄昏，昆会救济全队在东南门外招待，至西塘小学校内第三妇孺收容所……十九日安亭第二批妇孺二百四十人，由无锡红十字分会救济队，用轮船拖带，接至锡城安置"③。

据统计，昆山分会在第一次江浙战争前后，救护和收容妇孺合计3546人，送往后方常熟、吴县1316人④。可见，昆山红会在江浙战争救护工作中的表现是有目共睹的。《申报》评论称："昆山分会，协同医队办理救护事宜，成绩甚优。"⑤ 这绝非溢美之词。

---

① 《昆山红十字会救护情形》，《申报》1924年9月12日。
② 《昆山红十字分会之成绩》，《申报》1924年11月9日。
③ 《昆山：红会救济疗伤之忙碌》，《申报》1924年9月23日。
④ 郝如一、池子华主编：《苏州红十字会志》，安徽人民出版社2008年版，第6页。
⑤ 《红会昆山救护之成绩》，《申报》1924年10月6日。

（二）吴县分会的战地救护

第一次江浙战争爆发后，吴县分会组织了 3 支救护队[①]，并与当地的公益组织，一同设立了 87 个妇孺收容所，分布于苏州的城内郊外[②]。这些收容所，旨在"在战祸紧急时收容无所逃遁之妇"，且"每日给以相当饮食，内中如有疾病之人，即移送就近医院"[③]。比如，第二救护队"由嘉定、安亭、方泰等处救护难民妇孺七十二口。内大口约四十余口，童孩十余口，尚在襁褓之婴孩约七八口。以民船两艘装运，仍由前次借到之日商戴生昌小轮拖带抵苏。该难民等当夜寄宿阊门外普益社灾民事务所，次日即在该批难民中拨四十名至南濠（浩）街吴文钦收容所收养，拨二十九名至宫巷乐群社收养，其余三名因病送往医院去"[④]。吴县分会可谓恪尽人道。

1924 年 9 月 9 日至 10 日，该分会由昆山运到苏州的伤兵有 100 余人[⑤]；16 日，"吴县童子军自组织服务团后，赴站协助红十字会救护伤兵，已有二百人以上"[⑥]；17 日，又由昆山运来伤兵 10 余人[⑦]。截至 30 日，该分会"收容伤兵数已逾千，近又经热心义务人员前往昆山及嘉太一带救济难民，日内即可到苏"[⑧]。为此，吴县分会还专门设立了伤兵收容所，"吴县伤兵收容所设在阊门外上津桥第五团团部，并另开有医药部"，延聘仓米巷西医赵膺生担任驻所医生，"又派看护生二人，帮同包缠伤痕"[⑨]，提供周到而细致的服务。

同时，吴县分会也积极奔赴战区各地，开展人道救援活动。9 月 26 日，吴县分会向太湖水利局借小轮 1 艘、民船 2 艘，委托基督教服务团开赴太仓、昆山等处救护战地被灾难民。

吴县分会在 1924 年 10 月 10 日起即停止救护收容伤兵，专赴战地救护难民[⑩]。该会理事长钱梓楚还特赴昆山，与前敌司令部接洽，请于吴县分会人员至战地救护难民时，特予便利[⑪]。此次战事，吴县分会共救

①《红会救护队之勤劳》，《吴语》1924 年 9 月 18 日。
②《红会分组八十七妇孺收容所》，《申报》1924 年 9 月 14 日。
③《山塘亦设立妇孺收容所》，《吴语》1924 年 9 月 8 日。
④《红会又有难民救护来苏》，《吴语》1924 年 10 月 9 日。
⑤《地方快信》，《申报》1924 年 9 月 13 日。
⑥《地方快信》，《申报》1924 年 9 月 16 日。
⑦《地方快信》，《申报》1924 年 9 月 21 日。
⑧《中国红十字会吴县分会紧要启事》，《吴语》1924 年 9 月 18 日。
⑨《伤兵收容所之近讯》，《吴语》1924 年 9 月 25 日。
⑩《江浙军事中各方杂讯》，《新闻报》1924 年 10 月 10 日。
⑪《江浙军事中各方杂讯》，《新闻报》1924 年 10 月 10 日。

护伤兵1000余名。

（三）江阴分会的战地救护

江阴分会成立于1911年辛亥革命的血雨腥风之中，并在辛亥革命战事救护中初露锋芒。据史料记载："江阴分会成立于光复之后，救护人员悉借福音医院，军士之就医者达三千人，住院者二十有六，大割症多至数十起，而诸医士之心力交瘁矣。"① 救护业绩甚为可观。1912年，发起人、主持福音医院的王完白医生（他同时也是常州分会的创建者②），加以整顿，"从此，白底红十字的旗帜下集结了一群上善若水的江阴人，江阴，一座江南小镇，以她东方式的人道，汇入了世界博爱的洪流"③。

1924年9月江浙战争爆发后，江阴分会重建，推举顾孟养为会长，何荣桂、吴廷良为副会长，金文翰为议长，吴增元为理事长，下设文书、交际、救济、医药、会计、庶务各股，章锡名、李元鼎、唐国华任资产委员④；为战争救护预作准备，并在第一次江浙战争中，募集衣物，救助难民⑤。

1925年1月，第二次江浙战争爆发。22日，江阴分会吴增元理事长"召集各职员筹议办法"⑥，组织救护队。24日，齐军从常州败退，据守江阴，其后，直奉双方交战于江阴要塞与城区之间。江阴红会组织甲、乙、丙、丁4支救护队，每队10人，在队长陈永卿、陆冠章、陆彦文、沈云鹤带领下，分头行动，救护伤兵难民，"不遗余力"⑦。

此前江阴"虽曾经历过多次战乱，但城内居民都未直接受难。而这次却围在城中七昼夜之久，外有奉军炮击，内有苏军洗劫。大男小女，老老少少，蜷处于收容所内，心惊胆战，寝食不安，悲惨之状，笔难尽

---

① 《中国红十字会杂志》第1号，第48页。

② 张涛：《中国红十字会常州分会筹备处的历史及其贡献》，载池子华、张丽萍、汪丽萍主编：《〈红十字运动研究〉2014年卷》，合肥工业大学出版社2014年版。

③ 江红：《博爱百年——纪念江阴红十字会建会一百周年》，《雪浪湖——江阴市红十字会100周年特刊》，江阴市红十字会、江阴市文学艺术联合会2012年编印，第8页。

④ 许再思、钱保和编：《江阴战事记》，江阴商报馆1925年版，第6页。

⑤ 《红十字会昨讯》，《申报》1924年10月22日。

⑥ 《丙队救护队救护日记》，许再思、钱保和编：《江阴战事记》，江阴商报馆1925年版，第40页。

⑦ 《丁队救护队救护日记》，许再思、钱保和编：《江阴战事记》，江阴商报馆1925年版，第43页。

述"①。双方交战 7 日后，城内道路、房屋受损，百姓流离失所，苦不堪言。尤其是妇孺，他们更是弱势群体。江阴分会设立妇孺收容所，给予特别的关爱。

表 3-1　江阴红十字会所设妇孺收容所一览表

名　称	地　址	所　长	收容难民
第一收容所	南外澄南学校	邢哲安	600 余人
第二收容所	西外第六校	周锡琨	436 人
第三收容所	南街第十校	何佩宣	300 余人
第四收容所	县立女校	钱志奇	300 余人
第五收容所	南菁学校	董伯豪	3000 余人
第六收容所	北外第七校	陆君秀	1000 余人
第七收容所	南外协济医局	邢式金	—
第八收容所	礼延学校	张慎几	近 1000 人
第九收容所	辅延学校	谢守先	1300 余人
第十收容所	县立师范学校	徐一声	—
第十一收容所	澄翰学校	王念航	228 人

资料来源：曹金国《江浙战争与中国红十字会的人道救援》，苏州大学 2008 年硕士学位论文。

上表所列，仅仅是江阴分会所设部分收容所的情况，实际上收容所数量远不止于此。据江阴分会《电总处报告战后情形》透露："敝分会组织妇孺收容所二十余处，收容五万余名口。"②

面对江阴的兵灾惨状，其他分会也纷纷施以援手。江阴旅沪同乡会因鉴于江阴发生战事，特组织青旸电红十字分会，分派救护队前往援救难民出险。第一批救护队员为蒋少奎、章仲元、郑树苏等 8 人，于 1 月 27 日早晨出发；第二批队员约 20 人则于晚间出发，经由常熟赴江阴东南乡镇展开救援③。该分会并在青旸、周庄、云亭等乡设立临时医院和

人道的力量：中国红十字会救援江浙战争研究

---

① 蒋蠡庵：《辛亥革命后江阴历次兵事记略》，江阴县政协文史资料研究委员会编：《江阴文史资料》（第 3 辑），1982 年编印，第 41 页。

② 许再思、钱保和编：《江阴战事记》，江阴商报馆 1925 年版，第 24—25 页。

③ 《救护江阴难民队昨日出发》，《申报》1925 年 1 月 28 日。

妇幼收容所，扩大救护范围①。南京分会救护员、夫役共32人，于1月30日晨4时许，抵达江阴，随后将东大街士绅章剑门住宅作为临时驻地。救护队所带医药用品、掩埋器具等尚算充足，随即展开掩埋、治疗、救济工作。救护队主要负责治疗轻伤者，"随来随治，数亦甚多"②。此外，常州、丹阳等分会也派出人员，参与救伤和掩埋；常熟分会则向江阴运送大米、面包，以作支援。

江阴分会的救护行动，从1925年1月22日开始至2月4日，不到半个月的时间，投入救护人员57人，救护伤兵伤民3000多名，留养难民上万人，掩埋尸骸30余具③，堪称成绩卓著。

三、其他分会的战地救护

大场分会：大场属于宝山县，红会大场分会比宝山分会早一个月成立④，颇为积极。"大场红十字会分会于九月一日正式成立后，江浙战争旋即发生。爰由陆、王两会长召集大会，讨论救护事宜。当即组织救护队，设立疗养院及收容妇孺暂留所，向沪上汽车公司包定汽车两辆，逐日前往战地分头营救。张医生初吉同队员屡入战线，异常热心"⑤。该分会自1924年9月6日起，先后救出受伤士兵40余人、难民500余人，皆分别按照不同情况安置妥当⑥。一个月下来，及至10月4日，在浏河、罗店、大场、嘉定等处，先后救出难民四五千人，并且该会救护队又继续前往松江一带进行救护⑦。

罗店分会：罗店镇属于宝山县，在战争逼近该镇之际，"当经红十字会会长张诞石君雇用大号摊船五只，船伙每名日发工资洋一元，将众难民纷纷救济赴沪，送往沪埠收容所安置"⑧。由此可见，该分会行动亦颇为迅速。

青浦分会：1924年9月3日青浦分会成立后，"先后于本城组织收容所三处（县立第一小学校、县立初级师范学校、明伦堂），计收容妇

---

① 孙耀祥：《世纪奉献——纪念江阴市红十字会成立100周年》，《雪浪湖——江阴市红十字会100周年特刊》，江阴市红十字会、江阴市文学艺术联合会2012年编印，第13页。

② 《红会救济战区之详报》，《新闻报》1925年2月7日。

③ 《中国红十字会江阴分会经过情形之报告》，许再思、钱保和编：《江阴战事记》，江阴商报馆1925年版，第71页。

④ 《宝山筹备红十字分会》，《申报》1924年9月30日。

⑤ 《大场红十字分会之救护情形》，《申报》1924年9月30日。

⑥ 《大场红十字分会之救护情形》，《申报》1924年9月30日。

⑦ 《大场红会之救济讯》，《申报》1924年10月5日。

⑧ 《罗店红会雇船救济难民》，《申报》1924年9月22日。

孺二千三百七十二人，佘山三百二十七人，送往上海至圣善院三百八十二人，吴县分会九十九人。疗养院附设于本分会，计医愈伤兵及流弹受伤人民等一百三十四人，伤亡者四人。每日诊治内外科，日有八九十号，以痢疾、疟疾为多。掩埋队曾在西北乡战区埋去十四人"。战争结束后，派员至各乡调查被灾实情，"以为将来赈灾之预备"①。

镇江分会：第一次江浙战争爆发后，镇江分会即组织救护队，赶赴前线。1924 年 9 月 5 日，复增设"红十字会医士会"作为下属组织②。分会理事会又增设总务、医务、救护、交际、会计、文牍、庶务等 7 个科。仅 9 月 15 日至 16 日，就接运昆山伤兵 200 余人。10 月 2 日，由昆山运来伤兵 20 余人、难民 40 余人，由红十字会分别接洽，送院医治及收容所留养。从 9 月 15 日至 10 月 12 日，分会接运伤员近 400 名，其中留镇治疗者 33 名。10 月初，镇江红十字会派往昆山的第一救护队向分会报告称，该队每日均往前线救护，约计一旬之内救护难民 1700 余人、伤兵 1200 余人，虽由该队救护上车，派员押送，然沿途下车者多，抵达镇江者仅及三分之一③。

南京分会：第一次江浙战争中，南京分会的人道救援也是可圈可点的，不仅先后设立妇孺收容所 11 处，而且借鼓楼医院、省立第一医院、府东街益友社等 3 处为临时救护医院。后因救护所需，又在鼓楼街惠济医院、齐望街又新医院添设临时医院两处，在安品街三吴中学校、辉复巷女子体育师范学校、汉西门贵格医院、升平桥贫儿院等 4 处设立临时救济养病所④。据统计，鼓楼医院从 9 月 13 日到 23 日，共计医疗伤兵 49 名，其中重伤 10 余名⑤。同时，南京下关商埠分会在齐卢交战之际，组织前方救护队，有队员、役夫 100 余人，前往昆山前线救回伤兵 500 余名，就地诊治伤兵、难民在万人以上。后方临时医院收养伤兵先后达 600 余名，城内所埋棺枢计 400 余具⑥。南京分会还向江阴派出规模完备的救护队，31 名队员随带掩埋器具、药品，设立临时医院，协助江阴分

① 《（青浦）红十字分会之成绩》，《申报》1924 年 11 月 15 日。
② 江苏省红十字会编：《红十字运动在江苏——110 周年大事记》，江苏人民出版社 2014 年版，第 12 页。
③ 《各地方之报告》，《新闻报》1924 年 10 月 7 日。
④ 曹金国：《江浙战争与中国红十字会的人道救援》，苏州大学 2008 年硕士学位论文。
⑤ 《南京救护设施之报告》，《民国日报》1924 年 9 月 29 日。
⑥ 《中国红十字会南京分会工作报告》（1938 年 6 月 1 日），中国第二历史档案馆藏档案，全宗号 476，卷号 1976。

会的救援行动①。

中国红十字会难民救济会：该会是由原"南京美国红十字会"改组成立。原"南京美国红十字会"成立于1924年9月10日，以救济难民为己任，其难民救济队的负责人是美国人魏慕德。该会在第一次江浙战争爆发后即出发三队分往灾区，救出难民1100余人。改组后成立的中国红十字会难民救济会，在昆山设立总事务所，在前方战区专任救护难民出险。"深入险地，西自昆山，东至真茹、南翔，北至太仓之浏河，南至青浦之重固，其区域内之城镇乡村，足迹全遍。计先后救出之难民，送往各处收容者，昆山六百，太仓三百，常熟六百，沙头二百，□□七百，吴江一百五十，无锡一千四百，约计四千人。而战后□时就地收容者不在此数"②。

此外，常州、南通、常熟等地分会，也陆续组建了各自的救护队，并前往昆山等地参与战地救护。

江浙战争期间，浙江省本地受到的战争损害总体上较小，发生战斗的主要战区也不在该省；不过，浙北与苏南交界的一些地区如湖州等地，也处于战区范围，只是战斗并不激烈。因此，当地红十字会救护活动不似江苏各地分会那么活跃。1924年9月中旬，中国红十字会杭州分会派出救护队到湖州、长兴一带③，"队员约一百人，内有医生二十人，多系省立医校毕业生，备有帆船七只"④。其后不久，杭州分会又派出第二批救护队到宜兴等地。嘉兴分会在9月中旬成立后不久，即因行动迟缓、无实际行动而不得不实行内部整顿，以提升救护能力⑤。嘉善分会在10月2日派出一支30人的救护队，出发枫泾，并设临时医院，开展战事救护⑥。平湖、吴兴等分会，也在力所能及的范围内开展人道救护⑦。

---

① 池子华、郝如一等：《近代江苏红十字运动（1904—1949）》，安徽人民出版社2007年版，第117页。

② 《中国红十字会难民救济会（原名美国红十字会）启事》，《申报》1924年12月12日。

③ 《江浙战事中各方杂讯》，《新闻报》1924年9月18日。

④ 《江浙军事消息》1924年9月19日。该报同时刊明，还有一救护队，系教会医校医院所组织，有医生2人、医校学生4人、看护生5人，由杭州分会附属办理。

⑤ 《嘉兴：红十字分会会员督促进行》，《申报》1924年9月12日；《嘉兴：联名函请整顿嘉兴红会》，《申报》1924年9月15日。

⑥ 《红十字会昨讯》，《申报》1924年10月5日。

⑦ 《湖州：红会慰劳救护队》，《申报》1924年12月14日。

第三章 战地救护

107

第三节　战地救护的典型：无锡分会的个案研究

在战地救护中，无锡分会应急反应能力强，行动迅速，组织严密，颇具典型性，引人瞩目。

无锡分会初建于 1911 年①，由普仁医院院长美国人李克乐（Ciaude，M. Lee）医士创办②。紧接着，分会去函无锡医学会以及普仁、大同、协济三家医院，商定由它们收容负伤军民，并以此三院为基础，成立临时救护医院（即第一代用医院、第二代用医院、第三代用医院）③，辛亥革命后停办。1923 年，随着江浙矛盾的激化，无锡士绅与总会总办事处接洽，提出重建无锡分会之事。至1924 年8 月，鉴于江浙风云日趋险恶，陈尔同、刘士敏等 30 人再次将组建中国红十字会无锡分会一事提上日程。在与总会商洽的同时，他们先行暂借瑞昶润茧栈设立分会，并借隔壁之空地搭盖棚屋，筹设临时医院。

8 月 27 日上午 10 时，红会无锡分会在瑞昶润茧栈召开成立大会。共有会员 130 人。会上，首先讨论通过了《中国红十字会无锡分会简章》，而后依据简章，推举议事员长、副议事员长各 1 人，议事员 23人。随后推选孙鹤卿为会长，华艺珊、高映川为副会长，蒋哲卿为理事长，陈尔同为副理事长，以及理事 13 人，并决定了文牍、会计、交际、庶务等各职员人选。分会成立当晚，"各职员分头组织会所、办事处、医院、医队、看护场、留养所等事务，闻均已略有头绪"，"伤兵收容所设在第三师范"④；至于救护所治疗事宜，则由医学会各医士分别承担⑤；随后又召集医学研究会各医士开治疗会议⑥，决定设医队两组，以

　①　《红十字会第一届分会职员一览表》，《民立报》1911 年 11 月 26 日。

　②　《无锡：百年红会百年博爱》，《中国红十字报》2011 年 9 月 20 日。李克乐，1905 年毕业于弗吉尼亚州医科大学，获博士学位，1906 年受美国圣公会派遣，同夫人史曼丽（美籍）一同来锡，当时他只有 25 岁。1908 年正式筹建成立美国圣公会无锡普仁医院，长期担任院长，直到 1942 年回国。见孙保垣：《忆无锡普仁医院美籍院长李可乐博士》，无锡市政协文史资料研究委员会编：《无锡文史资料》（第 24 辑），1991 年编印，第 129 页。

　③　《红十字会治疗会议记》，《锡报》1924 年 8 月 30 日。

　④　《中国红十字会无锡分会成立志》，《锡报》1924 年 8 月 28 日。

　⑤　《中国红十字会无锡分会开始办事》，《锡报》1924 年 8 月 29 日。

　⑥　《红十字会治疗会议记》，《锡报》1924 年 8 月 30 日。

备救护之用①。

为了满足战地救护和救济难民的需要，无锡分会共设救护队 3 队：总队长为孙蟾卿；第一队队长为杨少芸②，办事处设在通运桥沿河乾牲丝厂；第二队队长为沈景华，办事处设在东门外延寿司殿内；第三队队长为余宗祥，办事处设在新世界。设救济队 3 队：第一队队长为蒋仲良，办事处设于福裕栈；第二队队长为张公威，办事处设于乾益栈；第三队队长为方文卿，办事处设在东门外亭子桥义盛元丝厂③。此外还设立了输送、调查及掩埋各队：第一输送队运输长为程敬堂，副运输长为宋俊生，办事处设在无锡饭店；调查队队长为龚葆诚④，办事处设于新世界旅社 2 号房间。设立掩埋队两队，第一掩埋队队长为王晋禄，第二掩埋队队长为徐荐叔，两队事务所都设在南门外保安寺内⑤。

无锡分会对难民收容工作同样非常重视。早在 8 月底，无锡分会就已在第三师范学校、县立乙种实验学校、县立女子师范学校设立了 3 处妇孺安置所，并计划继续开设更多⑥。对于安置所的具体事务，无锡分会更是事无巨细，认真安排，不但专门开会决议保安、饮食、入所凭证等问题⑦，还聘请安置所女监察员，驻所料理接洽。总的来说，无锡分会的救援筹备工作井然有序，切实有效，堪称各个分会之典范。

江浙战争爆发后，该分会即计划派出救护队两队，分别赴昆山、宜兴前线协助救护。9 月 8 日午后 3 时，该分会接到宜兴分会请求支援的电报，即令救护队总队长孙蟾卿，召集救护员准备出发，所有药品亦限即日配齐，但因须等南京通行证寄到，故不能即刻出发。下午 5 时，办事处复电宜兴分会云："庚电悉，已电宁请发通行证，寄到即派队来宜

---

① 《红十字会锡分会消息汇志》（二），《锡报》1924 年 9 月 1 日；《红会办事处纪事》（四），《新无锡》1924 年 9 月 1 日；《伤病治疗处之进行谈》，《新无锡》1924 年 9 月 6 日。

② 《地方要闻——江浙战事声中之邑闻》，《锡报》1924 年 9 月 7 日。

③ 需要注意的是，无锡分会把"救护队"与"救济队"做了区分，分别承担救护伤病士兵和难民的任务。

④ "该会原定调查队长为严君伯寅，现在已将严君调为卫队长，而以龚葆诚君为调查队长。"《红会办事处纪事》（五），《新无锡》1924 年 9 月 2 日。

⑤ 《红十字会锡分会消息汇志》（二），《锡报》1924 年 9 月 1 日；《红会办事处纪事》（六），《新无锡》1924 年 9 月 4 日；《红会办事处纪事》（八），《新无锡》1924 年 9 月 6 日。注：此处把"救护队"与"救济队"做了区分。并且，队长人选和办事处地点在不同时间有所变动。

⑥ 《红会办事处纪事》（二），《新无锡》1924 年 8 月 30 日。

⑦ 《妇孺安置所所长会议纪》，《新无锡》1924 年 9 月 5 日。

协助救护。"① 9 日，督军公署方面的通行证尚未寄到，蒋哲卿理事长因宜兴方面战事方殷，后方救护刻不待缓，故通知救护队总队长孙蟾卿、第一队队长杨少云、第二队队长沈景华、掩埋队第一队队长王晋禄、第二队队长徐荐叔等召集各队救护员、救护生、文牍、庶务、夫役、卫兵等，一律于 9 月 10 日上午准备出发赴宜。10 日上午 10 时，第一救护队由总队长孙蟾卿率领，出发在即，总会总办事处特行电告宜兴分会接洽。下午 4 点半钟，第一救护队全体队员、救护生等由总队长孙蟾卿、第一队队长杨少芸率领出发前往宜兴，第一输送队队员一行 14 人，及夫役 30 名一同登船②。当天下午，第二救护队沈景华队长召集本队救护员、救护生等预备一切，出发赴昆山协助救护③。

9 月 12 日上午 10 时，第一批宜兴伤兵由小轮拖带运抵无锡。轻伤之连长 1 名、兵士 30 名、船夫 1 名，送救火联合会内治疗所医治，其余 30 名则送普仁、协济两院治疗④。16 日晚 8 时，救护队总队长孙蟾卿由宜兴运回伤兵 12 人，其中重伤 5 人，送往普仁医院救治，其余伤势较轻者，则送往协济医院治疗⑤。20 日晚间，又有宜兴伤兵 2 人由队长杨少云陪同返锡，送至协济医院治疗⑥。9 月 24 日，第一救护队鉴于宜兴战事不久即告停止，第一救护队于 24 日晨 5 时从宜兴返锡，并携回伤病兵士 17 名。当即分送各临时医院医治⑦。

10 月 1 日下午 3 时，自昆山运抵黄渡前线伤兵 1 名，即送协济医院治疗。6 点半钟，红会第二救护队由昆山方面载回黄渡、方泰等处伤病官兵共 69 名，内有 1 名已在中途死亡。另有 1 人伤及脑部，送第一医院，恐有性命之虞。伤病官兵送往第一（普仁）医院者 31 人，第二（大同）医院者 24 人，第三（协济）医院者 13 人⑧。其后又陆续有伤兵运到，至 10 月 8 日，仅黄渡方面运抵无锡的受伤官兵士卒，总计已达 87 人，均送各院医治⑨。

除救护伤兵之外，无锡分会在营救难民出险方面，也取得了极为丰

① 《战云弥漫中之红会》（一），《新无锡》1924 年 9 月 9 日。
② 《战云弥漫中之红会》（三），《新无锡》1924 年 9 月 11 日。
③ 《战云弥漫中之红会》（四），《新无锡》1924 年 9 月 12 日。
④ 《宜兴伤兵运锡纪》（一），《新无锡》1924 年 9 月 13 日。
⑤ 《宜兴伤兵二次运锡纪》，《新无锡》1924 年 9 月 17 日。
⑥ 《宜兴伤兵三次运锡纪》，《新无锡》1924 年 9 月 21 日。
⑦ 《本邑红会丛闻（四）》，《新无锡》1924 年 9 月 25 日。
⑧ 《黄渡伤兵二次运锡纪》，《新无锡》1924 年 10 月 2 日。
⑨ 《黄渡伤兵七次运锡记》，《新无锡》1924 年 10 月 9 日。

硕的成果。

9月16日，第一救济队前往安亭救护落难妇孺①。19日，第二救济队亦出发赴安亭救济避难妇孺②，第三救济队出发前往宜兴、蜀山一带进行救护③。

9月18日，第一救济队自安亭一带救出避难妇孺150名，乘船来锡，约凌晨1时许抵锡。办事处预备一切，以便安置④。此后，第一救济队又在昆山、安亭一带救出避难妇孺大小213名⑤。20日，救济队从宜兴、安亭等地运回难民167人⑥。23日，第二救济队自安亭救回难民63名，第三救济队自宜兴、蜀山附近救回难民50余名，均经红会分会安置⑦。25日凌晨1时半，"第一救济队队长蒋仲良会同调查队队长龚葆诚率领队员等由太仓陆渡桥等处救回避难妇孺三百四十二人，分坐民船由新裕福拖带来锡"⑧。26日，红会办事处得知方泰镇及黄渡等处有战地避难妇孺200名立待救援，即派第二救济队队长张公威率领队员、夫役人等同乘利通小轮，于午后出发，赴安亭救济出险。28日，红会办事处特派救护队总队长孙蟾卿赴昆山，会同第二救护队长沈景华办理救护事宜。第二救济队由方泰等处救回难民二百数十人⑨，29日7时许，第三救济队队长方文卿由太仓方面救回避难妇孺84人⑩。10月1日，无锡分会救济队救济太仓难民6人出险⑪。4日，第三救济队从安亭、太仓等处救回难民240余名⑫。7日，该会调查队队长龚葆诚等人由旧青浦地方救回难民98人⑬。8日上午6时，无锡红会第一救护队长蒋仲良率领副队长李梦菊、队员胡国荣及夫役1名，会同输送队副队长蒋汉卿，乘坐新裕福轮，并拖带广源拖船前往青浦、方泰等处救护难民。救出男女妇孺50余名。返回时经过安亭，该处收容所主任李仲廉嘱将收容之难

---

① 《战云弥漫中之红会》（八），《新无锡》1924年9月16日。
② 《战云弥漫中之红会》（十二），《新无锡》1924年9月20日。
③ 《战云弥漫中之红会》（十一），《新无锡》1924年9月19日。
④ 《战云弥漫中之红会》（十一），《新无锡》1924年9月19日。
⑤ 《战云弥漫中之红会》（十二），《新无锡》1924年9月20日。
⑥ 《战云弥漫中之红会》（十三），《新无锡》1924年9月21日。
⑦ 《江浙战事中各方杂讯》，《新闻报》1924年9月24日。
⑧ 《本邑红会丛闻》（五），《新无锡》1924年9月26日。
⑨ 《本邑红会丛闻》（八），《新无锡》1924年9月29日。
⑩ 《本邑红会丛闻》（九），《新无锡》1924年9月30日。
⑪ 《红会新消息》，《新无锡》1924年10月2日。
⑫ 《红会新消息》，《新无锡》1924年10月5日。
⑬ 《红会新消息》，《新无锡》1924年10月8日。

民 127 名一同带返，船队于 5 时启程返锡。此次，共计救回难民 180 名①。11 日，第一救济队队长蒋仲良又在白鹤港等处救回灾民约有 200 人②。

据统计，无锡分会在第一次江浙战争期间救护和收容伤兵合计近 200 人，战地救护难民出险人数合计约 2000 人③。

第二次江浙战争爆发后，1925 年 2 月下旬，齐军溃兵围困无锡城，民众恐慌不已。2 月 26 日，华芝三、邹同一、陈尔同、孙见初等决定重开红十字会。翌日，设事务所于四乡公所，并召开紧急会议，举定正、副主任华芝三、高映川及干事多人。决议设难民收容所于延寿司殿、南禅寺等两处，城内难民暂时集合于第三师范、县立女师、翼中学校等三处。后因沟通问题，孙复儒等又设分会于城外光复门外协济医院。由此，无锡红会出现了城内城外两个组织的情况④。

城内分会与前来援助的上海红会及白十字会两救济队联合行动，展开救援。各队救护员总计迭次救出难民 11000 余人。城外之会则由孙复儒为会长，刘士敏为理事长兼治疗主任，设治疗总机关于协济医院内，并设妇孺收容所十多处，治疗伤兵病民甚多，救济难民亦不在少数。每日供给饭食，其后将难民装运至上海安置。2 月 28 日，无锡分会与白十字会在老北门梨花庄广勤区王巷上东门外一带救出妇孺 8000 余人，分别收容于乾牲丝厂、豫康纱厂、泰隆面粉厂、仁昌丝厂等处。中午即分批送往上海、湖州、荡口、常熟等 4 处⑤，城内红会更将各慈善家所捐之银洋、食物由光复门缒出，送往收容所供难民之用。

无锡分会的人道善举，赢得了社会各界的赞誉，而"救活伤兵难民不少，身受其惠者莫不感之"⑥。

小　结

江浙战争中，尤其是第一次江浙战争，历时 40 余日，战事激烈。而战争救护是红十字会的首要任务，也是体现红十字人道精神的重要方

① 《红会调查队之报告》，《新无锡》1924 年 10 月 11 日。
② 《红会新消息》，《新无锡》1924 年 10 月 11 日。
③ 《发起遣散灾民协会》，《新无锡》1924 年 10 月 14 日。
④ 《兵燹声中之红会》（二），《新无锡》1925 年 2 月 25 日。
⑤ 《孤城八日记》（八），《新无锡》1925 年 2 月 28 日。
⑥ 《红会纠纷记》（一），《新无锡》1925 年 2 月 27 日。

面。朱瑞五在《人道说》中认为："于不获弭兵而当战争时，则救护已刻不容缓。"[1] 其应救护者包括伤兵与难民。

中国红十字会总会及地方各分会，群策群力，相互配合，穿梭于枪林弹雨之中，战地救护，井然有序。中国红十字会的人道救援，为伤兵难民带来生的希望。战地救护是人道救援行动的重要一环，而伤兵伤民要得到及时有效的救治，则离不开医院的参与。

---

[1] 朱瑞五：《人道说》，《中国红十字会杂志》1914 年第 2 号，见中国红十字会总会编：《中国红十字会历史资料选编，1904—1949》，南京大学出版社 1993 年版，第 111 页。

第四章　医院救治

　　医院救治是战场救护的后续环节，实际上伤员经过最初的战场救护处理，除伤重不治者外，大都会被送往医院进行进一步治疗，其重要性不言而喻。江浙战争中，中国红十字会总会及各地分会纷纷设立伤兵医院和临时医院救治受伤兵民，充分彰显了红十字会救死扶伤的人道宗旨。"保护人的生命和健康"原本就是国际红十字运动七项基本原则之一的"人道"原则题中应有之义①。这其中，尤以中国红十字会总会开设的红会医院最为重要，成为救治伤兵伤民的大本营。

第一节　中国红十字会设立的救护医院

　　医院救治方面，中国红十字会总会无疑发挥了无可替代的主导性作用。江浙战争期间，总会先后在上海开设红十字医院达13处之多。总会设立的医院及各种救护机构，不但数量最多，而且出力最大，成绩最为显著。同时，各地红十字分会也纷纷成立临时医院和救护所等机构，同样发挥了十分重要的作用。

一、总会设立的救护医院

　　中国红十字会总会设立的救护医院，大致可分为两种情形：一是将其本身自有的医院设为伤兵救护医院；二是通过协商，借用其他场所或其他医院设立临时性的救护医院。

　　江浙战争前总会（总办事处）共有5个直属的常设性医院：红会总医院、时疫医院、南市医院、北市医院和吴淞防疫医院。

　　中国红十字会总医院是1909年由沈敦和经手，用日俄战争救护的

人道的力量：中国红十字会救援江浙战争研究

---

　　① 中国红十字会编译：《国际红十字与红新月运动基本文件汇编》，群众出版社1997年版，第3页。

余款在徐家汇路购地 10 余亩所建，次年落成，设施完善①，并附设医学堂，培养医护人才。

时疫医院设立于 1908 年，由沈敦和创办。据记载："光绪戊申之秋，时上海时疫大行，患之者或朝发而夕死，俗称之为瘪螺痧。西人恐其传染也，特设医院治华人之患瘪螺痧者，华人不愿往，敦和稔知西医柯师发明盐水注射机器，灌治时疫，可以起死回生，又以病人不愿入外国医院，虑为西人藉口，乃就上海租界自设时疫医院两处，倡捐五百元，募款八千余元，为开办经费，延中西义务医生六人诊治之，愈五百余人。其明年，以住院人多，推广病舍而成绩亦愈著，计戊申、己酉、庚戌三年中医活殆六千余人。有海关巡船长西人卡尔生，亦被救治，时疫医院之名震中外，是为中国自立医院之导源。"② 时疫医院的开办，对防治疫病，厥功甚伟，得到广泛认可，"上海租界华人自立医院能得工部局之认可者，自时疫医院始"③，可谓影响深远。

南市医院即沪南十六铺马路第四医院，北市医院为沪北天津路分医院，后迁至北京路英租界内。1913 年 11 月，总会总办事处召开第七次常议会，"提议天津路（红会医院）为红十字会北市医院，十六铺（红会医院）为红十字会南市医院，为永久机关"④。

吴淞防疫医院本是当局为港口检验检疫而设，1917 年移交中国红十字会经办，"每年由江海关代征码头捐项下拨费银五千元，以后即由中国红十字会分期支领"⑤。

这 5 家医院在江浙战争的医院救治中都发挥了重要作用。需要特别指出的是，江浙战争期间，时任淞沪护军使的何丰林，指定吴淞防疫医院为战时前方医院。

战争救护活动中，医院的作用至关重要，因此在战争开始之前，1924 年 8 月底，红会总办事处就已预作准备，将上海的海格路红会总医院、天津路时疫医院等作为战时救护医院，随时准备收治伤兵。

1924 年 9 月 3 日，江浙战争爆发，双方在黄渡、浏河展开激战，医

① 中国红十字会总会编：《中国红十字会历史资料选编，1904—1949》，南京大学出版社 1993 年版，第 47 页。

② 南苕外史：《沈敦和》，集成图书公司 1911 年版，见池子华、张丽萍、汪丽萍主编：《〈红十字运动研究〉2014 年卷》，合肥工业大学出版社 2014 年版，第 304—305 页。

③ 《时疫医院参观记》，《新闻报》1912 年 8 月 30 日。

④ 《红会第七次常议会纪事》，池子华、严晓凤、郝如一主编：《〈申报〉上的红十字》（第 1 卷），安徽人民出版社 2011 年版，第 503 页。

⑤ 《红十字会接收防疫医院》，《新闻报》1917 年 5 月 2 日。

院救治行动随即展开。此时，时疫医院已布置妥当，"计可收容至百余人"①。海格路红会总院也事先预备，"将三等病房一律改作伤兵之用"②，凡伤势较重者，均送至总院医治。开战次日，红十字总会就已借用宝山路商务印书馆俱乐部设立临时医院，收容救治伤兵③。

而后，因战事更加剧烈，浏河方面连日运来伤兵也日渐增多，截至9月6日，已达一百四五十人。"天津路红会时疫医院、海格路总医院、宝山路临时医院等处病房虽属宽敞，然为减轻炭气、裨益卫生计，已向西藏路上海时疫医院④商妥，假作临时养伤所，分寓伤兵"⑤。与此同时，医院伤兵人数迅速增加，"连日伤兵运沪甚伙，最重者住海格路总医院，约有六十人。今日在院病故已有十人，且来者续续，不敷收容。已临时搭盖大席□，铺设地板以作临时病房，预计可住二百人，已在加工赶制中。伤势略轻者，在天津路约七八十人，今日亦病故一人。最轻者在西藏路亦有四十六人，而续到者又有二十余人"⑥。三院合计已达200人左右⑦。

随着战局发展，伤兵日多，红会各救护医院均感人满之患。9月7日，由浏河方面接收伤兵116人，死1人，连前共200余人，海格路、天津路、西藏路之三医院不敷容纳。在这样的情况下，为满足救护需要，红十字总会开始加紧设立临时救护医院。

除在宝山路商务书馆已辟临时伤兵救护处外，"由牛医生向南洋医院及斜桥医院借定，亦将辟为临时救护处"⑧。8日，红会又借用上海公立医院、新普育堂两处为临时救护医院。此时，上海的伤兵人数已在600以外⑨。同日，又将同仁医院作为红会的第七伤兵救护医院⑩。各院有伤兵共计400人。新普育堂预备病房可容200人，同仁医院可容50人。因连日来开刀医务均系牛惠霖医士主持，疲劳异常，故将红十字医院与同仁医院分为两队，间日分担手术任务⑪。而后，总办事处又先后

① 《红会之驰救伤兵》，《申报》1924年9月4日。
② 《红会医治伤兵之昨讯》，《申报》1924年9月5日。
③ 《战云弥漫中之红会救护讯》，《新闻报》1924年9月5日。
④ 此处的"西藏路上海时疫医院"即时济医院，与天津路红会时疫医院不同。
⑤ 《临时养伤所之添设》，《新闻报》1924年9月7日。
⑥ 《红会昨日之消息》，《申报》1924年9月7日。
⑦ 《开战声中之红会救护》，《新闻报》1924年9月4日。
⑧ 《红会消息汇报》，《申报》1924年9月8日。
⑨ 《红会救护伤兵之忙碌》，《申报》1924年9月9日。
⑩ 《红会组织第七伤兵救护院》，《申报》1924年9月9日。
⑪ 《红会医治伤兵》，《新闻报》1924年9月9日。

将南洋医院设为红会的第八救护医院①，将北市医院定为第九临时养伤所②。截至1924年9月16日，红会上海总办事处设立的伤兵救护医院，已达9处。

9月17日，总会临时医院又添设两处：一是南市护军营亚东医院；二是法租界金神父路广慈医院③。20日上午，总办事处庄得之、王培元，与粤商医院院长陈炳谦、周清泉等人商榷，打算借用该院为红会第十一临时医院，当即得到对方允诺，并商定由该院医生孔锡鹏、许华凤等担任救治事务。该院可容150人，昨日已运去伤兵10人④。23日，总办事处与上海宝隆医院院长比爱特先生接洽，确定借用该院，作为总会的第十二院；该院与红会总医院、同仁医院共三处，专治重伤兵士⑤。至此，红会总办事处在上海设立的伤兵救治医院已达13所之多，13处医院大致情况见下表。

表4-1　江浙战争时期中国红十字总会在沪所设医院概况

序　号	医院名	院　址	主要医生	总务庶务
第一院	时疫医院	天津路	张卜熊	孙文贤
第二院	红会总医院	海格路	汤铭新	
第三院	时济医院	西藏路	牛惠生、俞凤宝、黄禹九	萧镛才
第四院	商务印书馆	宝山路	鲍庆甲、夏鹏	陈惠民
第五院	公立上海医院⑥	南市马家厂	夏慎初	
第六院	新普育堂	南市		陆伯鸿
第七院	同仁医院	虹口	麦克根	
第八院	南洋医院	小南门	顾南群	
第九院	北市医院	麦根路		

① 《红会昨日救护之伤兵》，《申报》1924年9月11日。
② 《红十字会救护消息》，《申报》1924年9月16日。
③ 《难民惨况与慈善团救济》，《新闻报》1924年9月18日。
④ 《红十字会消息》，《申报》1924年9月21日。
⑤ 《红十字会救护消息》，《申报》1924年9月23日。
⑥ 淞沪护军使何丰林曾于9月14日指定公立上海医院作为战时后方医院，并委任该医院前院长王彰孚为院长，前往接收一切，以便收容伤兵。不过，当得悉公立上海医院已被红会确定为分医院后，遂取消前议，另觅地点办理陆军病院。参见《申报》1924年9月16日、9月17日。

序　号	医院名	院　址	主要医生	总务庶务
第十院	亚东医院	南市护军营		
第十一院	广慈医院	法租界金神父路		
第十二院	粤商医院		孔锡鹏、许华凤	
第十三院	宝隆医院	白克路		

资料来源：本表是根据《申报》1924 年 9 月 11 日报道《红会救护之详细调查》，以及《申报》1924 年 9 月 9 日报道《红会组织第七伤兵救护院》等相关资料，整理而成。

　　上述各院以天津路时疫医院为承转总机关即总院，各处伤兵均由总院医生分别轻重派送各院疗治。总院医生为张卜熊、乐文照、吕守白、李景畴、卢心炎等轮流值班①。

　　除以上沪埠各伤兵医院外，红会总办事处也根据需要，在沪埠周边地区设立了一些救护机构。譬如，早在战争爆发之前，鉴于真如镇地位十分重要，总会就已经在该镇暨南大学设立医务总机关②；红会救护队总队长牛惠生还在吴淞、浏河、太仓三处，预备临时医院，以便战时应急救护③。另外，红会派驻各处的救护队，也都在当地开设了临时医院，以便就近实施救护。例如，驻常州的总会第二救护总队，在第五中学设后备疗伤医院，甚为完备④；驻浏河救护队，原设临时医院于会中院内，"自两方接触开火，该处适当其冲，声振屋瓦"⑤，遂不得不将临时医院迁至罗店某学校，以避炮火危险⑥。

　　天主教士陆伯鸿与红会接洽，获准在松江马路桥新普育堂分医院设红会临时医院（即"红会第五疗养所驻松分所"），于 1924 年 9 月 10 日成立。陆教士为主任，周学文为总干事，俞橘芳为医务主任，推举张汝砺、吴前楣为董事⑦。也应属于总会临时医院的范畴。

　　综上所述，在江浙战争期间，总会设立的医院及各种救护机构，不

---

① 《红会救护之详细调查》，《申报》1924 年 9 月 11 日；《红会昨救之伤兵》，《申报》1924 年 9 月 10 日。

② 《红会于暨南设医务总机关》，《申报》1924 年 9 月 2 日。

③ 《淞浏太预备临时医院》，《申报》1924 年 8 月 30 日。

④ 《昆山快信》，《申报》1924 年 9 月 8 日。

⑤ 《战云弥漫中之红会救护讯》，《新闻报》1924 年 9 月 5 日。

⑥ 《救护中之红会与慈善团》，《新闻报》1924 年 9 月 6 日。

⑦ 《松江红会纪闻一束》，《申报》1924 年 9 月 13 日；《红会第五疗养所定期结束》，《申报》1924 年 11 月 5 日。

但数量多，而且成绩显著。据统计，第一次江浙战争期间，总会"组设救护队，从事救护伤兵及各处难民。除本埠设立十二医院外，并出发昆山、常州、浏河等处，计六队，参与服役者医生、男女看护员、干事等约四百余人，历时二月，费去金钱人力不少"①。

二、分会设立的救护医院

除红会总办事处所设医院外，身处战区的地方分会也大多设立了各自的战时医院、救护所等机构。

（一）沪埠及周边地区分会设立的医院

沪城分会早在第一次江浙战争开战之初，就确定上海公立医院为临时总医院，并将斜桥路、车站路、中华路、新开路等处分别作为东、南、西、北4个救护驻在所。至于救护医务，则由张近枢博士总其责，并派一些西医、华医人员，协同办理。该分会料理药品及一切器具，昼夜不息，异常忙碌②。"迦陵桥职业学校与闸北联益善会，亦均组织为临时医院"③，中华路小南门北首求仁医院经沪城分会商允，亦作为收留伤兵医疗所④。后又在肇嘉路太平街喻义堂药业公所设临时医院，收容伤兵⑤。在上海九亩地新舞台，设立伤兵第二留医所（疗养所）⑥。后又拟增设第三疗养所，以便容纳治疗伤病兵民⑦。

松江地处浙沪要冲之地，战祸难以幸免，地方人士认为成立红十字会为时势所需要，于是经多方奔走，红会松江分会于1924年9月3日正式成立。5日下午，冯友鹿会长即邀集会员在市公所集议组织战时后方医院，所需开办经常费，议决请县拨给。议毕，即至县医院点收，竖旗成立，并由军政长官通行军警保护⑧。此外，也有记载称，分会成立后，"凡会内应行准备之事，乃得依照定章，次第举行。爰於九月六日假

---

① 《红会救护员之宴聚》，《申报》1924年10月31日。按：由上文可知，此处"本埠设立十二医院"之说有误，医院数目应共计为13个。另处报道也指出，"当苏浙称兵之际，中国红十字会曾设有伤兵临时疗养所至十三处之多"。参见《红会医院之兼并》，《申报》1924年11月4日。

② 《沪城红会分会进行救护》，《申报》1924年9月4日。

③ 《救护中之灾民与伤兵》，《新闻报》1924年9月13日。

④ 《救济中之难民与伤兵》，《新闻报》1924年9月17日。

⑤ 《沪城红会添设第三疗养所》，《申报》1924年10月10日；《沪城红会分会医院救治伤兵讯》，《申报》1924年10月1日。

⑥ 《新舞台假为伤兵第二留医所》，《申报》1924年10月2日。

⑦ 《沪城红会添设第三疗养所》，《申报》1924年10月10日。

⑧ 《江浙战争中各方杂讯·松江》，《新闻报》1924年9月7日。

（借）定县参议两会地点，设立临时医院，开始收容病伤兵民实施疗治"①。医务人员有医院院长冯友鹿，西医朱志一、周中一、侯念言，中医金省三等人。该分会所设立的祭江亭西区小学之第一、第二收容所，由西医沈乙黎担任该两所的医疗任务②。

嘉定地处战区，分会成立后即议决设疗养院，由周怀慈主持③。其所属的娄塘分会也设立了临时医院，聘请印七襄、张应芹等医生负责诊治④。

与嘉定相邻的昆山分会，因条件所限，主要是协助红会总办事处派驻昆山的第一救护总队之工作。因"昆地向无病院，因设临时病院于杭宁绍会馆，风车浜本有私立医院一处，该院医生已赴他地红十字会服务，倪队长遂商借为治疗之所"⑤。除疗治伤兵之外，任培天等医生，每日在临时治疗所及浙军俘虏收容所、妇孺收容所治病⑥。昆山分会，在积极支持总会驻昆救护队救护工作的同时，也自行组织救护机构，设有疗养院2处，以备救护之用。总之，沪埠周边地方分会，皆竭尽所能，成立救护机关，想方设法救护兵民。

（二）苏锡常地区分会设立的医院

苏州虽地处战线之外，但吴县分会也对医院救治工作做了充分准备。早在开战之前便已指定苏州医院、省立医院、博习医院、时疫医院等为战时疗养所，后四摆渡更生医院、阊门下塘持德医院加入，共有7处⑦。吴县分会于8月30日致电总会，通报了相关情况⑧。及至开战之后，分会又商借场地，增设临时医院。苏州饭店楼下房间被分会借用，组织临时医院⑨。"西园寺院巍巍巨刹，今亦作红会医院"⑩。

无锡分会早在成立伊始，便与大同、协济三家医院商定，将其分别作为第一、第二、第三临时代用医院，以备救护伤兵之用。同时与无锡医学会商定，由医学会组织甲、乙两组医生，派驻设于救火会内之红会

---

① 《中国红十字会松江分会临时医院经过情形记略》，《松声》1925年第20期。

② 《松江红会纪闻一束》，《申报》1924年9月13日。

③ 《嘉定红十字分会成立》，《申报》1924年9月4日；《嘉定近况》，《申报》1924年9月27日。

④ 《娄塘红会救护重伤难民到沪》，《申报》1924年9月20日。

⑤ 《江浙战事中各方杂讯·昆山》，《新闻报》1924年9月14日。

⑥ 《驻昆红会救护记》，《申报》1924年10月4日。

⑦ 《江浙风云中各方杂讯·苏州》，《新闻报》1924年8月31日。

⑧ 《红会昨接之四电报》，《申报》1924年8月31日。

⑨ 《苏州饭店启事》，《吴语》1924年9月10日。

⑩ 江南浪蝶：《平岩徒步记》，《吴语》1924年9月30日。

临时救护所，负责医院外的治疗事宜。

常州分会则主要是协助中国红十字会总办事处派驻常州的第二救护总队的工作。由焦锡生医生率领的总会第二救护队，于开战前来到常州驻扎，计有医员、救护员、工役等数十人，携带卫生材料 20 余箱，又在恒口面粉厂、城内的谈宅和庄宅，分别设立第一、第二和第三急救所①。此外，在常州设立的后备疗伤所计有两处，一是在常州第五中学校，一是在武进医院②。9 月中旬，武进运到伤兵约有四五百人，其在陆军医院医治者 200 余人，入武进、福音两医院及第五中学内临时组织之后备治疗所者，约共 170 余人，连日因伤死亡者 47 人，均由红会掩埋队为之设法掩埋。常州分会复于天宁寺设立伤兵收容所收容受伤兵士，均由本地西医担任治疗③。

（三）江苏其他地区分会设立的医院

1924 年 9 月 6 日上午，镇江分会组织召开医士会，到会者 20 余人，推举新西门基督医院西人孟亨利（美籍）为主任，周服之、熊省三、袁凤洲、殷秉衡为干事④。战争期间，镇江分会设立 3 个医院：一是西门基督院；二是宝盖山妇幼医院；三是车站徐静仁医院⑤。"每日遇有兵车经过，即有接待员上车查看有无伤兵，分别重轻，分送各医院救治"⑥。

宜兴分会虽也已将疗养院等分别开办⑦，但该地分会所办之疗养院等机构实力既有限，加之宜兴又是战争中心地区之一，战乱尤其显著，迫于处境而施展不开。故而该地医疗救护工作在很大程度上仰赖红会总办事处派驻常州的第二救护总队，以及无锡分会的大力援助。

江浙战争爆发后，南京分会会长于恩绶报告称，该分会已借定医院 5 处，作为临时救护医院；又设立临时救济养病所 4 处⑧。这 5 处医院分别是：鼓楼医院、省立第一医院、府东街益友社、鼓楼街惠济医院、齐望街又新医院；4 处临时救济养病所分别是：安品街三吴中学校、辉复

---

① 《红会救护消息》，《申报》1924 年 9 月 14 日。

② 《红十字会昨讯》，《申报》1924 年 9 月 23 日。

③ 《战事确讯——苏浙两军激战记》，《锡报》1924 年 9 月 16 日。

④ 《镇江公举红十字会医士》，《申报》1924 年 9 月 8 日。

⑤ 《镇江红十字分会开会纪要》，《申报》1924 年 9 月 27 日。

⑥ 《江浙战事中各方杂讯·镇江》，《新闻报》1924 年 9 月 16 日。

⑦ 《红十字会消息》，《申报》1924 年 9 月 21 日。

⑧ 《红会消息》，《申报》1924 年 9 月 29 日。

巷女子体育师范学校、汉西门贵格医院、升平桥贫儿院①。同时，南京下关红十字分会也组织了临时医院，以便救护②。

除上述分会外，其他如大场分会、泗泾分会、震泽分会、高资分会等许多乡镇分会也都设立了临时医院或疗养所、疗养院等救护机构。

（四）浙江地区设立的医院

由于受战争影响较小，浙江地区红会在医院救治方面，主要包括杭州分会、嘉善分会、湖州分会等设立的伤兵救治医院，其他地区则开办较少。其中，杭州分会成立之后，反应迅速，"议决设一总医院数分医院，省垣原有各医院为辅助医院，并组织救护队出发前方救护。推定李慎微为医务部长，何志姜为总医院长，王吉民为总救护队队长"③。所有费用除由慈善家捐助外，并函请省署酌情补助，省署已令财政厅拨银1000 元，即日送该分会查收。

总之，战争势必带来大量伤亡，中国红十字会总会及各地分会，责无旁贷，组织设立了大批战时救护医院和救伤所，为战地伤兵的进一步治疗做好了准备。

第二节　中国红十字会的医院救治

1924 年 9 月 3 日，苏浙双方在黄渡附近正式接触，江浙战争爆发，中国红十字会的医院救治也随即展开。

一、总会的医院救治

（一）驻沪医院分类救治

众所周知，由战地救护队救出的前线身亡伤员，除伤势轻微需简单处理的，或是伤势过重而在运送途中身亡的情况外，基本都是先经过初步处理后，再送至医院接受进一步治疗。这其中有一个问题十分重要，即首先要分别伤员的伤势轻重，红会总办事处对此早有准备，指定天津路时疫医院作为此次伤兵救治工作的承转总机关，是救伤工作的"枢纽"，伤兵到沪时均由医务主任牛惠霖等，"分别轻重"后送往各医院医治。"分别轻重"的观念贯穿整个伤兵救治行动的始终，处处都有体现。

---

① 《南京救护设施之报告》，《民国日报》1924 年 9 月 29 日。
② 《江浙战争中各方杂讯》，《新闻报》1924 年 9 月 8 日。
③ 《江浙战事中各方杂讯》，《新闻报》1924 年 9 月 11 日。

开战次日，红会继续救治伤兵。"九时起，红会时疫医院，初到浏河伤兵一名，继到四名，内有九岁女孩一口，系在家被流弹击伤足部者。下午又到四名。当由牛惠生医生将轻者连小孩五名，留原处疗治"；其余负伤颇重，"须用爱克司光照取枪弹"，遂转送海格路总医院救治，"按该总医院已将三等病房一律改作伤兵之用"。又，下午4时许，总医院电请牛医生速到，因又有伤兵5名直接运到总医院，"内有一名，势颇沉重，故请牛医生速往施救"①。9月4日晚间及5日早晨，浏河方面战斗十分激烈，当天早晨和下午陆续由红会载运浙军伤兵到沪治疗，"共有三十余人，轻伤者十余人，暂在天津路时疫医院疗治，其重伤者转送徐家汇路红会医院由牛惠生医士诊察"②。9月6日，海格路红会总院收治重伤者已达19名，而负伤较轻者则收容于吴淞海军病院③。"自十二日上午一时起至下午六时运到红十字会医院之伤兵共二十五名，由浏河来者十九名、嘉定四名、南翔二名，均由天津路红会时疫医院医生视察轻重，分送各医院疗治"④。

临时医院的情况则大为不同，譬如，红会在宝山路商务印书馆对面俱乐部设立之临时医院，5日下午4时半，由浏河运来轻伤兵士10余人，由医生陈惠民督率看护诊治。后又从浏河送来伤兵4名，无性命之虞⑤。该临时医院，"伤兵运到，稍加包扎，即为分别转致收容者，有四十余人，均伤势略轻，及乡人之遇有流弹者"⑥。

由上述可以看出，红十字会在转运伤兵时注意分别伤势轻重，伤势较重的伤员通常送往海格路总医院治疗，而各临时医院则主要负责轻伤兵士的治疗。但有时情况也会有所变化，9月7日晚8时，红十字总会由浏河、黄渡运到浙军伤兵数十名，因西藏路、海格路两处医院均已人满，乃抽送一部分至宝山路临时医院疗治，计22人。由陈惠民医生"分别轻重"，妥为诊治。内除3名伤势"较为沉重"，余者均轻伤即可痊愈⑦。

海格路红会总院主要收治重伤兵士，"非解剖（截肢）不可者，则

① 《战云弥漫中之红会救护讯》，《新闻报》1924年9月5日。
② 《救护中之红会与慈善团》，《新闻报》1924年9月6日。
③ 《病院有人满之患》，《新闻报》1924年9月7日。
④ 《救护中之灾民与伤兵》，《新闻报》1924年9月13日。
⑤ 《宝山路临时医院忙碌》，《新闻报》1924年9月6日。
⑥ 《红会昨日之消息》，《申报》1924年9月7日。
⑦ 《红会救护伤兵之忙碌》，《新闻报》1924年9月9日。

送往此间。每夜由院长躬自奏刀，至一时止，一时之后则他医承其乏。若伤兵数多，则往往达旦。残支（肢）断骸，血肉纵横"①。由此可见，总院伤兵救治之繁忙。

总院不仅要治疗本院伤兵，还要承担一些其他医院的伤兵救治。例如，吴淞陆军总军医院因连日来前线各处送来的伤兵颇多，不敷安插，不仅在 7 日上午将送来之伤兵，"悉数退回上海红十字总会医治"②，还在 9 月 8 日择受伤较重者 10 余名，特开专车送往上海红十字总会医治③。据报道，红会在当天"至晚十二时止，接收伤兵五十八人，浏河、黄渡、嘉定方面均有。闻晚十二时后，黄渡方面尚有送来。因昨日大雨时，双方激战甚烈，且因冲锋，伤者甚众"④。

（二）总会战地医院与驻沪医院分头并进

红会总办事处派驻各地的救护队，也都设立了临时医院或疗养院，这些临时医院或疗养院同样发挥了重要作用。

驻昆山的第一救护总队倪承方队长组织的临时医院，"成立迄今，病伤兵民，无日不满坑满谷。队长倪承方及医生方菊影、任培天等，除该院外，每日往俘房收容所、妇孺收容所诊视患病诸人，亦日有百数十名"⑤。

驻常州的第二救护总队，由焦锡生率领，在第五中学设立后备疗养院，另于车站恒丰面粉厂设立第一急救所，城内谈宅、庄宅设立第二、第三急救所。据报道，至 9 月 22 日，"常州红会后备疗伤所，计有两处，一在第五中学校，内有伤兵八十余；一在武进医院，有伤兵五十余人。而兵站医院为苏军所属，计有伤兵一百六十余人"⑥。"前方伤兵尚须继续运来，常红会后备疗伤院，将日益繁忙"⑦。驻常救护队之忙碌，不难想见。

此外，天主教士陆伯鸿与红会协作，在松江马路桥新普育堂分医院

① 《阿鼻地狱写真》（一），《兴华》1924 年第 37 期，第 18、47 页。

② 《吴淞军医院之消息》，《申报》1924 年 9 月 8 日。

③ 《吴淞总医院之伤兵》，《新闻报》1924 年 9 月 9 日。

④ 《红会昨救之伤兵》，《申报》1924 年 9 月 10 日。

⑤ 《红会昆山救护之成绩》，《申报》1924 年 10 月 6 日。

⑥ 《红十字会昨讯》，见俞坚、张涛主编：《人道百年——报刊中的常州红十字（1914—2013）》，常州市红十字会 2014 年编印，第 42 页。

⑦ 《常州红会救护消息》，见俞坚、张涛主编：《人道百年——报刊中的常州红十字（1914—2013）》，常州市红十字会 2014 年编印，第 41 页。

设立的红会临时医院，即"红会第五疗养所驻松分所"①，开办两月，已"疗养战地伤兵达二千余名"②，堪称成绩斐然。

在1925年初的第二次江浙战争期间，中国红十字会总会医院再次投入伤兵救护。1月12日，总办事处下属的时疫医院收治伤兵近60人。不过，由于没有得到淞沪护军使张允明的保护承诺，红会总办事处不得不暂时停办南市红十字会医院③。且在不久之后，"上海红十字会医院此次战事，除西人送来之伤兵外，自往求治者，已不收纳，仅沪城分会照常救护收容伤兵"④。

原"红会第五疗养所驻松分所"的成员周学文等人，在第二次江浙战争前夕，向总办事处请求，"仍赴松江组织机关，办理救济事宜。因前在沪之第五疗养所，不必再设，故即以在松江者为第五疗养所，另组第六救护队，专司救护事宜，队员十六人，皆就当地招致。该所主任仍为陆伯鸿君，总干事仍为周学文君，副干事为吴章甫君，医务主任俞橘芳君，医生为王嘉玉、蒋安静君等"⑤。也就是说，原"红会第五疗养所驻松分所"转变和升格为"红会第五疗养所"，重新开始兵灾救济，包括医院救治方面的工作。

（三）总会医院救治成效显著

第一次江浙战争开战仅几天，至9月9日，各红会医院就已收治伤兵近400人⑥。从开战之初的零星收治，到成批收治，从单个医院的收治，到几个医院同时收治，收治的伤病士兵越来越多。至18日止，红会各医院收容伤兵总数达580余人⑦。

从9月10日起，《申报》对红会在沪13家医院收治伤病士兵的情况，采取分别统计、合并报道的方式予以公布，红会这13所医院的每日在院伤病士兵人数，列表如下：

① 《松江红会纪闻一束》，《申报》1924年9月13日；《红会第五疗养所定期结束》，《申报》1924年11月5日。
② 《红会第五疗养所定期结束》，《申报》1924年11月5日。
③ 《兵士阻止红会汽车》，《申报》1925年1月12日。
④ 《红会庄得之派小轮往苏救护》，《申报》1925年1月14日。
⑤ 《红十字会赴松救护》，《申报》1924年12月31日。
⑥ 《救济声中之难民与伤兵》，《新闻报》1924年9月9日。
⑦ 《救护中之伤兵难民》，《新闻报》1924年9月19日。

表4-2　第一次江浙战争期间红会沪埠13所医院收治伤兵人数统计表（单位：人）

日期＼人数＼医院	总医院	时疫医院	时济医院	公立医院	新普育堂	商务书馆	同仁医院	南洋医院	北市医院	亚东医院	粤商医院	广慈医院	宝隆医院	每日合计
9.10	76	63	153	31	67	23	31	—	—	—	—	—	—	444
9.11	85	56	151	17	67	23	31		—	—		—	—	430
9.14	83	65	147	71	125	36	31	12	—	—	—	—	—	570
9.16	114	85	107	71	125	36	31	12	22	—	—	—	—	603
9.19	134	84	126	139	114	36	—	19	—	—	—	—	—	652
9.20	—	78	134	139	114	—	—	41	—	7	—	—	—	513
9.21	154	82	111	139	101	66	36	40	—	7	—	—	—	736
9.22	154	80	111	114	108	66	36	46	—	7	4	63	9	798
9.23	109	77	123	117	—	54	—	43	—	—	42	—	—	565
9.24	109	74	103	117	86	54	41	44	—	11	41	50	42	772
9.25	126	64	105	110	95	42	25	44	—	5	41	50	42	759
9.26	128	64	73	107	105	35	33	44	—	5	37	50	42	723
9.29	126	57	—	93	104	30	30	50	—	14	29	48	29	610
9.30	143	67	153	137	98	28	42	34	—	66	77	47	28	920
10.1	153	71	93	116	96	27	45	23	12	18	80	43	2	779
10.2	161	67	119	118	110	24	46	56	—	30	81	37	29	878
10.3	163	70	119	116	96	16	48	35	17	29	73	36	30	848
10.4	170	43	97	136	96	35	47	45	14	27	56	37	31	834
10.5	157	45	90	151	89	41	47	44	14	27	53	48	27	833
10.6	149	64	100	134	105	40	44	51	14	29	41	35	30	836
10.7	159	42	116	140	96	51	44	50	17	29	50	40	30	864
10.8	169	33	116	139	95	50	39	50	19	25	100	43	25	903
10.9	166	39	118	139	114	48	43	50	20	26	41	40	29	873
10.10	161	62	69	140	116	42	45	50	18	24	25	27	28	807

日期＼医院人数	总医院	时疫医院	时济医院	公立医院	新普育堂	商务书馆	同仁医院	南洋医院	北市医院	亚东医院	粤商医院	广慈医院	宝隆医院	每日合计
10.11	169	40	75	147	106	46	43	50	19	24	26	37	26	808
10.12	160	50	88	146	108	48	41	50	19	21	28	27	27	813

资料来源：（1）此表是根据《申报》以下报道中的数据，经整理汇总，编制而成：《红会救护之详细调查》，《申报》1924 年 9 月 11 日；《各医院之伤兵数目》，《申报》1924 年 9 月 12 日；《红会消息一束》，《申报》1924 年 9 月 15 日；《红会杂讯》，《申报》1924 年 9 月 17 日；《红会消息并志》，《申报》1924 年 9 月 20 日；《红十字会消息》，《申报》1924 年 9 月 21 日；《红十字会救护消息》，《申报》1924 年 9 月 22 日；《红十字会昨讯》，《申报》1924 年 9 月 23 日；《红十字会消息》，《申报》1924 年 9 月 24 日；《红十字会消息》，《申报》1924 年 9 月 25 日；《红十字会昨讯》，《申报》1924 年 9 月 26 日；《红十字会消息》，《申报》1924 年 9 月 27 日；《红十字会之救护》，《申报》1924 年 9 月 30 日；《红十字会救护讯》，《申报》1924 年 10 月 1 日；《红会救护之昨讯》，《申报》1924 年 10 月 2 日；《红十字会之救护》，《申报》1924 年 10 月 3 日；《红十字会消息》，《申报》1924 年 10 月 4 日；《红十字会昨讯》，《申报》1924 年 10 月 5 日；《红十字会救护消息》，《申报》1924 年 10 月 6 日；《红十字会之救护》，《申报》1924 年 10 月 7 日；《红十字会昨讯》，《申报》1924 年 10 月 8 日；《红十字会消息》，《申报》1924 年 10 月 9 日；《红十字会消息》，《申报》1924 年 10 月 10 日；《红十字会昨讯》，《申报》1924 年 10 月 11 日；《红十字会消息》，《申报》1924 年 10 月 12 日；《红十字会昨讯》，《申报》1924 年 10 月 13 日。（2）此表中 10 月 4 日的"每日合计"数目，原报道为"824"，是错误的，修改为"834"；10 月 5 日的"每日合计"数目，原报道为"812"，是错误的，修改为"833"。

依据上述数据可知，9 月 4 日至 10 月 12 日，红会各医院的住院伤病士兵总人数是 1643 人，不过由于上表缺少 9 月 12 日、13 日、15 日、17 日、18 日、27 日、28 日的数据，所以统计数据并不全面。据红会总办事处的战后统计，"陆续治愈伤病兵民之总数二三千人"[1]。而在其后的 10 月 13 日、14 日两天，红会各医院分别收治伤兵 53 人和 34 人，来自黄渡、马陆、浏河、南翔等地[2]。随着第一次江浙战争基本结束，从 10 月 15 日起，红会沪埠各医院就已不再收到前线送来之伤兵，但仍然接收其他医院转送来的伤兵。如 10 月 15 日至 17 日，红会各医院收到由

---

① 《中国红十字会总办事处劝募兵灾善后捐款启事》，《申报》1924 年 10 月 28 日。

② 《红十字会昨讯》，《申报》1924 年 10 月 14 日。《红十字会消息》，《申报》1924 年 10 月 15 日。

贫儿院、吴淞医院、炮台湾医院转送来的伤兵共 9 人①，而"吴淞商埠局内之陆军总医院及水产学校内之分院等，自卢、何出走，军医官均先后避去，院内伤兵均自行来沪就诊。宝山路红会第六疗养院，连日到来是项伤兵甚多，闻该处各分军医院之伤兵，已合并于中国公学，为数尚有数百云"②。

除救治入院伤兵外，总会红十字医院还对战俘及溃兵等进行了救治。比如，"公共租界巡捕房，计收容缴械兵士约五千人，分寓平凉路、新闸路、戈登路、海格路四处巡捕房内。惟兵士尚多负有伤病者，除已将重伤择尤送入中国红十字会医院医治……并闻工部局昨特开会，拟请中国红十字会再添设医院一所，酌量留住伤兵。闻寻觅适当院址一层，将由工部局担任，而医治等事，则请红会担任"③。并且由红会"医生倪承方、李景畴带同看护，乘坐汽车分往戈登路、海格路溃兵收容所施诊"④。此外，红会医院对其他慈善组织收容的难民也提供了力所能及的帮助。例如，中国济生会设在英租界的第三、第四、第五、第七难民暂留所，以及设在灵学会的第五暂留所等处的卫生事宜均由红十字会担任，"每日由乐文照医生前往各暂留所视察一周，遇有传染病或重症，即分别送各医院医治"⑤。

红会医院救治伤兵，就必定和社会各方产生紧密联系，这其中与军方的联系最为紧密。军方时常派员前往医院，慰问、犒赏伤兵，给予银元和食物等等，以提升士气。如淞沪护军使于 9 月 17 日派军署谘议贺丹墀至红会第四疗养所（即上海公立医院）慰问各伤兵，并赏给兵士每名银 5 元，各排长每名 15 元；杨化昭亦派代表至院，犒赏本部兵士每名洋 5 元，并牛奶一罐，以昭激劝⑥。此类事例，比比皆是。而在伤兵日常管理中，军方既要求红会医院将在院治疗、死亡及治愈士兵的相关信息造册呈报，以备查验；又发布病院规则以约束伤兵，便于医院管理；还应红会请求，派员辅佐管理伤兵事宜⑦。

---

① 《红会昨日无伤兵到》，《申报》1924 年 10 月 16 日；《红十字会消息》，《申报》1924 年 10 月 17 日；《三十字会消息汇志》，《申报》1924 年 10 月 18 日。按：此处"三十字会"是指红十字会、白十字会、蓝十字会，合称"三十字会"。

② 《各慈善团之救济》，《新闻报》1924 年 10 月 21 日。

③ 《红会昨日之救护讯》，《申报》1925 年 1 月 15 日。

④ 《红会救护之昨讯》，《申报》1925 年 1 月 16 日。

⑤ 《红会担任各难民所卫生事宜》，《申报》1924 年 10 月 6 日。

⑥ 《救护中之伤兵难民》，《新闻报》1924 年 9 月 19 日。

⑦ 《江浙军事中各方杂讯·苏州》，《新闻报》1924 年 10 月 13 日。

二、分会的医院救治

江浙战争中，中国红十字会总办事处在上海组织红十字医院，全力以赴救治伤兵。各地分会也都根据自身实际情况，各尽所能展开医院救护，同样发挥了重要作用。

（一）沪埠及周边各分会的医院救治

作为上海本地的分会组织，沪城分会在此次江浙战事救护中担负着极为重要的职责。分会在战前即与总会商定，沪宁路线救护由总办事处及各地分会担任，沪杭路线救护由沪城分会担任①。除向松江、浏河等地派出多支救护队之外，分会对医院救护也非常重视，先后在上海公立医院、肇嘉路太平街喻义堂药业公所、上海九亩地新舞台等处，陆续设立了临时医院或疗养所，以收治伤病人员。临时医院因事务殷繁，公推滕克勤、蔡槐孙为医院正副院长，萧启明为疗养所所长，张近枢为医务主任，驻院医生共5人，日夜分班，轮流诊治各伤兵，各负专责。沪城红会设立的临时医院，截至1924年9月12日，已收治伤兵70余人②。

此后，随着战事加剧，伤兵更是络绎不绝。9月15日，沪城分会将5名伤兵，送往上海公立医院，留院医治③。23日，又将在南翔、黄渡等战地救出的21名伤兵，送往新普育堂及上海医院医治④。9月底，肇嘉路太平街喻义堂药业公所接收从黄渡、浏河等处战地救出的六七十名伤兵，"分别由医生医治，其中有重伤者数名，至昨午后伤势已危险，由该院另用病车转送南市某医院医治"⑤。

10月1日，"上午九时，由沪杭专车由南翔运来伤兵十六人。上午十一时，又由专车运来伤兵二十余名。十二时，又专车运到伤兵十人。又下午二时半，专车运到伤兵二十名。以上共计伤兵六十余名。除有重伤几人，车送上海医院外，其余均由沪南红十字会分车用汽车载送太平街沪城红十字会分会医治"⑥。9日，太平街临时医院接收伤兵27人。截至10日，"沪城红十字分会，在太平街药业公所内所设临时医院，自开办以来，收容伤兵，已有二百余人，其中有轻伤者，转送九亩地新舞

① 《救济声中红会与慈善团》，《新闻报》1924年9月7日。
② 《沪城红会第二救护队出发》，《申报》1924年9月13日。
③ 《沪城红会运载伤兵就医》，《申报》1924年9月16日。
④ 《沪城红会救护伤兵》，《申报》1924年9月24日。
⑤ 《沪城红会分会医院救治伤兵讯》，《申报》1924年10月1日。
⑥ 《南车站昨日运到伤兵》，《申报》1924年10月2日。

台分设之伤兵第二疗养所"①；至于伤势较重者，均留院医治②。

10月11日，沪城分会医院接收松江明星桥、新桥、莘庄及嘉定伤兵16人。12日，收治松江莘庄颧桥等处运来伤兵36名，除轻伤转送九亩地新舞台第二疗养院留养外，余均留院③。同日，医务长张近枢介绍德国医学博士、同德医学校教授彼得希米德带领男女学生逐日至医院帮同医治伤兵，以便学生实地练习，该院极表欢迎。截至20日，沪城分会所设临时医院，已收治伤兵300多名。并且由于上海南市的陆军医院无人主持，其收治的伤兵已有数日不换药，所以伤兵纷纷涌到沪城分会临时医院求治，导致该院难以应付④。至10月下旬，沪城分会所设之临时医院内，收养伤兵颇多，已无容足之处。该会正副会长夏绍庭、殷受田，商允南市上海医院代为收容医治⑤。11月初，沪城红十字分会临时医院及九亩地新舞台第二疗养院又接收陆军医院、上海医院送来的伤兵数十名⑥。

根据上述，沪城分会所设之临时医院和疗养所，在第一次江浙战争期间，收治、疗养伤兵共计400人左右。

第二次江浙战争前后，沪城分会继续收治伤兵。1925年1月2日至3日，沪城分会所设之临时医院和疗养所，陆续接收从莘庄、新龙华等处运来的伤兵："由莘庄运来第四师伤兵二批，共一百三十二名"；由新龙华运来第四师伤兵七十八名（另一说法是八十余名），"均送城内临时医院疗治。经医生验看，并无十分重伤，当即逐一诊治，留院疗养"⑦。这样，"沪城红十字分会太平街医院暨新舞台第二疗养所，除原有伤兵外，新收四师伤兵二百余人，大有人满之患"，于是不得不分出一部分伤兵送至天津路红会时疫医院⑧。

1月11日，沪城分会所设之临时医院和疗养所，收治从徐家汇一带救出的伤兵84人⑨。

---

① 《沪城红会添设第三疗养所》，《申报》1924年10月10日。
② 《沪城红会临时医院消息》，《申报》1924年10月11日。
③ 《沪城红会之救治伤兵讯》，《申报》1924年10月13日。
④ 《沪城红会商议伤兵安置办法》，《申报》1924年10月20日；《沪城红会消息》，《申报》1924年10月21日。
⑤ 《收束中之善团与难民》，《新闻报》1924年10月22日。
⑥ 《沪城红会医院消息之现存伤兵数》，《申报》1924年11月5日。
⑦ 《沪南红分会救护伤兵》，《申报》1925年1月4日；《沪南红会与租界探员在新龙华救护调查》《沪城红会设法救护伤兵》，《申报》1925年1月5日。
⑧ 《红十字会消息》，《申报》1925年1月8日。
⑨ 《沪南红会分会救护伤兵》，《申报》1925年1月12日。

另外值得一提的是，因"上海总红十字会医院此次战事，除西人送来之伤兵外，自往求治者，已不收纳，仅沪城分会照常救护收容伤兵"①。可见，沪城分会实际上是红会在第二次江浙战争期间对伤兵进行医院救治、康复疗养的主体。不过，由于条件和能力有限，沪城分会对此亦深感捉襟见肘，因为"该会临时医院，连日所收伤兵，共有三百余名。九亩地第二疗养院所留伤兵五百余名，满坑满谷，几无隙地"②，因此从1月14日起，"所有自行上门之伤兵，仅止给药敷治，不能留院矣"③。虽然如此，沪城分会一方面仍然每天都派各队队员在南火车站守候，以便接运伤兵难民④；另一方面，将收治在临时医院和疗养所的已经伤愈的部分士兵进行分流或遣散⑤。

战事结束的后一段时期，沪城分会临时医院持续开办，直到1925年3月10日关闭，"将房屋交还药业公所，所存伤兵十三名，拟送总医院医治"⑥。

沪城分会所设之临时医院和疗养所，在第二次江浙战争期间，收治、疗养伤兵共计1000人左右。至于日常的看病给药，其受益的伤病人员则不可胜数。

松江分会成立后，随即"集议组织战时后方医院（即临时医院），所需开办经常费，议决请县拨给"⑦。9月6日起，临时医院即开始收容伤兵，实施疗治。当时，松江县城原有之军医院已随队出发，而前线伤兵送至后方者，无不送至红会临时医院疗治。截至13日，"来院伤兵，均由前方军队护送前来，刻下住院者已有二十余人"⑧。松江分会医院对伤兵关怀备至，"为体恤伤兵计，除按日三次治疗外，午晚两餐，各赠荤菜一碗。在院伤兵二十余人，莫不表示感谢。即受伤较重之兵，一弹穿头项，一被炸弹轰伤两腿，一弹入腰部，诸人今已渐见痊可，无一遭意外者"⑨。"九月十八日，浙军退驻松江，形势陡急，于是收容所、救

① 《红会庄得之派小轮往苏救护》，《申报》1925年1月14日。
② 《红会昨日之救护讯》，《申报》1925年1月15日。
③ 《沪城红会救护之昨讯》，《申报》1925年1月14日。
④ 《沪城红会救护之昨讯》，《申报》1925年1月14日；《红会昨日之救护讯》，《申报》1925年1月15日。
⑤ 《沪城红会治愈伤兵今日运往青岛》，《申报》1925年1月19日。
⑥ 《沪城红会临时医院结束》，《申报》1925年3月8日。
⑦ 《江浙战争中各方杂讯·松江》，《新闻报》1924年9月7日。
⑧ 《松江：红会纪闻一束》，《申报》1924年9月13日。
⑨ 《松江：十五日杂讯》，《申报》1924年9月16日。

护队亦次第成立。"① 至 21 日，该会临时医院收治伤兵已达 40 多人②。此后，该会收治的伤兵源源不断，尤其是旧历重九（10 月 7 日）两军战于城外，伤兵送至院内，"自朝至暮，络绎不绝"，"院内医生施行疗治，大有应接不暇之苦，住院伤兵也以此时为最多。而外来病兵，日至医院诊察者，为数自二百数十号以至三四百号不等"③。除收治伤兵之外，居民受流弹所伤而住院疗治者亦有二十余人。至 11 月中旬，东南战事始告结束，松江秩序日渐恢复，分会所设之临时医院才于 11 月 30 日宣告结束④，历时近 3 个月。

松江分会临时医院在江浙战争中共医治病伤兵民 4000 余人，前后收容住院伤兵近千人，可谓成果显著。

地处战区的娄塘分会于 1924 年 9 月 2 日成立后，即开办临时医院，"所聘医务主任印七襄热心治疗，附近乡民被流弹及土匪击伤者，每日到院医治多至一二十人。除轻伤者随时疗治随时出院外，伤势较重者留院疗养"⑤。该会持续救治伤兵两个月，据统计，"西医诊视计有三千余号，中医诊视病兵计有八百六十二号。又有灾民二百八十四号，经治见效，颇得军民感激"⑥。

宝山大场分会于 1924 年 9 月 1 日成立后，旋即设立了各种救护机构，包括疗养院。自 9 月 6 日至 10 月初，"先后救出受伤士兵四十余人，由院临时处置，转送总会医院治疗"⑦。虽然大场分会救护伤兵的人数不多，也无力对伤兵进行深度的或复杂的治疗，但其主要贡献是救护难民，为数达四五千人⑧。

青浦分会于 1924 年 9 月 3 日成立后，设临时疫病所于学宫，"计医愈伤兵及流弹受伤人民等一百三十四人，伤亡者四人。每日诊治内外科，日有八九十号，以痢疾、疟疾为多"⑨。

如前所述，第一次江浙战争期间，昆山分会与中国红十字会总会总办事处派驻昆山的救护总队密切合作，共同办理伤兵救治与收养工

① 《中国红十字会松江分会临时医院经过情形记略》，《松声》1925 年第 20 期。
② 《地方快信》，《申报》1924 年 9 月 23 日。
③ 《中国红十字会松江分会临时医院经过情形记略》，《松声》1925 年第 20 期。
④ 《（松江）红会医院之结束》，《申报》1924 年 12 月 1 日。
⑤ 《娄塘红会救护重伤难民到沪》，《申报》1924 年 9 月 20 日。
⑥ 《娄塘红十字会分会之成绩》，《申报》1924 年 11 月 6 日。
⑦ 《大场红十字分会之救护情形》，《申报》1924 年 9 月 30 日。
⑧ 《大场红会之救济讯》，《申报》1924 年 10 月 5 日。
⑨ 《（青浦）红十字分会之成绩》，《申报》1924 年 11 月 15 日。

作。其中昆山分会扮演的角色，主要有以下几个方面：其一，协助红会总办事处驻昆山救护总队，把昆山、太仓等地的伤兵运送到苏州、无锡、常州等地医院，以便救治；其二，经过多方的协调沟通，把昆山医院作为临时治疗所，并借用宁绍会馆作为收容伤兵之地；其三，至于备置稻草以及雇用扛夫等所有相关的常规事务，概由昆山分会负责落实①。据统计，昆山分会开展兵灾救护两个月左右，"疗养院二处，医愈伤兵四百二十五人，伤亡者三；俘虏六十七人，死二；流弹被伤乡民九十一人，死三。每日上午诊治内外科，日有二百余号，疟疾、痢疾为多"②。总计治愈伤兵、俘虏、乡民 583 人，仅死 8 人，足可见其成效之显著。

此外，红会总办事处派驻昆山救护总队，在昆山期间"每日分别服务，异常忙碌"：随队医务人员时常到昆山分会所设立的妇孺收容所、临时治疗所以及浙军俘虏收容所，看病给药；对于所收的伤病人员，轻者治愈即出院，重者施以手术，长期疗养③。在昆山分会的协助下，红会总办事处派驻昆山救护总队"自八月底出发赴昆山后，迄今已月余……昆山分会，协同医队办理救护事宜，成绩甚优……临时医院，尤仗分会之力。该院施手术割症及诊察，纯由医队担任外，一切被服伙食工役等，均由分会极力筹备。主其事者，皆属昆山素为社会所敬佩之人，既尽义务，复捐巨资，其急公好义，颇为中外各慈善团体所称道"④。昆山分会所发挥的作用，受到社会各界的交口称赞。

（二）苏锡常各地分会的医院救护

苏州虽非战区，但作为苏军的后方总基地，昆山、太仓等处大批伤兵均需转送苏州治疗，救治任务相当繁重。为应对如此情况，吴县分会早在开战前就已商借县立医院、更生医院、福音医院等多家医院作为临时伤兵医院。战争爆发后，经吴县分会协调，苏州饭店将楼下房间暂交由中国红十字会组织临时医院。西园寺亦被临时充作红会医院之用。在吴县童子军的协助下，吴县分会把收容来的伤兵分别转送红会指定各医院，予以治疗。

自开战以来，吴县分会接收到的伤兵络绎不绝。9 月 11 日前后，县

---

① 《昆山红十字会救护情形》，《申报》1924 年 9 月 12 日；《昆山：红会救济疗伤之忙碌》，《申报》1924 年 9 月 23 日。

② 《昆山红十字分会之成绩》，《申报》1924 年 11 月 9 日。

③ 《驻昆红会救护记》，《申报》1924 年 10 月 4 日

④ 《红会昆山救护之成绩》，《申报》1924 年 10 月 6 日。

立医院已有伤兵38人，福音医院87人，苏民医院9人，省立医院25人，博习医院2人，更生医院11人，其中87名"系由第四混成旅野战病院军医尹声涛君由太仓直接送往"①。至14日，吴县分会接收从前线送到的伤兵并转送医院的总数达200多人②。其后到来的伤兵，依然源源不断，据张卜熊医生调查，至9月中旬，吴县分会各医院已有伤兵800余人。该分会各临时疗治伤兵医院，自收容疗治以来，"因各医院病房不宽，兼之伤兵日有运来，至有人满之患"③。比如15日上午，"由昆装运伤兵二十余人来苏，驻站红十字会，因城外更生、苏民、省立三医院，已有人满之患，故令扛夫迳送至城内天赐庄博习医院"④；17日，"由昆山方面运来二师六团伤兵十余人，内有排长一员。据云，在太仓方面被敌击伤右足，即由驻站红十字会，派人扛至城内县立医院"⑤，等等。为此，吴县分会商准广济桥苦儿院萃英中学，将轻伤兵士分流该处。此外，吴县伤兵收容所设在阊门外上津桥第五团团部，并另开有医药部。至24日晚止，陆续转来260余人，逐日由医生盖章，呈达守备司令部立册备考。驻所医生，由更生医院邀请城内仓米巷西医赵膺生君担任，又派看护生2人，帮同包缠伤口⑥。截至25日，吴县分会以及指定各医院，"总前共计所诊治之伤兵，约在千人左右"⑦。另外，阊门马路广济桥三新旅社附之中国红十字会九江分会临时医院，30日又收容昆山等处送来伤兵80名，均由该会会长吴夫人（即赣北镇守使吴金彪之夫人）督率医士，分别治疗，并检取枪弹，异常忙碌⑧。据统计，"苏州红分会共收伤兵一千八百余，……分送七处医院诊治"⑨。

常州分会的主要工作是协助中国红十字会总办事处派驻常州的第二

人道的力量：中国红十字会救援江浙战争研究

134

① 严晓凤、池子华、郝如一主编：《苏州红十字会百年纪事（1911—2011）》，安徽人民出版社2011年版，第5页。

② 《吴县童子军出发救护伤兵》，《申报》1924年9月14日。

③ 《伤兵分驻苦儿院》，《民国日报》1924年9月27日。

④ 《地方快信》，《申报》1924年9月18日。

⑤ 《地方快信》，《申报》1924年9月21日。

⑥ 《伤兵收容所之近讯》，《吴语》1924年9月25日。

⑦ 《字报西报苏州二十通信》，《申报》1924年9月25日。

⑧ 《吴夫人督率医士疗治伤兵》，《吴语》1924年10月2日。

⑨ 王完白：《战地闻见录》，原载1924年《通问报》《商报》及《中华医学杂志》1925年第3期，见俞坚、张涛主编：《人道百年——报刊中的常州红十字（1914—2013）》，常州市红十字会2014年编印，第44页。

救护总队，参与办理伤兵救治与收养工作①。驻常州第二救护总队，在常州设有两个后备疗伤所（临时医院），以及3个急救所②，对运送到常州的伤兵进行救治。据记载，"昆山、宜兴两方输送伤兵，均以常州为终点，医务骤忙"③。当时常州的局势相对安全，截至1924年9月23日，常州的红会后备疗伤所，计有住院伤兵150人左右④。因宜兴地处战区，分会自身实力较弱，难以独立开展医院救治任务，其所开设临时医院发挥的作用较为有限。开战之后主要将从前线救回的伤兵，送至常州的临时医院，以便予以救治。也就是说，驻常州第二救护总队，承担起了宜兴分会大部分的医院救治工作。此外，宜兴分会还向邻近的无锡分会请求支援，无锡分会多次派船，接运宜兴伤兵赴无锡各临时医院治疗。（有关无锡分会的医院救治情况，将在后文详细叙述）

（三）江苏其他地区分会的医院救治

镇江距离主战区相对较远，但时常有军队及伤兵过境，镇江分会于是大量接收前线送达或过境镇江的伤兵，先后拯救伤兵难民甚众。如9月15日、16日两天，红会就接运昆山伤兵200余人⑤。10月2日，由昆山又运来伤兵20余人，难民40人，由红十字会分送各医院疗治及收容所留养。从9月15至10月12日，分会共接运伤员近400名，其中留镇治疗者33名。总计第一次江浙之战，镇江分会医院（西门基督医院、宝盖山医院、车站徐静仁医院），共收治伤兵90余人⑥。

南京分会于1924年9月底设立了5个临时救护医院，后又设立了4个临时救济养病所⑦。虽然该会设立的救治、疗养机构为数不少，但设立的时间却相对较晚，主要是因为南京距离前线较远，人道救援压力相对较轻。该分会的主要工作，是接收从战地前线送到南京的伤病人员，予以救治。

① 俞坚、张涛主编：《人道百年——报刊中的常州红十字（1914—2013）》，常州市红十字会2014年编印，第41页。

② 《红会救护消息》，《申报》1924年9月14日；《红十字会昨讯》，《申报》1924年9月23日。

③ 王完白：《战地闻见录》，原载1924年《通问报》《商报》及《中华医学杂志》1925年第3期，见俞坚、张涛主编：《人道百年——报刊中的常州红十字（1914—2013）》，常州市红十字会2014年编印，第43页。

④ 《红十字会昨讯》，《申报》1924年9月23日。

⑤ 江苏省红十字会编著：《江苏红十字运动八十八年》，东南大学出版社2001年版，第9页。

⑥ 张世闿等总纂：《镇江市志》（上册），上海社会科学出版社1993年版，第357页。

⑦ 《红十字会昨讯》，《申报》1924年9月29日。

莘庄分会在 1924 年 10 月 8 日成立后，随即组建了临时医院，但此时战争已接近尾声，临时医院的主要工作变为救护难民，而非救护伤兵。据报道，莘庄分会"假理事长孙翰青住宅，设立临时医院，聘请西医严文华为主任，应用药品，无不备置。日间往院就医者，平均有五六十人"①。

第二次江浙战争期间，"直奉军队激战于江阴要塞与城区之间，小城江阴惨遭磨难。江阴分会紧急征集医院救治伤员"②。为此，江阴分会组织设立了福音医院和临时医院，"除将重伤兵民设法送至福音医院外，其伤势较轻者，即于办事处前方组织临时医院，另行疗治"，两处医院共疗治伤民 3219 人，其中福音医院 204 人（男 189 人，女 15 人），临时医院 3015 人（兵 1865 人，民 1150 人）③。

南京的下关分会以及宝山分会、浦东三林塘分会等地方分会，虽然各自设立了临时医院，或者配有医护人员，但是它们或无力独立开展医院救治，或开展医院救治的时间较晚，在 9 月底或 10 月上旬才开始进行。相对战地其他分会而言，这些分会在医院救治方面的成绩，则较为有限。

（四）浙江地区分会的医院救治

浙江省各地方分会，虽组织救护医院较少，仅限杭州、嘉善及湖州等地，但同样取得了不小的成绩。如在 1924 年 9 月 17 日，即有伤兵 5 大船由长兴前线运至湖州，"已送南门福音医院第一治疗所，一面由红会派员招待"④。而嘉兴红会"近日办理救护，颇行忙碌，连日疗治伤兵，自上午七时至下午九时，均在二百人以上"⑤。另据远东通讯社 1924 年 10 月 6 日报道，"自石湖荡发生战事后，苏闽两军由前线运回杭州之伤兵，计二日下午用火车运回者有五百余人，三日上午用民船运回拱宸桥者有四百余人，三日下午运回者有二百余人，共计前后约有一千余人，悉数送往红十字会暨医院诊治"⑥。又如，10 月 14 日，"由枫泾

① 《莘庄红会之成绩》，《申报》1925 年 1 月 16 日。

② 江红：《博爱百年——纪念江阴红十字会建会一百周年》，《雪浪湖——江阴市红十字会 100 周年特刊》，江阴市红十字会、江阴市文学艺术联合会 2012 年编印，第 9 页。

③ 《中国红十字会江阴分会经过情形之报告》，许再思、钱保和编：《江阴战事记》，江阴商报馆 1925 年版，第 71 页。

④ 《江浙战争中各方杂讯·湖州》，《新闻报》1924 年 9 月 18 日。

⑤ 《江浙军事中各方杂讯·嘉兴》，《新闻报》1924 年 10 月 3 日。

⑥ 《连日运回杭州之伤兵》，《申报》1924 年 10 月 6 日。

开杭之客车有前方伤兵六七十人，分送各医院疗治"①。

不过需要指出的，凡是送到杭州、嘉兴等地的伤兵，并不都是由该地红十字分会所属的医院医治，其他医院也参与了伤兵救治。例如，红会嘉善分会的医院，由于只能容纳和收治200多名伤病员，而无法接收更多，所以就把后续送达的伤病员，转送"杭嘉驻枫医院及嘉兴福音医院代为治疗"②。

综上所述，在江浙战争救援活动中，医院救治至关重要。总会红十字医院及各地方分会所设之战时医院无不竭尽全力，救治伤兵达数千人之多，取得了令人瞩目的成绩，完成了所担负的人道使命，弘扬了救死扶伤的人道主义精神。

第三节　个案研究：无锡分会的医院救治

作为一个地方分会，无锡红十字分会在两次江浙战争的救援行动中，从救援筹备到战地救护再到医院救治，各方面表现都十分突出，着实令人称道。尤其是在医院救治方面，无锡分会表现出了较高的水平，可称是地方分会中医院救治的典范。下面将其作为典型个案，进行研究。

一、预作筹划　准备周详

面对一触即发的战争形势，无锡的地方士绅纷纷倡议组织中国红十字会无锡分会，并且在分会开会成立之前，组织临时医院的问题就已经被列入了议程。当时，由陈尔同、刘士敏等人发起了组织中国红十字会无锡分会的活动，赞成者有薛南溟、孙鹤卿、杨翰西、华艺珊、蔡兼三、高映川等百余人，假（借）光复门外大洋桥沿河瑞昶润茧栈设立分会。而在此时便已决定，借瑞昶润间壁长康里空地搭盖棚屋，筹设临时医院③，由此可见筹划之早。

1924年8月27日，无锡分会成立之后，行动更为迅速。分会成立当晚"各职员复讨论组织会所、办事处，进行医院、医队、看护场、留养所等，均已略有头绪。伤兵收容所已议决设在第三师范"④。28日，

① 《杭州快信》，《申报》1924年10月18日。
② 《地方通信》，《申报》1924年10月17日。
③ 《组织红十字会锡分会》，《新无锡》1924年8月26日。
④ 《中国红十字会无锡分会成立志》，《锡报》1924年8月28日。

分会分别致信医学研究会和普仁、大同、协济三家医院，指出："江浙风云日紧，所有组织医院医队等重要问题，不得不事先准备，以免临时仓皇"；并确定由此三家医院负责收容负伤军民，以普仁医院为第一临时代用医院，大同医院为第二临时代用医院，协济医院为第三临时代用医院。此外，送上预备药品及扩充临时病房等的津贴 100 元，同时要求各医院上报能够容纳的伤病员额数，以便于分配。而医院外救护所、治疗所及其治疗应用药品，则由医学会各西医担任。

8 月 30 日晚 7 时，无锡分会召集医学会会员开治疗会议，蒋哲卿理事长主席，李克乐理事亦出席与议，讨论治疗问题。决定第一代用医院（普仁）允予收容伤兵伤民 200 名，第二代用医院（大同）允予收容伤兵 60 名，而第三代用医院（协济）尚未约定。其后，会议决定了治疗处人员组成：甲组医长卫质文，医员朱缙卿、薛省庵、周仲尧、秦秉衡、史维达；乙组医长张季勉，医员许松泉、钱保华、陆陶庵、俞卓初、周磐士；甲、乙两组值夜员华缙伯[1]。

由上述可见，无锡分会对医院救治方面的工作始终高度重视，不但很早就开始筹备，而且能迅速联络各方，相互协调，对即将到来的医院救治行动中将会涉及的各个方面工作，都做了明确具体的计划与安排，这就为后续工作的顺利开展提供了重要条件。

战争爆发之初，并未有伤兵抵达无锡。但"附设救火联合会内之治疗处及指定第一、第二、第三等临时代用医院，因前线已经交绥，伤兵亦络绎过境，深恐苏、常等埠不能容纳后，势必在锡治疗，故也已积极布置"[2]。9 月 10 日，随着第一、第二救护队分别出发前往宜兴、昆山实施救护，才陆续有伤兵到达。于是，各治疗处和代用医院开始忙碌起来。

二、筹措经费　维持运转

众所周知，慈善组织在战争救济过程中所需要的经费与物资，往往十分巨大。红会无锡分会，从筹备兵灾救济伊始，在经费和物资方面，就感到捉襟见肘，入不敷出。于是，分会一开始是向红会总办事处求援，但是总办事处也自顾不暇、无力资助，而是要求无锡分会借助无锡

① 《红会办事处纪事》（四），《新无锡》1924 年 9 月 1 日
② 《红会办事会纪事》（九），《新无锡》1924 年 9 月 7 日。

人道的力量：中国红十字会救援江浙战争研究

地方绅商富贾较多的优势，就地解决经费和物资之困难①。显然，包括医院救治在内的各项经费与物资，只能靠无锡分会自己去想办法，否则，各项事业难以为继。

无锡分会的经费筹措，除了收取会员费之外，一是面向社会公开劝募。例如，1924年8月30日，无锡分会在报纸上刊登募捐广告："本分会仓猝成立，愿宏力薄，所有救济各事，诸赖各界赞襄。吾邑不乏乐善君子，倘蒙慷慨解囊，集腋成裘，本分会谨代蒙难黎庶九顿首以谢。"②由于无锡地方的经济和贸易向来繁荣发达，所以社会人士不但多抱有慈爱仁心，而且有能力捐款捐物，劝募成果因此颇为丰硕。二是向行业组织、商家富户劝募经费。例如，无锡分会向该地的钱业公会发出劝募请求函："自救护队分途出发，迭经救济伤兵难民来锡，分别疗治安置，惟艰于经济，供养为难"，于是钱业公会在1924年9月21日，募得同业同人捐助红会的经费洋325元。同理，米业商户在收到无锡分会的劝募函之后，也捐助"白米二十石，银洋十元"③。三是与旅沪同乡会等社会团队联系，也可以争取到一定的募集资金。例如，1924年9月16日，"孙、华、高三会长，蒋、陈两理事长又联名函致旅沪同乡周肇甫君云：……家乡因宜、昆两地战线接近，同人等照章组织中国红十字会无锡分会，并派救护、救济各队分向宜、昆两处出发，宜兴已有伤兵运锡，由敝会送入临时代用医院疗治，现因战事恐难速了，势非募集巨金，万难藏事。窃思尊甫京堂公生前对于地方种种善举提倡靡遗，并闻于数年前曾提存巨款，以备非常豪举。际此兵灾奇祸，如得执事首先发起，慨捐巨金，以疗治被难之兵民"④。四是另辟蹊径，向前来无锡分会妇孺收容所看望和慰问妇孺的人士，进行劝募，获得经费。"红十字会无锡分会办事处，近因留养救济出险妇孺各处所，连日往看人士络绎不绝，特规定取缔兼劝募办法。凡各界人士必欲至各处所慰问者，除红十字会佩有袖章各职员外，均须领有慰问券方可入内慰问，券由办事处编号盖章发行。凡经捐小洋两角，即赠慰问券一纸，此项捐款，全数收作红十字会经费"⑤。

上述这些办法所获得的经费和物资，对于医院救治来讲，是弥足珍

---

① 《红会消息汇志》，《锡报》1924年9月21日。
② 《中国红十字会无锡分会启事》，《新无锡》1924年8月30日。
③ 《红会消息汇志》，《锡报》1924年9月22日。
④ 《战云弥漫中之红会》（八），《新无锡》1924年9月16日。
⑤ 《红会消息汇志》，《锡报》1924年9月21日。

贵的，保障了救治的顺利进行。正是在经费有保障的基础上，无锡分会才能够多次派人或者托人，在上海采购医疗物资①。例如，9 月 17 日，无锡分会办事处一次性汇出 1000 元，用于采购药品及卫生材料②。

三、沟通各方　形成合力

无锡分会的医院救治，在以自身为主体的同时，注意与各方充分沟通，积极开展必要的协作，促进了医院救治活动的顺利开展。首先是接受红会总办事处的领导与指导，这方面无须赘言。其次，与军政官长沟通，获得必要的支持与配合。例如，与相关的军队首领联系，以便分会的医疗救护队能够获得深入战地进行救护，并运送伤病士兵到院进行治疗的许可证及安全保证。又如，与地方行政官员联系，以便能够利用一些地方公共资源，开办临时治疗所或临时医院，并且尽量争取获得一定的经费支持③。其三，与女界社会服务团、无锡协会等社会团体开展合作。例如，无锡的"女界社会服务团"系该地三师附属县立女师、荣氏女学、圣婴女学、德慧女学、竞志女学、济阳女学、振秀女子职业、志成女学等十校女教习及圣公会各女传道所组织，对于地方公益事宜，向来热心服务。1924 年 8 月 30 日，女界社会服务团致函红会无锡分会："贵会对于救护伤兵、收容妇孺早已定有办法。敝团能力虽薄，但事关社会安宁，苟力所及，颇愿追随贵会之后，协助种切。如关于看护等事，敝团当全体出席，以助义举，而尽天职"④。又如，无锡地方上的"无锡协会"，其会员蔡虎臣、周含茹、裴维琳、石清麟、华仲芬、冯天农等人，鉴于无锡分会已经组织成立了救护、治疗、掩埋等救济队伍，"一经出发，需人必多"，因此在 1924 年 9 月 3 日致函无锡分会，表示愿意"保送优秀会员若干人，同尽救护义务，实践互助主义"⑤。这些热心社会团队的仁心善举，获得了无锡分会的积极回应与肯定，形成了一股合力。

① 《红会办事处纪事》（七），《新无锡》1924 年 9 月 5 日。
② 《战云弥漫中之红会》（十），《新无锡》1924 年 9 月 18 日；《战云弥漫中之红会》（十一），《新无锡》1924 年 9 月 19 日。
③ 《战云弥漫中之红会》（八），《新无锡》1924 年 9 月 16 日。
④ 《女学界热心看护》，《新无锡》1924 年 8 月 31 日。
⑤ 《无锡协会会员热心救护》，《新无锡》1924 年 9 月 5 日。

四、分工明确　各司其职

在救护实践中，无锡分会治疗处与各临时代用医院有着明确分工。治疗处的工作是以临时救治为主，主要负责包扎等初步处理，之后根据伤病轻重，分别护送各代用医院，进行进一步治疗。

在三处代用医院中，也存在一定的分工。伤势较重的通常由普仁医院（第一临时代用医院）收治，而大同医院和协济医院则大都负责轻伤及一般受伤兵士。例如，9月12日上午10时，第一批宜兴伤兵由小轮拖带抵达无锡，其中轻伤之连长1名、兵士30名、船夫1名，送救火联合会内治疗所医治，其余30名则送普仁、协济两院治疗①。"红会治疗处及第一、第二、第三等临时代用医院各医士靡不尽力医治，悉心看护"②。

9月16日晚8时，救护队总队长孙蟾卿由宜兴运回伤兵12人，其中重伤5人送往普仁医院救治，其余伤势较轻者则送往协济医院治疗③。又如，18日，浏河方面前敌司令黄振魁致函送来伤病排长1名，伤及额门，势甚沉重，立即被抬送第一临时代用医院（普仁医院）治疗④。黄渡方面前敌司令宫邦铎致函无锡分会，于晚9时由昆锡客车送来前线伤病兵士3名，随即被送第二临时代用医院（大同医院）治疗。再如，第一救护队于9月24日晨5时从宜兴返锡时，携回伤病兵士共17名，当即分送各临时医院医治⑤。

此外，10月1日下午3时，自昆山运抵黄渡前线伤兵1名，即送协济医院治疗。6点半，红会第二救护队由昆山方面载回黄渡、方泰等处伤病官兵共69名，由救护队队长孙蟾卿押送回锡，内有1名因伤重中途病故，余下的68人中伤重者30余人、轻伤20余人，均经办事处"分别轻重"，发送医院，计重伤送入第一临时代用医院（普仁）者31人，轻伤送入第二代用医院（大同）者24人，送第三代用医院（协济）者13人⑥。截至10月8日，无锡分会已陆续7次接收黄渡伤兵，合计87人，

① 《宜兴伤兵运锡纪（一）》，《新无锡》1924年9月13日。
② 《宜兴伤兵运锡纪》（二），《新无锡》1924年9月14日。
③ 《宜兴伤兵二次运锡纪》，《新无锡》1924年9月17日。
④ 《黄渡伤兵运锡记》，《新无锡》1924年9月19日。
⑤ 《红会消息汇志》，《锡报》1924年9月25日。
⑥ 《红会驻昆救护队救护伤兵回锡》，《锡报》1924年10月2日。

都是根据伤情轻重，分别送往各院医治①。实际上，正是由于有了以上这些明确分工，才使得有限的医疗资源得到最有效的利用，发挥了最大效果。同时在伤员面临生死存亡之际，最大限度地争取和利用好宝贵的抢救时间，提高了救治的成功率。

五、依据规章　严格管理

无锡分会在第一次江浙战争期间救护和收容的伤兵合计近 200 人，都受到了良好的治疗。救护所及各临时医院都较好地发挥了作用，取得了令人满意的成果。而能够取得这样的成绩，显然是与分会在伤兵救治过程中依据规章、严格管理密切相关。

首先，分会在救治伤兵时，十分注意严格遵守红会总办事处的相关规定和红十字会的国际准则。

如有关伤兵入院事宜，分会办事处就向各临时代用医院院长发函，传达了总会的相关规定，即"救护伤病应于入院时登记姓名、籍贯、隶何军队、卸除号衣等"②，并要求各代用医院查照执行，以符定章。而在答复有关伤兵入院疗治应遵照何种规章的问题时，分会办事处明确指出："查伤病军士除入陆军医院疗养应照陆军定章办理外，由红十字会救护治疗当然依万国公法办理，以符博爱恤兵之旨，请即查照。至本会遣散时，自应另给凭证，藉别私逃，遣散后愿否领赏或迳行归农，本会概置不问，但送回军队一节，本会实不敢承认，以致重违公法也。"③

其次，在日常管理方面，分会也毫不马虎，制定的规章手续极为细致。譬如，红会临时治疗处（即院外临时救护所）的规章手续就涉及病状及处方药名书写规范、病志表的使用规定、临时治疗处的治疗标准及后期处置、因故缺席的处置办法以及服务时的着装要求等方面④，十分具体和细化，这无疑是非常难得的，也有助于治疗工作的更好进行。

无锡分会对于经费使用的相关规定非常细致。对住院伤兵每日的伙食标准都有着明确规定，即每名每日伙食大洋 2 角。共计普仁 400 元，规定伤兵 200 名，共计 10 日；大同 120 元，规定伤兵 60 名之 10 日伙食；协济 140 元，规定伤兵 70 名之 10 日伙食⑤。

---

① 《黄渡伤兵七次运锡记》，《新无锡》1924 年 10 月 9 日。
② 《战云弥漫中之红会》（八），《新无锡》1924 年 9 月 16 日。
③ 《战云弥漫中之红会》（九），《新无锡》1924 年 9 月 17 日。
④ 具体可见《红会治疗处会议纪事》，《新无锡》1924 年 9 月 9 日。
⑤ 《战云弥漫中之红会》（十），《新无锡》1924 年 9 月 18 日。

由于部分受伤兵士在住院治疗期间不知自检，多有无故出院、四处招摇等情况，无锡分会于是将总司令部军医院下发之病院规则转发各代用医院张贴，以便加强管理。该规则的相关规定如下："至于战时病院之设置及各慈善机关设立之医院，医治创伤关系尤重，设于坐卧行走不加检点，或因闲游而致劳乏，或因风雨而致感冒，皆于养伤有碍，大违卫生之道。嗣后各该病院养伤士兵，务须顾念本总司令体恤伤兵之至意，恪遵医官指挥，谨守各该医院规则，在院静养，不得无故外出，致伤身体而玷军誉。合行剀切告诫，一体遵照。"①

总之，无锡分会在医院救治的方方面面，做到了制度化管理，这样既能够确保和维护红十字会人道救助组织的性质与形象，又使医院救治事务在照章办事的同时提高了效率，还保障了医院内部的环境与秩序，特别是阻断了有些伤兵扰乱社会治安的可能性。同时，亦便于与伤兵所属的军队进行必要的沟通与联系，也有利于在战争结束时对剩余的伤兵进行遣返。

综上所述，充分的早期准备、有力的经费募集、多方的沟通协作、明确的分工、细致的制度规定、严格的执行等多种因素的综合作用，有效地汇聚了来自各方面的人道力量，为无锡分会医院救治活动的成功，提供了条件和保障。正是在这些因素的综合作用下，无锡分会成功救治了一大批伤病士兵，颇得伤兵赞誉，有留院伤兵 18 人，向大同医院赠"惠周袍泽"匾额一方，表达了对医院的感谢之意②。

此外，也正是在以上多种因素的综合作用下，无锡分会才能够留有一些余力对妇孺收容所等处难民进行日常的巡诊与医治。例如，从 1924 年 9 月 2 日开始，"红会办事处因各处留养妇孺中患病者颇多，特于昨日请定普仁医院谭述谟医士担任诊察职务，逐日往慧（惠）山蒋、施两祠诊治，并派本会医员徐元春君每日分上下午至酒仙殿、交际路、绸布公所、南禅寺、永泰隆等五留养处诊察病症"③。又如，该分会在两次江浙战争中，从战地救护出险并收容的难民极多，总数达万余人④；对于这些难民，无锡分会也给予常规的巡视看护，让伤病者医药无忧。

总而言之，医院救治不仅仅是指伤病治疗，还包括与之相关的其他

① 《红会消息汇志》，《锡报》1924 年 10 月 10 日。
② 《大同医院悬额志盛》，《新无锡》1924 年 11 月 4 日。
③ 《本邑红会丛闻》（九），《新无锡》1924 年 9 月 30 日。
④ 《发起遣散灾民协会》，《新无锡》1924 年 10 月 14 日；《孤城八日记》（八），《新无锡》1925 年 2 月 28 日。

各方面的工作。无锡分会在医院救治上的成绩，也不仅仅是救治了一大批伤病人员，还包括它为此而实行的组织管理方面的措施与经验。无锡分会也通过此次医院救治行动，锻炼和提高了自身的能力，红会组织也得到了发展。

小　结

医院救治，作为战争救援的重要组成部分，意义十分重大。在江浙战争中，红十字会当仁不让，成为医院救治工作的主导力量，尤其是总会在这方面更是居功至伟，在上海开设救护医院达 13 处之多，承担了医院救治的大部分工作。红十字总会派驻各地的救护队，也都成立了临时医院，全力救治伤兵和受伤民众。各地红十字分会亦根据实际情况，开设临时医院、救伤所、疗养院等救治机构，就近收治了大批伤兵，成为总会医院救治的重要补充，发挥了十分积极的作用，这其中以沪城分会所取得的成绩最为显著，江苏地区分会也取得了很大成绩。通过红十字总会和各级分会的不懈努力，各红十字医院救治了大批伤兵，拯救了大量生命，为江浙战争救援做出了巨大贡献，充分体现了红会救死扶伤的基本宗旨，彰显了人道主义精神，赢得了社会各界的广泛赞誉。同时，此次医院救治行动的开展，也使红会积累了许多宝贵经验，促进了红十字事业的发展，在中国红十字会历史上留下了光辉的一笔。

第五章　难民收容与救助

难民是人道灾难的直接受害者，难民收容与救助是红十字会人道救援的有机组成部分。在江浙战争期间，中国红十字会出于对难民的人道关怀，开办了大量难民收容所（包括妇孺收容所），收容和留养了大批无家可归的难民，使他们在悲苦无助之际得到救助和庇护，感受到人道关爱的温暖。

第一节　难民收容所的开办

战端一开，除直接造成大量士兵、平民伤亡外，对战区内的市镇乡村也造成了极大破坏。家园毁于战火，战区民众不得不背井离乡，流离失所，辗转躲避，以求生机。更有相当部分民众被困于战地，进退无路，欲出不得，欲避不能，状况尤为凄惨[1]。于是，大批难民扶老携幼，肩负背挑，相望于道，急待收容救助。

面对如此情形，中国红十字会总会和各地分会想方设法，筹措成立了一批难民收容所（包括妇孺收容所），对难民进行了多方面的人道救助。

一、总会开办的难民收容所

早在江浙局势日趋紧张之时，中国红十字会总办事处就已开始积极筹备救护及难民收容事宜。由于深知避难民众颠沛流离之苦，总办事处对开设收容所一事高度重视，"以筹设妇孺救济收容所为第一要事"[2]，"派队四出布置，于救伤收容妇孺等事，多所规划"[3]。

---

① 《嘉定旅沪同乡请开放城门》，《申报》1924 年 9 月 2 日。

② 《筹备救护》，《申报》1924 年 8 月 29 日。

③ 《红十字会之昨讯》，《申报》1924 年 9 月 2 日。

作为战区周边最大城市和全国的经济中心，上海势必成为难民最主要的聚集地。战争开始后不久，"长江班轮到沪，苏属各埠由镇江转乘江轮逃难来申之人民每日平均有一千二三百名。前数日以镇江等地者为多，今则多系澄锡虞及吴江等内地逃出者。各江轮进口无一不拥挤。日本人切实调查本埠租界内加增之江浙两地逃难人民总数将近五十万名云"①。不仅如此，沪南闵行班小轮因松江方面避难之人为数甚多，故用拖驳多艘专载闵松等处逃难民众，十分拥挤，共带拖船 7 只，尚不敷容纳②。不难想见，沪上聚集难民之多。

为救助难民，中国红十字会总办事处在上海市内及周边各处都开设了难民收容所。在闸北南市，总会分设临时避难所，收容无依难民，"并商准工部局，紧急时可以移入租界。闸北业已向太阳庙对面某大栈房商妥，可容二千人云"③。鉴于浏河前线战事"非常剧烈，附近乡民逃难至江湾者颇众"，总办事处还"特在江湾妇孺救济会留养院，设立妇孺收容所；并在游民工厂内，设立贫民收容所，以资救济"④。

红会总办事处派驻昆山、常州、浏河的三个救护总队，也分别与当地红十字分会合作，在当地开办了难民收容所或妇孺收容所。总办事处驻昆山救护总队，组织开办了妇孺收容所两处，一在察院前普育堂，由慈善团办理；一在大西门李宅，由市总董李君主持⑤。这两处妇孺收容所，皆是与昆山分会合办。天主教士陆伯鸿在第一次江浙战争期间成立的"红会第五疗养所驻松分所"，以及在第二次江浙战争期间成立的"红会第五疗养所"，均开办了难民收容所或妇孺收容所，以便予以相应的收容与救助。特别是在第二次江浙战争期间，该所在松江的赵宅、瞿宅、广育院、复盛碾米厂等处，共设立收容所 9 处⑥。

同时，在符合章程规定和慈善精神的前提下，红十字总会也与其他慈善机构协调，保护其建立的难民收容所。例如，红十字会允许沪城之南、北市的所有难民收容所，在迫不得已时可悬挂红会旗帜。截至 1924 年 10 月 13 日，沪城之南、北市，已有难民收容所 10 余处。其中，南市收容所为中华路之群□学、邑庙萃秀堂之豆业公会、小东门之泉漳会

①《难民到沪益多》，《申报》1924 年 9 月 9 日。
②《松江难民乘轮来沪之拥挤》，《申报》1924 年 10 月 6 日。
③《红十字会消息》，《申报》1924 年 9 月 27 日。
④《红会分设难民收容所》，《申报》1924 年 9 月 10 日。
⑤《昆山：红会成立后之情形》，《申报》1924 年 9 月 14 日。
⑥《（松江）红会救护松地灾民之一斑》，《申报》1925 年 1 月 5 日。

馆、西门外之京江公所、西门内之关帝庙；北市收容所为兆丰路之物华栈房、闸北大统路慈善团、闸北普善路总和栈房、普善路吴江会馆、北车站联义善会等10处①。

红十字总会还与军政当局沟通，请对难民收容所予以保护。在江浙大战爆发之前的8月28日，总办事处致电南京军方："本会兹因救护事宜，在无锡、苏州、昆山等处设立红十字分会，除救济外，并设立妇孺救济所，仰恳分饬各处前敌军队官长，按万国公法，妥为保护，勿许滋扰，以靖闾阎。"② 这样的致电，固然是从保护难民的角度出发的，但同时也向政府和军方等有关各方宣传了红十字人道精神。

二、分会设立的难民收容所

除总会开办的收容所之外，各地红十字分会也都积极行动起来，设立了大批收容所或临时安置所，全力展开难民的收容救助工作。

（一）沪埠及周边分会设立的难民收容所

如前文所述，上海作为最大的难民聚集地，难民人数众多，收容压力非常大。沪城分会作为上海本地分会，更是责无旁贷。为此，沪城分会很早就开始与沪埠有关社会团体或学校联系，商借其场地设施，开办难民收容所。9月6日，沪城分会在南市陆家浜施粥厂，设难民收容所，一切办理事宜均由慈善团凌伯华担任③。"该分会商准同仁辅元堂慈善团，俟必要时，以大南门外施粥厂等处为收容所，而陆家浜迦陵桥职业学校，亦在接洽之中"④。其后，又相继获得了城内肇嘉路药业公所、闸北聊益善会等团体的支持，得以在该处收容难民⑤。

吴淞分会的收容工作启动得也很早，还在筹备成立之时，即预定宁波商会四明公所为被难妇孺收容所⑥。

松江分会陆续开办的妇孺收容所共有7处：一是祭江亭，二是西区小学，三是朱立本宅，四是第三高小，五是第一高小，六是耿伯齐宅，

---

① 《红十字会昨讯》，《申报》1924年10月14日。注，这些收容所并非全是红会所办。
② 《筹备救护》，《申报》1924年8月29日。
③ 《救济声中红会与慈善团》，《新闻报》1924年9月7日。
④ 《沪城红会分会接洽收容所》，《申报》1924年9月6日。
⑤ 《沪城红会广救浏河难民》，《申报》1924年9月13日。
⑥ 《吴淞筹备红会之续讯》，《申报》1924年9月2日。

七是人和袜厂①。

嘉定分会在开成立大会时，就议决设妇孺救济院，李子梅、郁信卿等人为干事，连夫役人等在内，总计70余人，均能恪尽职守②。

莘庄红会，除本镇陈肇行本已设有收容所外，又于新桥、七宝两镇添设分办事处，设立收容所；其后不久，"因原有收容所人满，即于镇西□□纯宅、镇南杨□时宅、本镇陈花孙、孙翰青宅，设立暂时收容所，收留难民"③。

大场分会在正式成立之初后，旋即设立疗养院及收容妇孺暂留所。对于从战区救护出险到沪的难民，除愿自投亲友者之外，大多送至上海中国济生会收容所，及九路商界联合会与育伦善会所办之收容所留养；对于一时不能投奔他处者，则入该会暂留所并供给饮食④。

闵行分会成立后，当即议定组织救护、掩埋各队及疗养、收容等所，分别进行⑤。

青浦分会成立后，随即开设妇孺收容所两处：一是县立第一小学校，二是县立初级师范学校⑥，后又增设一处于明伦堂⑦。

昆山分会陆续自行组织设立妇孺收容所共9处。1924年9月初，分别在察院前普育堂、大西门内李迈君宅设妇孺收容所两处。不久，又在西塘小学添设第三收容所，主任是朱选贤，经费由分会支给；在后浜杜氏宗祠添设第四收容所，主任是朱志云，经费由朱、杜两君担负。10月初，鉴于收容所不敷容纳，在东塘俞凤宝宅添设第五妇孺收容所，在柴王街毕庆侯宅添设第六妇孺收容所。另外，还在蓬阆、菉葭两乡，经与该乡董绅商洽，在菉葭浜、蓬阆镇、花家桥又设立妇孺收容所，由本乡红会会员主任其事⑧。这样，昆山分会先后组织收容所9处，城内6处，城外3处⑨。

① 《松江：六日杂讯》，《申报》1924年9月8日；《松江：红会纪闻一束》，《申报》1924年9月13日；《江浙战事中各方杂讯·松江》，《新闻报》1924年9月16日；《申报》1924年9月23日。

② 《嘉定近况》，《申报》1924年9月27日；《嘉定：红十字分会成立》，《申报》1924年9月4日。

③ 《莘庄红会之成绩》，《申报》1925年1月16日。

④ 《大场红十字分会之救护情形》，《申报》1924年9月30日。

⑤ 《红十字会闵行分会成立》，《申报》1924年10月4日。

⑥ 《江浙战争中各方杂讯·青浦》，《新闻报》1924年9月7日。

⑦ 《（青浦）红十字分会之成绩》，《申报》1924年11月15日。

⑧ 《昆山红会办理之概况》，《申报》1924年10月4日。

⑨ 《昆山红十字分会之成绩》，《申报》1924年11月9日。

（二）江苏地区分会设立的难民收容所

除上述沪埠及周边地区分会之外，江苏地区的其他红十字分会也都各自设立了难民收容机构，对难民展开收容救助。

苏州作为苏军大后方，一旦开战，必将涌入大批难民。红会吴县分会对此早有准备，很早就发动会员及地方公益团体，积极筹备设立临时妇孺收容所，并派人外出募捐。各界经济虽穷，但仍尚踊跃捐输。随着战事日益激烈，吴县分会担心事态紧急恶化时，妇孺无法躲避，特商借学校、教堂及公共场所，组织成立临时收容所，共计 87 处，遍布苏州城厢内外各处①。

无锡分会同样积极组织妇孺安置所，共计成立 10 所。早在 1924 年 8 月底，就已指定救济妇孺安置所 3 处：第一安置所，学前街第三师范学校，所长陈毂芩；第二安置所，学前街县立乙种实验学校，所长邹同一；第三安置所，小娄巷底县立女子师范学校，所长诸希贤女士。并且，拟定继续设立更多安置所②。9 月初，无锡分会办事处决定把第四安置所设在连元街县立一高，所长孙克明；第五安置所设在苏家巷县立二高，所长辛柏森；第六安置所设在北禅寺巷代用女中，所长侯夏沐兰女士；第七安置所设在大王庙巷女子职业学校，所长吴干卿；第八安置所设在棋杆下荣氏女学，所长荣张浣芬女士；第九安置所设在崇安寺锡市第一初级小学，所长陶达三③。旋即，又添设第十妇孺安置所于东河头巷陈氏小学校，所长为陈湛如④。

无锡分会事无巨细，认真安排。专门召集各安置所所长开会讨论收容妇孺具体问题。议决以下几方面内容：（一）收容人数问题，收容妇孺共 1960 名，其中第一所 350 名、第二所 250 名、第三所 200 名、第四所 200 名、第五所 150 名、第六所 150 名、第七所 150 名、第八所 150 名、第九所 150 名、第十所 100 名。（二）卫兵问题，每处派 4 名，共计 42 名。（三）饮食问题，每日发给面包两次。（四）入所凭证问题，非至必要时，不必开所收容，须认为时机已迫，然后发给。此外，还临时决议各所应添辟后门，以防意外⑤。

---

① 《红会分组八十七妇孺收容所》，《申报》1924 年 9 月 14 日。
② 《红会办事处纪事》（二），《新无锡》1924 年 8 月 30 日。
③ 《红会办事处纪事》（四），《新无锡》1924 年 9 月 1 日。
④ 《红十字会消息汇志》（三），《锡报》1924 年 9 月 3 日
⑤ 《妇孺安置所所长会议纪》，《新无锡》1924 年 9 月 5 日。

无锡分会对妇孺安置所的管理十分重视，不但制定了相应的具体规定①，还因各安置所容留多数为妇孺，非有女监察员驻所接洽，殊多不便，因此聘请女监察员 10 余名，分赴各安置所实行监察②。如此细致入微的人道关怀，难能可贵。

第二次江浙战争爆发后，"无锡县红十字会恢复救济队，设收容所于乾甡、乾益、锦记等丝厂，无锡师范等处也收留遭难妇孺"③。无锡城内分会"即派本会正会员徐元春缒城出外，就瑞昶润栈房设立临时治疗所，又在乾甡丝厂组织收容所，即请徐元春为治疗所主任，葛菊人为收容所主任；城外分会亦在协济医院、清真寺、景德堂等处设立临时治疗所"④。

常州分会在战时分设妇孺收容所多处，如女子职业学校、女子师范学校等，均经分会与各校校长接洽妥帖，临时收容避难妇孺。鉴于常州城内外都是兵士，而有些兵士常常任意闯入各收容所，故该分会向驻在军队长官，请求禁止军士随意出入妇孺收容处⑤。

镇江分会于 1924 年 9 月 24 日召开全体会员大会，筹设妇孺收容所 4 处，以备不虞：其一，在润商学校，请李雁明主任；其二，在苦儿院，请包明叔主任；其三，在招商货栈，请王局长主任；其四，新河面粉公司及火柴厂合办一所。并且，每处筹办煤炭 10 吨、面粉 200 袋，以防万一，有备无患，系由杨贤臣、李□宇、魏彦起代借⑥。

江苏其他一些分会也都设立了收容所，如南京分会陆续开办了 10 多所妇孺收容所⑦，常熟分会在城厢内外设立妇孺收容所 5 处⑧，泗泾分会亦自办收容所⑨，等等。

（三）浙江地区分会设立的难民收容所

由于江浙战争主要发生在江苏南部及沪埠周边地区，战争对浙江的影响相对较小，但同样有部分难民急待救助。浙江各地分会也组织了妇孺收容所，以备接收难民。

人道的力量：中国红十字会救援江浙战争研究

① 《红十字会无锡分会消息汇志》（二），《锡报》1924 年 9 月 1 日。
② 《红会办事处纪事》（十），《新无锡》1924 年 9 月 8 日。
③ 肖宗汉遗稿：《一九二五年无锡围城记》，无锡市政协文史资料研究委员会编：《无锡文史资料》（第 12 辑），1985 年编印，第 11 页。
④ 《红会纠纷记》（一），《新无锡》1925 年 2 月 27 日。
⑤ 《红十字会之昨讯》，《申报》1924 年 9 月 2 日。
⑥ 《镇江：红十字分会开会纪要》，《申报》1924 年 9 月 27 日。
⑦ 《红十字会昨讯》，《申报》1924 年 9 月 29 日。
⑧ 《新闻报》1924 年 9 月 19 日。
⑨ 《泗泾镇组织红十字分会之经过》，《申报》1924 年 10 月 5 日。

杭州分会设立的收容所，有 32 处之多，主要是借用学校场地①。

嘉兴分会于 9 月 16 日开职员会议，到者甚众，决议筹设收容所 3 处：一在南偃纬成公司；一在北门柴场湾谦益布厂；一在西门内第二中校②。并且嘉兴分会还在城北的王江泾，筹备设立收容所，以资救济灾民③。

嘉善分会由议事会议决，先办妇孺收容所 7 处，分别在益善女校、一高女校、秉义学校、启东学校、三高男校、同昌盛藕行和宁绍公馆；推举闻荣升为输送队长，雇船 84 只，每所 12 只，以便届时输送难民之用④。

吴兴分会以城北海岛为第一妇孺救济会，城东浸会为第二妇孺救济会，报恩馆为第一收容所，甲商校为第二收容所，女师校为第三收容所，并与福音、吴兴、圜良等各医院，互订特约为红会临时治疗所，设备非常周到⑤。

收容所的纷设，为那些被炮火驱离家园的难民，尤其是最需要人道关怀的弱势群体妇孺，提供了避难之所、容足之地、栖身之"家"。

第二节　总会的难民收容与救助

在江浙战争的难民救助活动中，红十字会总办事处主要发挥了领导作用。一方面，通过了相关章程，对妇孺收容所各方面的工作做了明确规定，便于各分会遵照执行；另一方面，总办事处对各分会的难民救助行动进行协调和指导，并在必要时提供帮助。红十字会总办事处在开设难民收容所救助难民的过程中，还积极与其他社会团体合作，最大限度汇聚人道力量，以期取得最好的效果。

一、难民救助的组织领导

红会总办事处十分重视对各分会的协调和指导。战争开始之前，总办事处就要求江浙等地的分会，互相协同办理各项兵灾救济事务，并且以筹设妇孺救济收容所为第一要事⑥。比如，总办事处去电无锡、武进

① 《地方快信》，《申报》1924 年 9 月 11 日。
② 《江浙战事中各方杂讯·嘉兴》，《新闻报》1924 年 9 月 18 日。
③ 《嘉兴：红会组织收容所与出发救护》，《申报》1924 年 9 月 6 日。
④ 《江浙战事中各方杂讯·嘉善》，《新闻报》1924 年 9 月 12 日。
⑤ 《湖州红十字会近讯》，《新闻报》1925 年 2 月 8 日。
⑥ 《筹备救护》，《申报》1924 年 8 月 29 日。

两县的地方分会，嘱咐它们积极组建开办了多个妇孺收容所等救护机构，"以备地方男女避难之用"①。鉴于难民当中的大量妇孺，需要予以特别的照应和关爱，为确保难民收容工作的顺利进行，总办事处特制定《中国红十字会救济妇孺收容所简章》②。该章程对妇孺收容所的设置、饮食供应、日常管理、亲属认领等问题都做了明确规定，为各地分会收容所的开设和管理提供了依据和规范，有助于难民收容工作的顺利开展。

对于地方红会的求助，红会总办事处自然也是义不容辞，竭力帮办。比如应莘庄、泗泾等地分会的请求，协助其救助难民，并予以收容③。又如，1924 年 10 月 17 日晚 7 时 25 分吴淞发生大火，救火会竭力灌救，无奈灾区太广，分别扑救犹嫌不及，民众奔逃，哭声四起。红十字分会已收容数百人，然食物一时无从供给，为此来会请示办法。总办事处 19 日派队员 6 人，乘内河招商河安小轮，出发吴淞，营救难民。共救出 165 人，除自投亲属外，尚有无依者 9 人，送中国济生会，转送第九收容所安置④，20 日再派队员赴淞救济⑤。又如，在第二次江浙战争期间，江阴红会因经费紧张，向总办事处请求援助，总办事处随即决定同意"将应缴会员入会费半数银一千二百八十五元五角，即留拨分会（江阴分会）作为补助"⑥。

二、难民救助的基本环节

红会总办事处对难民救助的各个环节都进行了比较细心的安排。

一是转运：从 1924 年 10 月上旬至 10 月底，红会总办事处向闽南小轮公司协商，借得小轮 3 艘，每日驶往松江、闵行等各处，援救各战地男女避难人民，如无亲友者，即设法收容⑦。如 10 月 21 日，总会即从吴淞救得难民 300 余人，到沪后各自分投亲属，其无依者只有 7 人，送中国济生会收容所安置⑧，等等。先后救出难民千余人，除投奔亲友者

---

① 《筹备救护之消息》，《申报》1924 年 8 月 30 日。
② 《开战声中之红会救护·救济妇孺简章》，《新闻报》1924 年 9 月 4 日。
③ 《红十字会消息》，《申报》1924 年 10 月 12 日。
④ 《红十字会之救济》，《申报》1924 年 10 月 20 日。
⑤ 《过渡时期之沪埠观》（八）《救济难民与接济粮食》，《新闻报》1924 年 10 月 20 日。
⑥ 许再思、钱保和编：《江阴战事记》，江阴商报馆 1925 年版，第 30 页。
⑦ 《红会小轮运送闵行难民消息》，《申报》1924 年 10 月 13 日。
⑧ 《收束声中之慈善团与难民》，《新闻报》1924 年 10 月 23 日。《红十字会昨讯》，《申报》1924 年 10 月 22 日。

外，其余难民都送至中国济生会的收容所或松江旧提台署等处，予以收容。第二次江浙战争爆发后，1925 年 1 月 13 日，红会总办事处理事长庄得之，特派沈锦涛等人，雇乘小轮船一艘，用红十字会名义，出发前往苏州，接庄得之夫人等来沪，顺便救护伤兵难民①。该船至苏州城内，救出妇孺 311 人②。此后，又陆续派船至苏州，救护难民到沪，截至 1 月 27 日，共计 8 批次③。

二是救治：红会总办事处派驻昆山的第一救护总队、派驻常州的第二救护总队，其主要工作内容是从战地救护伤病之军民出险，并给予医疗救治；同时，协助昆山分会、常州分会进行难民收容，而昆山分会和常州分会予以收容的难民，达数千人④。有伤病者，给予及时救治，并妥为安置。

三是赈济：在第一次江浙战争结束后，红会总办事处积极赈济战区难民。1924 年 11 月底至 12 月上旬，派出放赈专员王锦城、徐乙藜两人，到陆家尖、陆洞浜、李居村、金家桥、施家浜及柏树桥、万泾桥、赵家桥、蔡家泾、凌项、赵屯桥等处，以及黄渡、方泰、马陆一带，实地考察民生疾苦，对于生计相当窘迫的兵灾难民，相应地发放衣服、米面、锅镬以及洋元⑤，并且"有病者为其诊治给药"⑥。

在难民救护中，总会在松江设立的疗养所甚为得力。自江浙开战以来，由天主教士陆伯鸿主持的上海新普育堂之松江分医院，改作中国红十字会第五疗养所驻松分所。在第一次江浙战争前后，开办两个多月，共"疗养战地伤兵达二千余名，收容避难妇孺计近九百口"⑦。其间，该分所不断派医生及看护夫役等多人前往疗治伤兵并救济松城一带妇孺难民，颇有应接不暇之感。后松江形势日趋紧急，因担心一旦战事逼近，收容之妇孺难民退路断绝，故决定将难民转运到沪安置。经驻沪办事员

---

① 《红会庄得之派小轮往苏救护》，《申报》1925 年 1 月 14 日；《红会救护之昨讯》，《申报》1925 年 1 月 16 日。

② 《红会救护之昨闻》，《申报》1925 年 1 月 17 日。

③ 《红十字会出发苏州救济》，《申报》1925 年 1 月 18 日；《红会救护难民之忙碌》，《申报》1925 年 1 月 28 日。

④ 其中，单是红会昆山分会收容的难民，就达 3546 人。参见《昆山红十字分会之成绩》，《申报》1924 年 11 月 9 日。

⑤ 《红会散赈之报告》，《申报》1924 年 12 月 5 日；《红会战地放赈之又一报告》，《申报》1924 年 12 月 9 日。

⑥ 《红会派员赴黄渡掩埋放赈之报告》，《申报》1924 年 12 月 10 日。

⑦ 《红会第五疗养所定期结束》，《申报》1924 年 11 月 5 日。

陆隐耕、吴章甫等人与沪上慈善家张效良、王一亭、张贤清等人商定，将妇孺难民逐日分批运送。10 月 3 日，第一批到沪妇孺难民有 130 人由大西路水木业收容所安插。4 日第二批到沪难民 150 人，5 日第三批 200 余人，6 日第四批 65 人，均由济生会安插于小沙渡及西门等处各收容所①。其后，又有大批难民陆续救济到沪避难。

在第二次江浙战争即将爆发之际，该所改组升格为"红会第五疗养所"②，又立刻重新开展兵灾救济，并"由董事陆伯鸿君委托周学文君为总干事，赴松组织第五疗养所第六救护队，救济灾民"③。该所于 1925 年 1 月 1 日在松江成立，"是日松城岌岌可危，灾民来所者，将近千人……次日晨陈军败退，来所者更形拥挤"，"三日内陆续送所灾民达三千余众，其未收容者，尚不知凡几"④。1 月 6 日，该所第六救护队，又在松江一带救护难民 740 名，妇孺居多数⑤。由此可见，该所救护难民颇为得力。

三、与其他社会团体协同合作

红十字会在救助难民的过程中，十分善于同其他社会团体合作，共同应对人道危机，也得到了其他社会团体的普遍支持。

（一）与白十字会的合作救助

开战之前，昆山县实业局主任潘鸣凤鉴于昆山因苏军蹂躏，十室九空，少数人前往上海，多数仍逃往北乡，诚恐战事爆发，玉石俱焚，特来沪赴中国红十字会请求派员赴昆，设法救济。红会告知此事已由中国济生会组织白十字会济生队从事办理⑥。

由于红十字会业已担负战地救护工作，而白十字会因不能在战地行动，故拟从事战后救济。中国济生会所组织之白十字济生队，因沪宁交通断绝，原定的宜兴、无锡、苏州、常州等处均不能前往，遂决定先赴南翔、浏河、大场等处设立收容所，用汽车运载被难妇孺来沪，借各公共机关暂行安插，并已向上海各机关及个人借用汽车数十辆从事运送。

① 《松江难民救济到沪》，《申报》1924 年 10 月 8 日。
② 《红十字会赴松救护》，《申报》1924 年 12 月 31 日。
③ 《红十字会第五疗养所募捐》，《申报》1925 年 1 月 4 日。
④ 《（松江）红会救护松地灾民之一斑》，《申报》1925 年 1 月 5 日。
⑤ 《红会救出多数松江难民》，《申报》1925 年 1 月 6 日。
⑥ 《江浙风云中各方杂讯·昆山》，《新闻报》1924 年 9 月 3 日。

后白十字会又准备在上海租界方面设立收容所多处，特向工部局申请特准①。此后，嘉定娄塘红十字分会救得难民 200 余人，9 月 17 日到沪，即由济生会第四留养所（新闸路大王庙）收容②。

（二）与商联会的合作救助难民

9 月初，各路商界总联会在民国路设立妇孺收容所，搭设芦棚，便已由红十字会送来难民 40 余人安插其中③。商联会还积极与红会闵行分会合作，营救收容了大量难民。如在 10 月 8 日，即派出救护主任吴仲裔会同闵行红会救出该处妇孺 50 余人。"内有妇女二人，甫经生产，当经该处留养并派医调治。并有第一救护队潘冬林、张贤芳、程桂初于清晨七时乘小轮出发持旗在闵行绕行一周，难民毕集，当协同红会救出该处妇孺十八人，于下午二时回所。第二批难民救护队专在南车站接受，又乐树滋诸君担任，约晚间有大批妇孺到所"④。该会在闵救护时深得闵行红十字分会会长乔念椿的帮助，并订定 10 月 9 日再次前往救护。

红会总办事处对其他社会团体的难民救助工作也提供了很多帮助。一是允许其他社会团体在必要时刻，可使用红会的标识，以利难民收容。比如，红会总办事处允许沪埠南、北市的所有难民收容所悬挂红会旗帜，以便"不得已时并即用红会旗帜。将难民运入租界，已得租界当局之许可"⑤。二是对其他社会团体送来的伤病难民进行医治，或是承担其他社会团体所开办难民所的卫生事宜。比如，"中国济生会设立各难民暂留所，其在英租界之第三、第四、第五、第七及灵学会第五暂留所，均由红十字会担任卫生事宜。每日由乐文照医生前往各暂留所视察一周，遇有传染病或重症，即分别送各医院医治"⑥。以上种种，均深得社会各界赞许。

第三节 分会的难民收容与救助

红十字会总办事处"以筹设妇孺救济收容所为第一要事"，竭尽全力救助难民。各地分会也纷纷响应，凭借先期开设的难民收容所、妇孺收容所等，积极展开难民收容与救助，发挥了各自应有的作用。

---

① 《红白十字会之救护》，《新闻报》1924 年 9 月 4 日。
② 《济生会救湖南妹信息》，《新闻报》1924 年 9 月 18 日。
③ 《商联会组设收容所之进行》，《新闻报》1924 年 9 月 9 日。
④ 《对于难民伤兵之救济》，《新闻报》1924 年 10 月 9 日。
⑤ 《红十字会昨讯》，《申报》1924 年 10 月 14 日。
⑥ 《红会担任各难民所卫生事宜》，《申报》1924 年 10 月 6 日。

作为江浙战争救援中的一支重要力量，沪城分会在积极从事战地救护、医院救护等工作的同时，在难民的收容救助方面也是成绩显著。不仅开设收容所对该会救护队从战地救护出险的难民，以及从别处自行逃难而来的难民，予以收容和救助；同时也积极与各社会团体合作，将部分难民转送至其他收容所安置。

1924年9月12日，沪城分会"特派会员乘长途汽车高悬红十字旗帜，驶赴浏河等处各战地，广收被灾男女老幼难民来沪，分送同仁辅元堂慈善团、大南门外施粥厂，并城内肇嘉路药业公所，以及闸北联益善会，分别安插。若该难民等对于沪上有亲友者，则准其自行往投"①。10月9日，该分会"在闵行救得难民五人，小孩一口，当即同车带至上海，送交煤炭公所灵学会所设之留养院收养"②。13日，该分会在南火车站守候运载难民，"救到松江等处之难民三车，均送留养所留养"③。

1924年12月底至1925年1月上旬，该分会每日派人到南火车站及南市各处巡逻，救护伤兵难民④，并予以收容和救助。

因江浙孙陈之间发生战事，松江居民纷纷逃往上海避难，唯沪杭火车每日仅开淞沪车两次，难民拥挤异常。交通阻断，人民逃生无路。在此情况下，沪城分会特派员前往松江调查，"如有难民或因交通断绝无可逃生者，拟向当局设法疏通或开专车以便居民出险"⑤。

1925年1月3日，该分会接到报告，"泗泾地方，适临战线，因此人民之逃难者甚多。昨日，因淞沪客车停驶，难民逃生无路，请为设法救济等语。该分会会长夏应堂、殷受田，即派员雇用小船往接，适值大雪，未能雇到，当即另雇汽车开往七宝，转道前往救护各难民出险"⑥。1月4日至5日，该会救护队队员前往莘庄救护伤兵难民⑦。凡救护到沪的难民，该分会即分别安置于各处收容所。

据统计，该分会在两次江浙战争期间，从战地救护出险的伤兵共计

---

① 《沪城红会广救浏河难民》，《申报》1924年9月13日。
② 《沪城红会救护队救得难民》，《申报》1924年10月10日。
③ 《沪城红会之救护消息》，《申报》1924年10月14日。
④ 《沪南红会救护队至南站待救难民》，《申报》1924年12月31日；《沪城红会救护之昨讯》，《申报》1925年1月14日；《红会昨日之救护讯》，《申报》1925年1月15日。
⑤ 《沪城红会助救松地难民出险》，《申报》1925年1月1日。
⑥ 《红分会救护泗泾难民》，《申报》1925年1月4日。
⑦ 《沪城红会设法救护伤兵》，《申报》1925年1月5日。

600 人左右，医院救治的伤兵共计 1400 人左右；从战地救护出险的难民则数以千计，具体情况已详前文。这些人员均得到妥善的收容、救助或治疗。

在松江地区，活跃着多支救护或收容机构：红会沪城分会赴松江的救护队，耶稣教步长老等人设立于天恩堂、乐恩堂、图书馆等处的妇孺收容所，天主教士陆伯鸿主持成立的红会第五疗养所驻松分所，等等。松江分会作为松江地区一支重要的救护机构，开办了 7 个妇孺收容所，收容难民数以千计。此外，"救济妇孺送上海济生会收容者，有四百余名"①。第二次江浙战争期间，松江各界继续开办收容所，江苏省第三中学校即与松江红十字分会联络设中国红十字会松江分会第二收容所，收妇孺 1200 余人，后又设避难儿童学校于收容所内②。

由松江泗泾镇绅商各界筹备的红会泗泾分会，于 1924 年 9 月底成立，也组建了难民收容所、妇孺收容所③，并且"雇定民船十四，编制号数，专为青松一带及本镇避难人民之用，业已出发救护，每日必有数十人"④。9 月 29 日，有昆山难民 59 人到泗，随即入收容所，并与青浦红会接洽，商定"凡有青浦难民到泗，由泗泾分会供给膳宿，并派救护员备船护送至沪。连日已有数起"⑤。

莘庄分会成立于 1924 年 10 月 8 日，时间相对较晚，第一次江浙战争已接近尾声，所以该分会的活动主要集中在第二次江浙战争期间。但在此之前，莘庄分会就已经开始收容运送难民。10 月 11 日，马桥沙江开火，"男女难民，充塞道途，由办事诸公，出面一一收容，数达千余人。安置于祖师堂收容所，并供给膳宿"⑥。10 月中旬，分会又以民船 3 只救运难民赴沪⑦。总之，战区中的莘庄分会，竭尽全力收容难民。

第二次江浙战争爆发后，莘庄分会立即做出反应，"月初孙陈开战后，中国红十字会莘庄分会会长金石声君，立即召集理事员，开理事会，筹议救护收容事宜。除本镇暨颛桥、陈家行本已设有收容所外，又于新桥、七宝两镇添设分办事处，设立收容所。陈军溃退时，乡镇居民

---

① 《（松江）红会医院之结束》，《申报》1924 年 12 月 1 日。
② 《省立三中设避难儿童学校》，《申报》1925 年 2 月 2 日。
③ 《松江：红十字会泗泾分会成立》，《申报》1924 年 9 月 28 日。
④ 《泗泾镇组织红十字分会之经过》，《申报》1924 年 10 月 5 日。
⑤ 《泗泾红十字分会救护难民》，《申报》1924 年 10 月 8 日。
⑥ 《莘庄红会办理善事之经过》，《申报》1924 年 11 月 7 日。
⑦ 《救济兵民之消息》，《申报》1924 年 10 月 15 日。

之被救出险者，有数千人之多，贫苦者日供一粥两饭，因之颂声载道……大队孙军，三路突至，因之扶老携幼，肩挑背负，纷纷逃避。金会长目击斯情，心殊不忍，因原有收容所人满，即于镇西□□纯宅、镇南杨□时宅、本镇陈花孙、孙翰青宅，设立暂时收容所，收留难民"①。该分会下属的"七宝分事务所"，成立于1925年1月4日②。它在收容难民方面，也取得了很大成绩。"七宝自红十字会事务所成立后，当即与天主堂救护团出发救护。第一日救出灾民五百余人，送至土山湾，经朱相公设所收容。第二日救出灾民一千三百余人，仍送土山湾收容所"③。由上述可见，莘庄分会及其下属办事处在第二次江浙战争中收容救助了大批难民，取得了令人瞩目的成绩。

大场分会于1924年9月1日成立后，当即组织救护队，设立疗养院和收容妇孺暂留所。截至9月30日，该分会从战地救护出险的难民有500多人，"内有三百余人无路可投，由会送至上海中国济生会收容所，及九路商界联合会与育伦善会所办之收容所留养，其余愿自投亲友，而一时不克前往者，则入该会暂留所，由会供给馈粥，并将济生会饼干充饥"④。迨至10月5日，该分会救出的难民总数，迅速攀升至四五千人⑤。其中，除送至沪埠各收容所予以安置，或自寻出路之外，有相当一部分难民由该分会自行收容救助，并且该分会还前往松江一带进行救济。

青浦临近战线，"一般火线附近之居民纷纷逃避，扶老携幼，困苦颠连不堪言喻"⑥，因而青浦分会曾多次载运难民赴沪避难。如9月27日，即有"青浦避难妇孺四十名，由红十字会青浦分会，备舟派员伴同载送上海，除寄居亲戚外，均送在兆丰路至圣善院内青浦旅沪难民收容所留养"⑦。该分会在第一次江浙战争期间，"计收容妇孺二千三百七十二人，佘山三百二十七人，送往上海至圣善院三百八十二人，吴县分会

---

① 《莘庄红会之成绩》，《申报》1925年1月16日。
② 《莘庄红会七宝分事务所成立》，《申报》1925年1月7日。
③ 《七宝红十字会救护灾民情形》，《申报》1925年1月10日。需要说明的是，此报道中另一批被救的难民，即所谓"救出灾民五百余人"，乃是天主教堂派夫役神甫等人所救；另可参见《七宝难民狼狈来沪》，《申报》1925年1月8日。
④ 《大场红十字分会之救护情形》，《申报》1924年9月30日。
⑤ 《大场红会之救济讯》，《申报》1924年10月5日。
⑥ 《青浦》，《申报》1924年9月23日。
⑦ 《青浦红会之救济难民》，《申报》1924年9月27日。

九十九人"①，合计收容和安置难民3180人。

嘉定分会在1924年9月3日成立之初，即议定设立疗养院、妇孺救济院等机构②。由于嘉定全县及周边地区受到战争损害较为严重，难民人数也较多，所以该分会持续不断运送难民至上海避难。如在9月30日，该分会雇大驳船一艘，载运嘉定附近的方泰、外冈、马陆、黄塘等地难民280余人，送至沪埠收容③。另外，嘉定县第一区教育委员朱鼎六，鉴于嘉定县陆家巷镇处两军交战之地，该地居民遭难者甚多，"特请由中国红十字会发给护照，雇船救济"；自9月13日至9月30日，"连接往来三次，共计救出难民八百余人。至无家可归者，有一百二十余人。朱君分送亲友家护养，其经费悉由朱君供给"④。据统计，该分会从战地救护并送至上海避难的难民，总数达万余人⑤。

嘉定红十字分会还与嘉定同乡维持会和红会沪城分会合作，雇用码头船驶往嘉定，接运留嘉难民。第一批10只大船载难民千余人，由同乡会招待员10人前往照料。而青浦苏军有向红十字会射击之举，于是后批不得遣发。留嘉未得救出之难民，嘉定同乡会用募得之捐款置办面粉100袋送往接济。并且，嘉定分会以该地米粮不给，故特派员来沪采办面包、药品等物，一面请白十字会设法放船前往，救济难民。而后又由嘉定红十字分会送来难民约200人，已由白十字会安置于暂留所。又白十字会济生队9月7日到罗店救济难民一二百人，暂留于大场红十字分会，编定号数，而后由同乡会派车接至斜桥永锡堂该会暂留所安置⑥。

昆山分会成立于1924年9月1日，起初开办妇孺收容所两处，一在大西门内市总董李迈君宅，一在察院前普育堂，由慈善团办理⑦。战端一开，随即开始收容妇孺，及至9月11日，"收容妇孺已有一百余人"⑧。17日至23日，昆山分会到安亭救护该地难民，就地收容妇孺400多人。安亭一带战火弥漫，这批难民亟须转移。在南京美国红十字

---

① 《（青浦）红十字分会之成绩》，《申报》1924年11月15日。

② 《嘉定：红十字分会成立》，《申报》1924年9月4日。

③ 《西乡难民过淞到沪》，《申报》1924年10月1日。

④ 《嘉定朱鼎六嘉惠难民》，《申报》1924年10月1日。

⑤ 池子华、郝如一等：《近代江苏红十字运动（1904—1949）》，安徽人民出版社2007年版，第105页。

⑥ 《救济声中之难民与伤兵》，《新闻报》1924年9月9日。

⑦ 《江浙战事中各方杂讯·昆山》，《新闻报》1924年9月14日。

⑧ 《昆山近况之红会函》，《申报》1924年9月11日。

会救济队的帮助下，其中的 133 人被转移至昆山分会的昆山西塘小学校内第三妇孺收容所；其后不久，又在红会无锡分会救济队的帮助下，将240 人转移至无锡收容所安置①。

9 月 26 日，昆山分会第一、第二收容所已救得难民 200 余人，以城厢居民为多。因县境安亭以东为战地要冲，极为危险，昆山红会赶往该地救获妇孺 130 余人。因难民众多，红会在西塘小学校、后浜杜氏宗祠分别设立了第三、第四收容所。第三所，由朱选贤主任，经费由分会支给；第四所，由朱志云主任，"经费由朱、杜两君担负"②。随后，昆山分会的收容所又收容望仙桥、方泰、钱盆塘一带妇孺 120 余人，截至 9 月 27 日，该分会已收容妇孺 250 多人③。

昆山分会鉴于已有的妇孺收容所不敷容纳，于是陆续增设收容所，又借东塘俞凤宝宅，添设第五妇孺收容所；借柴王街毕庆侯宅，添设第六妇孺收容所。收容妇孺的数量亦迅速增加，至 10 月 4 日，"已收容者达千人以上，均从白鹤江、蒋浦、赵屯桥、安亭、黄渡、外冈、望仙桥、方泰战线中救护出险。流离悲惨之状，令人目不忍睹。红会亟赴苏垣购备棉被棉衣，酌量发给，并由总会救护队医士轮流检视疾病……治疗所中乡民被流弹所伤者居多，避难孕妇入院养护者，亦有数人"④。其后，分会又与当地乡董、士绅洽商，在蓬阆、菉葭浜、花家桥设立妇孺收容所，由当地红会会员主任其事⑤。

据统计，昆山分会在第一次江浙战争时期，持续收容救济难民两月有余，先后组织收容所 9 处，计蓬阆、菉葭、花家桥 3 处，城内 6 处，合计收容妇孺 4862 人。其中转送后方常熟、吴县等地安置者 1316 人，余者则留养本地⑥。

第一次江浙战争结束后，昆山分会协助江苏赈务处散赈当地难民。据 11 月 21 日的《申报》报道，"江苏赈务处，昨十九日运来大宗棉衣棉被，委托驻昆红会难民救济会内部主任鲁仕清君，代为分发。鲁君特请教友数人相助，亲往各灾区，实地调查，务使真苦灾民，实沾其惠，

---

① 《昆山：红会救济疗伤之忙碌》，《申报》1924 年 9 月 23 日。截至 9 月 27 日，无锡分会将安亭一带妇孺 300 余人转移至无锡收容所。另参见《昆山红会之救济妇孺》，《申报》1924 年 9 月 27 日。

② 《昆山红会之救济妇孺》，《申报》1924 年 9 月 27 日。

③ 《昆山红会之救济妇孺》，《申报》1924 年 9 月 27 日。

④ 《昆山红会办理之概况》，《申报》1924 年 10 月 4 日。

⑤ 《昆山红会办理之概况》，《申报》1924 年 10 月 4 日。

⑥ 《昆山红十字分会之成绩》，《申报》1924 年 11 月 9 日。

不肯假托乡董地保代办，盖恐有徇情之弊"①。

值得一提的是，美国红十字会救济队②与红十字会昆山分会密切合作，接运大批难民。"救济队司徒诸君，不避危险，分往前线，救护被难妇孺，不遗余力。当得知昆山地面的收容所已近人满为患、拥挤不堪时，遂与昆山、太仓两地的红会分会职员，奔赴常熟与赵县长、张会长商定谈妥，决定在该地设立后方妇孺收容所，并借汽船一艘，为输送妇孺所需"③。后昆山蓬阆镇因畏祸避难，扶老携幼到镇者不下数千人④。镇上容纳有限，大有人满为患之势，故由临时妇孺收容所主任邵汝干前往中国红十字会昆山分会接洽，美国红十字会救济队又于10月9日派毕范宇（译音）博士驶汽船到镇引渡难民计五六百人，开赴太仓、常熟、苏州等处安置⑤。

二、江苏地区分会的难民收容与救助

无锡分会于1924年8月底成立后，当即筹备并组建妇孺安置所，陆续开办的妇孺安置所合计有10处，并与当地热心公益的慈善人士（乡绅、商家等）协作，共同办理难民妇孺的收容事务。

9月18日，分会第一救济队从安亭镇运回妇孺150余人⑥，此外还救出昆山等地的难民若干，合计难民213名⑦。这些难民在深夜被运至无锡后，"当由办事处令往无锡饭店及新世界旅社两处休息，并分给晚餐。当夜即宿于该两旅社，至昨日（9月19日——引者注）上午始由办事处将男女分别收容，计蒋哲卿君收容一百十四名，孙应高君收容六十七名，钱道士（东垾人）收容十五人，杨四箴君收容四名，余给护照往申者悉为壮年男子，避难妇女中且有产妇沈赵氏一口，姚村人，娩后甫十余天也，现由办事处函送普仁医院为之调养"⑧。

9月20日，救济队从宜兴运回难民50人，抵达无锡。"其中有朱阿三两人已往北水关桥亲戚处，周根林一名已往东亭访友外，其余则由孙

① 《（昆山）红会调查受冻灾民》，《申报》1924年11月21日。
② 这里的"美国红十字会救济队"是指总办事处位于上海的"美国红十字会"所派出的救护机构。原"美国红十字会"（即美国红十字会的南京分会）；后解散重组，改称中国红十字会难民救济会。
③ 《昆山红会办理之概况》，《申报》1924年10月4日。
④ 《〈申报〉上的常熟》（上册），常熟市地方志编纂委员会办公室2004年编印，第706页。
⑤ 《美红会救护队莅蓬阆》，《申报》1924年10月12日。
⑥ 《战云弥漫中之红会》（十一），《新无锡》1924年9月19日。
⑦ 《战云弥漫中之红会》（十二），《新无锡》1924年9月20日。
⑧ 《战云弥漫中之红会》（十二），《新无锡》1924年9月20日。

应高君收容于万前路九间头内"①。当天晚上11时,"宜兴方面又运回避难男子十七人,由瑞昶润堆栈收容于梁溪路红会卫兵营;女子三十七名,由陈尔同君个人收容于万前路孙姓房屋。安亭方面又运回避难男女六十三名,孙鹤卿君个人收容于东门外酒仙殿内"②。

9月25日深夜,"第一救济队队长蒋仲良会同调查队队长龚葆诚率领队员等由太仓陆渡桥等处救回避难妇孺三百四十二人,分坐民船由新裕福拖带来锡。当经办事处分别招待于无锡饭店及新世界两处,暂宿一宵;八点钟晨餐后,即由蒋理事长(哲卿)命利通轮拖载一百三十六人,运至惠山安插,此一百三十六人中,五十名归施襄臣君募集经费,留养于施氏宗祠,八十六名由戴鹿岑、荣广明昆仲诸君担任留养于蒋氏宗祠。其余二百〇六人,一百名由许协泰昌全昌陈仲记陆右丰瑞源盛等五号号主等共同出资留养于酒仙殿内,一百〇三名仍系孙鹤卿君担任留养于酒仙殿内,尚有王邹氏携有男女孩各一名,母家系吾邑后宅邹茂如君之同族,适邹君在锡,当由邹君携带赴乡居住"③。

9月28日,第二救济队张公威等赴安亭救济难民,"由方泰等处救回难民二百数十人,内有二百名送至南禅寺,归溥仁慈善会留养,余归南里同人担任留养,即以永泰隆茧行为留养所"④。

次日,第三救济队队长方文卿率队赴太仓救济难民,救回避难妇孺84人,办事处据报,指定无锡饭店权为难民安置一夜,早晨即分别"归绸业、协成永、唐瑞成、世泰盛、丁双盛、九懋纶、丁源盛等七家所担任,安置南尖绸缎公所"⑤。

10月4日,第三救济队又从安亭、太仓等处救回难民240余名。"到锡后即由蒋理事长(哲卿)分别派往黄坭桥段米业留养八十名,在酒仙殿内北塘三里桥段米业留养八十名,在府城隍庙西廊楼蔡兼三君留养九十六名,在府城隍庙东廊楼"⑥。

10月7日,该会调查队队长龚葆诚等人由旧青浦地方救回难民98人。"由公济社留养于惠山香花桥下李忠定祠内,该社职员蓝仲、李蔼士、邓锡钧、龚镕范等诸君均在该祠和照料一切"⑦。

---

① 《战云弥漫中之红会》(十三),《新无锡》1924年9月21日。
② 《战云弥漫中之红会》(十三),《新无锡》1924年9月21日。
③ 《红会消息汇志》,《锡报》1924年9月26日。
④ 《红会消息汇志》,《锡报》1924年9月29日。
⑤ 《本邑红会丛闻》(九),《新无锡》1924年9月30日。
⑥ 《红会新消息》,《新无锡》1924年10月5日。这一批难民总数应为256人。
⑦ 《红会新消息》,《新无锡》1924年10月8日。

10 月 10 日，第一救济队在方泰、白鹤港等处救回难民约有 200 人。"除有数十人转赴苏州找寻亲戚外，内一百人送延圣殿留养（内五十人由陶锡侯担任，五十人由米业王定安、布业李砚臣担任），五十人送广勤纱厂同人留养"①。

综上所述，无锡分会在第一次江浙战争期间从战地救护难民出险至无锡，其总数合计约 2000 余人，均得到妥善安置和收容②。

第二次江浙战争爆发后，本已解散的无锡分会立刻恢复机构，组织队伍，开展兵灾救济。"救活伤兵难民不少，身受其惠者莫不感之"③。据统计，无锡分会与上海中国济生会白十字队联合办理本次兵灾救济事务，救出妇孺 8000 余人，"分别收容于乾牲丝厂、豫康纱厂、泰隆面粉厂、仁昌丝厂等处"，随后即分批送往上海、湖州、荡口、常熟等地④。

由上述可见，无锡地区难民收容救助，除红十字会所开设收容所外，地方士绅、商户、善堂等都十分踊跃，纷纷以私资留养战地避难妇孺，这一情况贯穿整个难民收容的始终，而且通过私资留养的难民人数相当可观。这一方面体现了无锡地区具有良好的慈善传统，也说明无锡具有较好的经济基础。

无锡分会因收容难民众多，经费难以为继，多次向社会广为劝募。无锡旅沪同乡会出力最大，前后募集共计 2000 元⑤。其他社团、商户、工厂、学校及民众个人等等，也无不尽心竭力，广为募捐，筹集了大笔款项及物资，为难民收容救助提供了坚实的物质基础。此外，包括女学界在内的很多社会团体，也都提供了力所能及的帮助⑥。总之，无锡社会各界各尽所能，积极参与，成为难民救助行动中不可缺少的重要力量。他们不但收容了大批难民，还为红会提供了经费和物质上的支持，极大地减轻了红会的压力。在这样的合力之下，无锡分会顺利完成了难民收容救助任务。

南京分会借用省立第一女子师范学校第二宿舍等处场所，开办妇孺收容所⑦，先后共设 11 处⑧，收容该分会从战地救护来宁或者其他社会

---

① 《红会新消息》，《新无锡》1924 年 10 月 11 日。

② 《发起遣散灾民协会》，《新无锡》1924 年 10 月 14 日。

③ 《红会纠纷记》（一），《新无锡》1925 年 2 月 27 日。

④ 《孤城八日记》（八），《新无锡》1925 年 2 月 28 日。

⑤ 《红会新消息》，《新无锡》1924 年 10 月 12 日。

⑥ 《红会消息汇志》，《锡报》1924 年 10 月 11 日。

⑦ 《南京快信》，《申报》1924 年 9 月 11 日。

⑧ 《红十字会昨讯》，《申报》1924 年 9 月 29 日。

团体转送至宁的难民，人数合计达千余人。此外，该分会在第一次江浙战争后，多次赈济难民。比如，鉴于 12 月天气变冷，不少难民缺乏御寒衣服，于是该分会再次"续募棉衣千余套，分装十大箱，派难民救济会干事鲁士清，于三日下午车进宜兴散放"①。

在第二次江浙战争中，江阴分会大力开展难民的收容救助工作。战事在江阴附近打响后，江阴分会迅速行动，先后组织妇孺收容所 10 余处，又在分会会所、观音寺巷吴荔青宅、高巷内华澄西厂等处设立 8 个临时收容所。仅在分会会所就收容妇孺难民达 4000 余人②。据江阴分会在《电总处报告战后情形》中称，在整个第二次江浙战争期间，分会共组织妇孺收容所 20 余处，收容 5 万余名③，成效极为显著。

此外，镇江分会、震泽分会、南汇分会、闵行分会、宝山分会、娄塘分会、罗店分会、安亭分会等地方分会，也纷纷开办难民收容所或妇孺收容所，积极救助难民；或者把难民安置在自己所设的收容所，或是在自身力所不及的情况下，把难民转送至其他社会团体开办的收容所，或者把难民送到相对安全的地方（比如上海、南通、崇明、镇江、常州、无锡等地）④。它们各自所收容和救护的难民妇孺，亦数以千计。值得一提的是，宝山分会为缓解贫穷难民的日常生计，开办了"平米局"，平价出售大米给难民⑤。吴县分会收容救助难民的具体情况，下文将进行专门论述。

三、浙江地区分会的难民收容与救助

浙江的红十字分会中，实际参与本次兵灾救济事务的分会，为数并不多，这主要是因为浙江省大部并非战区，地方上遭受的战争损害，总体上较轻，远不如江苏省地方上那么严重。就难民救助这方面工作来看，杭州分会、嘉兴分会、嘉善分会、湖州分会、吴兴分会等几个地方

---

① 《南京快信》，《申报》1924 年 12 月 5 日。

② 《函报本办事处及收容所被炮毁坏请转省赔偿》，许再思、钱保和编：《江阴战事记》，江阴商报馆 1925 年版，第 25 页。

③ 许再思、钱保和编：《江阴战事记》，江阴商报馆 1925 年版，第 24—25 页。

④ 《红十字会之昨讯》，《申报》1924 年 9 月 2 日；《镇江：红十字分会开会纪要》，《申报》1924 年 9 月 27 日；《震泽红十字分会公电》，《申报》1924 年 9 月 3 日；《南汇组织红十字分会》，《申报》1924 年 10 月 8 日；《红十字会闵行分会成立》，《申报》1924 年 10 月 4 日；《宝山红十字分会开会》，《申报》1924 年 10 月 13 日；《罗店红会雇船救济难民》，《申报》1924 年 9 月 22 日；《救济安亭避难人民消息》，《申报》1924 年 9 月 22 日。

⑤ 《宝山红会附设平米局》，《申报》1924 年 11 月 3 日。

分会，都陆续开办了一些难民收容所或安置所，对难民进行收容救助，发挥了积极作用。

综上，我们可以看出，中国红十字会总会（总办事处）与地方分会，在兵灾救济的具体事务上各有侧重：总会（总办事处）一方面在兵灾救济的各项事务上发挥其领导作用，另一方面主要侧重于战地救护、医院救治，同时兼顾难民救助等事务；地方分会则主要侧重于难民救助等事务，同时力所能及地兼顾战地救护、医院救治。这种分工上的各有侧重，起到了扬长补短、互相协作的作用。

特别需要指出的是，江浙战争期间，闸北慈善团蓝十字会、中国济生会（白十字会）、红卍字会、灵学会、新闸九路商联会、各地同乡会及基督教团体等一大批其他社会团体都积极投入难民的收容与救助活动中，这些社会团体开办了大批收容所或暂留所，收容安置了大量由红会自战区各处营救出险的难民，无疑极大地缓解了红十字会所担负的压力，成为难民救助的一支重要力量。这些团体与红会通力合作，分工各有侧重，对中国红十字会的人道救援多有裨益。

第四节　吴县分会难民收容与救助的个案分析

中国红十字会吴县分会在江浙战争中对难民的收容救助，从组织建立、场所准备、经费物资准备等方面表现突出，尤其在场所设立方面，表现出较高水平，可称是地方分会中难民人道关怀救助的典型。

一、重组分会以应危局

在江浙战争即将爆发之际，战争救护的各项准备工作迫在眉睫，提上日程。于是，苏州红十字分会在人道救援的呼声中再次走向历史前台。1920 年 7 月 15 日，吴县地方士绅请成立吴县红十字会，根据《中国红十字会通则》规定，需满红十字会会员 30 人以上者得立红十字分会，分会未成立前应称红十字会筹备处。遵照这一规定，1920 年成立了中国红十字会吴县分会筹备处。至 1924 年 9 月，吴县分会在张仲仁、宋铭勋等地方绅士倡导下得以成立，并进行第一次议事员选举，选出议事员 24 人后，即于次日先选正、副议长。结果，宋绩成（铭勋）当选为正议长，季小松当选为副议长。遂公推宋议长主席，开会讨论选举理事人数问题。当经公决，除正会长 1 人、副会长 2 人外，应另选理事长 1

人、理事 4 人、资产委员 3 人，迨通过后，即依次逐一选出①。次日推举贝哉安为会长，潘子义、潘起鹏（振霄）为副会长，宋铭勋为议长，季小松（厚柏）为副议长，钱鼎（梓楚、子楚）为理事长，吴问潮、吴靖澜等为理事。重组之后，17 日吴县分会派副会长潘振霄、议事长宋铭勋前往上海，向中国红十字会总办事处汇报改选情况②。分会办事处设在王废基公园图书馆③，负责苏州及毗邻战区的救护活动。

此外，吴县下属的芦墟、太湖西山、太湖东山等乡镇，也成立了一些小规模的红会分会。例如，1924 年 9 月 2 日，在吴县洞庭东山旅沪各同乡的筹措和支持下，成立了红会东山分会，"集合热心同乡士绅严秋庚、席侍丰、施谱薰、席雨荪、朱馥堂、沈闻书、朱霭堂、金来生、严均安、张雨之、叶伯良等三十余人，集议组织办法。当经推定施君为正会长、周君为副会长、严君为会计。次由各同乡书认开办费，一时议定有三千余金，当即议定购办应用物件，回山积极进行。上海办事处，设在英大马路逢吉里本山浚河事务所"④。又如，1924 年 9 月初，在吴县洞庭西山旅沪各同乡的筹措和支持下，红会西山分会也得以成立，会员 30 人，举定夏春樵为正会长，沈培增、沈薇卿为副会长，徐霁生为理事长⑤。再如，"芦墟士绅，因江浙现已开战，为救护伤兵收容妇孺起见，已组织红十字分会，特请本地功成医院张医生，亲自赴沪，与总会接洽一切矣"⑥。

无疑，就兵灾救济包括难民救助而言，组织建设最为重要，是关键的第一步。红会吴县分会在这个方面，未雨绸缪，提前筹划，为人道救援的开展打下了扎实的组织基础，给风雨飘摇中的难民提供了宝贵的依靠。

二、大量组设收容所

战端一开，苏州百姓流离失所，"扶老携幼，肩负背挑，望西南一带奔避，狼狈情形，殊为怜悯"⑦。在大批的难民需要收容和救助的紧迫

166

① 《改选后之吴县红会》，《吴语》1924 年 9 月 17 日。
② 《红会推举代表赴沪》，《吴语》1924 年 9 月 18 日。
③ 《中国红十字会吴县分会紧要启事》，《吴语》1924 年 9 月 30 日。
④ 《洞庭东山人组织红会分会》，《申报》1924 年 9 月 13 日。
⑤ 《洞庭山红会之组织》，《新闻报》1924 年 9 月 4 日。
⑥ 《江浙战云中之芦墟现状》，《吴语》1924 年 10 月 2 日。
⑦ 《社会新语》，《吴语》1924 年 10 月 12 日。

情况下，吴县分会积极发动会员及地方公益团体，设立红十字会临时难民收容所或妇孺收容所。

特别是对于妇孺的救助与保护，吴县分会的措施十分得力，特商借教会、学校、住宅、旅馆、寺院、茶馆、宗祠、公所、会馆等等场所，设立临时妇孺收容所①。例如，在城区，红会在草桥省立第二中学设临时妇孺收容所，专门收容城区的妇女儿童②；在其他地区，如山塘一带，红会人员"组织妇孺收容所。主任为韩慕陶、张成琅等，职员为董朝麟、鲍翔云等，并定该（所）为中国红十字会吴县分会第八十二收容所"③。又如，时人提到"过省二农校。双门紧闭。仅留傍门出入。贴有通告。亦已为红会作收容所"④，等等。

据统计，吴县分会设立的妇孺收容所共计87处，遍布苏州城厢内外各处。各收容分所的地址情况，列表如下：

表5-1　吴县分会设立的87处妇孺收容所

序号	收容所地址	序号	收容所地址
1	临顿路小日辉桥保卫团办公处	45	枫桥纸版厂
2	菉葭巷保卫团办公处	46	剪金桥巷女高小
3	王废基贫民习艺所	47	旧皇宫议事会
4	王废基苏州图书馆	48	十梓街吴祠
5	观东恒孚间壁临时救济队	49	阔家头巷办公处
6	狮林寺巷临北公社	50	醋库巷保卫团
7	三元坊二工南校	51	东北街天主堂
8	三元坊第一师范	52	平江路丰备仓
9	沧浪亭二工北校	53	二门口公民厂
10	盘门大街第一高小	54	祥符寺巷纱簌学校
11	谢衙前第二高小	55	三茅观巷沈贻德栈
12	大儒巷第三高小	56	三茅观横街留韵善堂

① 《红会分组八十七妇孺收容所》，《申报》1924年9月14日。
② 虞立安：《民国时期的苏州红十字会》，苏州市地方志编纂委员会办公室、苏州市档案局、苏州市政协文史编辑室编：《苏州史志资料选辑》（季刊）1998年第2期（总第9辑）。
③ 《山塘亦设立妇孺收容所》，《吴语》1924年9月8日。
④ 江南浪蝶：《平岩徒步记》，《吴语》1924年9月30日。

序号	收容所地址	序号	收容所地址
13	齐门外崇道女学	57	乔司空巷徐石麟义庄
14	养育巷思杜堂	58	西海岛承天寺
15	大卫弄西人住宅	59	阊门外东吴旅社
16	宫巷乐群社	60	虎邱男普济堂
17	南濠街	61	范庄前义庄
18	马医科振声学校	62	桃花坞钱江会馆
19	慕家花园救世堂	63	三元坊体操学校
20	天赐庄东吴大学	64	城内胥江中学
21	天赐庄景海女学	65	海红坊学款处
22	天赐庄教堂	66	宫巷城中饭店
23	桃花坞显道女学	67	北局青年会
24	长春巷全浙会馆	68	北街三星厂
25	三多桥塊新屋	69	上津桥萃□□□
26	仓米巷隆庆寺	70	上津桥妇孺医院
27	草桥第四高小	71	专诸巷教堂
28	吴县前纯一学校	72	齐门外教堂
29	羊王庙乙商	73	草桥下塘东吴第二附小
30	沧浪亭县立师范	74	颜家巷尚德女学
31	南石子街明德女学	75	星桥谢姓空屋
32	学士街女子职业校	76	混堂弄义庄
33	东中市钱业学校	77	娄门外娄江公社
34	虹桥树德学校	78	阊门下塘桃坞公社
35	太仓口女子师范	79	阊邱坊护北公社
36	汤家巷茂苑	80	仓街振亚厂
37	上津桥二农校	81	中街路豆饼公所
38	东中市戎大昌	82	砂皮巷程祠
39	草桥二中	83	山塘昆陵公所

序号	收容所地址	序号	收容所地址
40	珠明寺珠申公社	84	富郎中巷徐姓空屋
41	白莲桥浜培德堂	85	幽兰巷顾姓空屋
42	汤家港天成栈	86	旧学前公立医药局
43	打线巷延龄厂	87	南濠街宁波会馆
44	李王庙桥汤姓空屋	合计	共87处

资料来源：《红会分组八十七妇孺收容所》，《申报》1924 年 9 月 14 日。

战争一起，普罗大众最为受苦受难，往往求告无门；尤其是广大妇孺，身处乱世之中，处境最为凶险。红会吴县分会在苏州一地，设立近百处收容所，在各地红会中堪称首屈一指，殊不多见。这在最大程度上保证了对大批难民和妇孺进行充分的收容救助。

吴县设立的大批难民收容所，也受到了社会舆论的肯定与赞誉，当时的《申报》就曾刊文，赞誉有加："红十字会与蓝十字会，大家组织收容所，专门收容一般妇孺。这个办法在目下风声紧急、人们自顾不暇的当儿，要算的是真正的慈善事业了。吾们苏州地方，有了这么两个慈善机关，也是我们苏州城里父老兄弟、姑伯叔、娣妹的幸福啊。记者在苏州，说苏州，自当代表无力难逃的同胞，敬祝创办收容所诸君的万岁了哩。"[1]

三、多方筹措经费及物资

收容和救助难民，需要大量的经费和物资支持。红会吴县分会的经费来源主要有四个途径：会员会费；争取一定的官方支持；向商会、同乡会等社会团体求助和劝募之所得；广大社会人士的捐助。

在会费方面，按照 1922 年中国红十字会会员大会的规定，不同会员会费不等。例如，规定普通会员须一次缴纳会费 10 元以上，学生会员须缴纳 1 元[2]。据吴县分会的报告记载，截至 1924 年 10 月 22 日，分会入会各员，约分三组计：正会员 462 人，普通会员 1597 人，学生会员

---

① 《收容所》，《申报》1924 年 9 月 7 日。

② 《中国红十字会修正章程》，中国红十字会总会编：《中国红十字会历史资料选编，1904—1949》，南京大学出版社 1993 年版，第 230 页。

829 人①。由此推算可知，随着会员的不断增加，吴县分会的会费总数应相当可观。又如，苏州的属县吴江于 1924 年 10 月初成立分会后，要求加入的人员络绎不绝，"入会者纷至沓来，二日间已达百余人，纳费有二千余元之多"②。可见，会员会费虽然并不能解决急需的大量经费和物资问题，但也是重要的经费来源之一。

吴县分会还积极争取官方的一定支持。例如，吴县分会曾致函吴县知事，表示兵灾救济，需款甚巨，吴县分会本身勉为其难，所以期望官方能够召集各方人士，共同赞助，以维持善举进行。为此，据 1924 年 9 月 22 日的报纸刊载，"吴县知事郭于野氏，昨以红十字分会，请求拨款补助。苦于无术应付，须与地方士绅共同商榷，乃定期邀集各法团各绅士，在县会议"③。

商会以及商家富户，是吴县分会重要的劝募对象。众所周知，红会总办事处以及各地分会的成立与运作，从一开始，本身就是极大地得益于商会以及商业人士的大力支持，所以红会在遇到经费物资困难时，往往求助于商会和商业人士，并且通常会获得积极的回应。吴县分会身处商业发达的苏州一地，具有向商会和商界人士进行劝募的有利条件；而苏州地区向来具有施德行善的悠久传统，近代以来，苏州也出现了很多著名的大善士，例如费仲深、周渭石、陆仲英等人。1924 年 12 月 26 日，吴县分会曾登报致谢："潘子义、潘子起先生敬承先志，移助金银一千元充作本会救济灾民之产，谨代灾民九顿以谢。"④ 从中可以看出，商界人士出手可谓"阔绰"。1925 年 1 月，"锡常一带发生战事，苏沪交通断绝。吾苏居民恐遭危险，纷纷来会请求救护。特由本会雇定专轮数艘，派员分批护送至沪……当蒙搭趁各轮诸大善士有鉴于本会经费竭蹶，解囊捐助，合计洋三千四百念八元"⑤。此类事例，不胜枚举。

同乡会也是可以求助的对象。旅居他处的苏州同乡会会员，在战争降临苏地之际，心系桑梓，全力支持吴县分会的兵灾救济。例如，1924 年 10 月中旬，吴县分会即一次性收到"旅沪同乡协济会捐助洋五千元"⑥。第二次江浙战争爆发后，吴县分会又致函苏州旅沪同乡会，请求经费支持。同乡会在接到来函后，于 1925 年 1 月底，特召开紧急会议，

① 《中国红十字会吴县分会紧要通告》，《吴语》1924 年 10 月 22 日。
② 《社会新语》，《吴语》1924 年 10 月 12 日。
③ 《昨日县署会议红会筹费》，《吴语》1924 年 9 月 22 日。
④ 《中国红十字会吴县分会敬谢》，《吴语》1924 年 12 月 26 日。
⑤ 《中国红十字会吴县分会启事》，《吴语》1925 年 3 月 11 日。
⑥ 《中国红十字会吴县分会第一次敬谢诸大善士启事》，《吴语》1924 年 10 月 13 日。

共商办法，以济燃眉①；2月初，又再次为吴县分会的筹款事宜召开会议。同乡会在自身处境艰难的情况下，"与同乡殷富协议抵借方法"，换言之，以自有资产作为抵押，借款资助兵灾救济②。同乡会的心意举动，殊为难得。

此外，吴县分会借助《吴语》《申报》等大众传媒，向广大社会公众募捐经费物资。江浙战争期间，吴县分会多次刊登紧急启事，筹措经费物资，例如："本分会收养伤兵数已逾千，近又经热心义务人员前往昆山及嘉太一带救济难民，日内即可到苏。举凡医药饮食以及护送掩埋等费开支浩繁，不得用敬恳各界诸大善士、淑媛名姝慷慨解囊，源源接济，并请捐助棉衣裤及棉被，俾资御寒。衣裤则无论大小男女，被褥则旧棉絮亦可。其功德非寻常可比，本分会同人敬先代伤兵灾民馨香祷助。如蒙乐助，请交本城王废基公园图书馆本分会办事处。"③ 吴县分会的劝募，得到了社会大众的积极响应，捐助络绎不绝，形成了共同支持兵灾救济的良好氛围，如热心人士姚福卿为吴县分会募集了一批衣物④。社会大众的捐款捐物持续不断，为此，吴县分会多次登报致谢⑤。

四、严格依章规范救助活动

为保证红会的慈善性质并维护红会的形象，吴县分会严格按照相关国际公约和中国红十字会章程行事，主要体现在：其一，明确要求会员正确使用红会的旗帜、证章等标识物。为此，吴县分会一再敬告本会会员，非服务时间万勿轻用袖章，以符定则而昭慎重⑥。其二，劝告社会民众不得自制并使用红会的相关标识物，吴县分会曾专就此事发布通告称："现闻城厢内外发现自制红十字印布袖章、旗帜，盖印他项机关图章。关于本分会名誉既大，关于自身危害尤非浅显，除派员调查外用，再登报劝告，幸勿自误。"⑦ 对于一些违规行为，一旦发现，吴县分会也会做出相应处理。例如，"苏地城内外居户商店，遍悬红十字旗，行人多佩红十字袖章，致红会颇为人不满。昨有汤家巷理发匠吴启铺，亦佩

---

① 《苏州旅沪诸乡台公鉴》，《申报》1925年1月28日。
② 《苏州同乡会开会筹款》，《申报》1925年2月1日。
③ 《中国红十字会吴县分会紧要启事》，《申报》1924年10月1日。
④ 《来函》，《吴语》1924年10月11日。
⑤ 详见《吴语》1924年9月至1925年3月的相关报道。
⑥ 《吴语》1924年9月18日。
⑦ 《中国红十字会吴县分会紧要通告》，《吴语》1925年2月2日。

红十字袖章，查系假冒，罚米十担了事"①。其三，警惕和打击某些不法之徒，假借红会名义诈取钱财，对此吴县分会也曾登报声明，广而告之："本分会雇用轮船派队护送居民避往上海，一切费用均由本分会担任，并无向人索取船资。间有鉴于本分会经费竭蹶，愿助捐款者除填给收据外，容当录案登报鸣谢。如有假借本分会名义混用旗帜、诈取船价或造作谰言，毁坏本分会名义等情，均应查究，特此通告。"②

红会吴县分会对各妇孺收容所进行严格管理。在收容所建立后，因恐有违反红会章程之处，吴县分会特地于 1924 年 9 月 6 日召开"收容所主任联席会议"，决议对于作为收容所的各旅馆须先停止营业；并且，鉴于收容所乃是保全性命之紧要地方，因此绝不准许携带箱笼物件进入，以免妨碍救助事务的开展。至于收容所中是否有箱笼物件，私宅是否另辟房屋，均由举定的调查员切实调查，如不合红会章程即行撤销③。此外，各收容所也制定了相关规定，明确了对于收容所日常事务的管理。吴县分会下属的山塘收容所制定的章程④为：

——本所遵照红十字会收容通则第三条之规定，设立办理；

——本所在战祸紧急时，收容无所逃避之妇孺；

——本所设主任一人，干事、仆役若干人。甲、主任管理本所一切事宜；乙、干事分任会计、文牍、书记、庶务，纠察事宜；

——本所职员以及仆役，一律给以红会印证；

——收容之妇孺，每日给以相当饮食，内中如有疾病之人，即移送就近医院。

需要特别指出的是，吴县分会在经费物资的募集、收取和使用上，尤其注重公开透明。1924 年 8 月至 1925 年 4 月间，吴县分会前后 9 次在《吴语》上刊登鸣谢广告，公布社会各界人士所捐款物之明细⑤。这种做法既利于宣扬仁风，鼓励更多的人投身于慈善事业，也利于树立红十字会公开透明的形象，提高红十字会的公信力。而在收容所撤销之时，也会登报公示。如《吴语》上就曾刊出启事如下："前承诸大善士、各大商号热心慈善，慷慨解囊，乐助敝所，俾于果真危急时救济本地被

---

① 《江浙战事中各方杂讯·苏州》，《新闻报》1924 年 9 月 11 日。

② 《中国红十字会吴县分会紧要通告》，《吴语》1925 年 2 月 2 日。

③ 《江浙战事中各方杂讯·苏州》，《新闻报》1924 年 9 月 11 日。

④ 《山塘亦设妇孺收容所》，《吴语》1924 年 9 月 8 日。

⑤ 详见《中国红十字会吴县分会第一次敬谢诸大善士启事》，《吴语》1924 年 10 月 13 日；《中国红十字会吴县分会第二次敬谢诸大善士启事》，《吴语》1924 年 10 月 24 日，等等。

灾难民之用。现时局平靖，本地居民幸获安宁。本所准照前定规章，定于夏历九月廿一日午前十时，通告诸大善士、各大商号：全体议决，补助箓葭巷第四难民收容所黄米十石，拨助城北公社桅灯六盏、洋油听余、碳二篓；拨助吴县红十字分会黄米十石、桅灯六盏、白帽十只、白短衫裤十套余多、黄米廿六石五斗五升、竹柴萝葡干麦糠等及余多、小洋一百三十角，补助与城北平价饭店应用。另刊报销单，分送各大善士、各大商号检阅，以昭信实，再登吴语报、明报，俾昭信用，以便结束。"①

五、收容救助难民成效显著

第一次江浙战争发生后，"苏州上海交通断，嘉定浏河起狼烟……枪炮放得弗断连，好像过年放黄鞭"②。战争造成大量生命财产损失，并出现难民潮，"被灾难民无计数……少吃无穿真难过，身浪亦是冷，肚皮亦是饿，上天天无门，入地地无路"③。吴县分会及时开展人道救护，收容和救助大批的难民与妇孺。

其一，前往战地救护难民出险，送达苏州，予以安置。例如，1924年10月7日，吴县分会第二救护队长金志仁、诸辛生等人，又由嘉定、安亭、方泰等处救护难民妇孺72名（其中包括成年人40多人，婴幼儿和孩童20多人），"以民船两艘装运，仍由前次借到之日商戴生昌小轮拖带抵苏。当夜寄宿阊门外普益社灾民事务所。次日，即在该批难民中拨四十名至南濠街吴文钦收容所收养，拨二十九名至宫巷乐群社收养，其余三名因病送往医院"④。

战争后期，鉴于战事趋缓，为集中力量救护难民，吴县分会在10月初宣布：从10月10日起不收伤兵，而专赴战地救护难民。为此，该会理事长钱梓楚于6日晨特赴昆山，与前敌司令部接洽，请于吴县红会人员至战地救护难民时，特予便利⑤。据统计，至11月10日，吴县分会救护队在浏河、嘉定、安亭等处，陆续救来难民达500余人，分别安

① 《承天寺五十八收容所撤销启事》，《吴语》1924年10月28日。
② 《战时新苏滩》，《吴语》1924年9月11日。
③ 《时事新苏滩》，《吴语》1924年11月10日。
④ 《红会又有难民救护来苏》，《吴语》1924年10月9日；《江浙军事中各方杂讯·苏州》，《新闻报》1924年10月11日。
⑤ 《江浙军事中各方杂讯·苏州》，《新闻报》1924年10月10日。

置于乐群社、青年会等处①。

对此，有报纸评论道："战地人民死的死、伤的伤、逃的逃、饿的饿。这景象已经苦到极点了。然而那逃不动和走不动的老幼妇孺还需苦上数倍。因为他们饥无食、冷无衣、睡无房屋床榻、病无汤药医生。这总算得真苦呢。如今好了。幸亏吾苏红十字会救护队，分赴昆山、黄渡、浏河、太仓等处，救护难民，这真是妇孺的救护明星。"②

其二，对因种种原因而滞留战区的难民，进行必要的就地救助。在这个方面，吴县分会主要是派出队员，冒险抵达战区，给广大难民送去必要的粮食、衣物以及一些钱财，以便他们能够勉强支撑下去。对此，当时的报纸感慨曰："深秋时节已凉天，难地灾民最可怜；寒冷衣衫饥乏食，惊心炮火不成眠。战地灾民最可怜，提心吊胆夜难眠；饥寒交迫无衣食，救护还亏红会员。"③

其三，对自行到达苏州的难民妇孺，予以收容救助。苏州城周边地区战火弥漫，大量难民妇孺争先恐后地涌入苏州城，同时其他地区也送来不少难民。例如，仅仅吴县分会齐门外一处的收容所，一日就收容难民500多人④。按此推算，吴县分会在战争期间收容的自行到苏的难民，达数千人。

对于已经收容的难民，一方面，吴县分会有时把部分难民转送到更为安全可靠的上海，分流安置；另一方面，对于留下的难民，给予力所能及的照料。这样，吴县分会设立的87处妇孺收容所以及其他难民收容所，就发挥了重要的作用。吴县分会对于收容的难民，在饮食、衣服、被褥、卫生医疗等方面，安排较为妥善。对此，当时的报纸记载："苏州红十字会在黄渡、安定、浏河、太仓等各战地，救助来苏州的难民，老少男女，不下数百名，都分住在青年会、纯一小学校、吴文钦住宅、吴公祠、隆庆寺、乐群社、临平市民公社八个收容所，寒有衣穿，饥有饭吃，真可算得不幸中的大幸了。"⑤

其四，在战后，积极散赈战区难民。据报道，"吴县红十字会，以近来天气渐寒，所有破旧衣被，每往灾区散放，各灾民均不收纳，因此

① 《苏州快信》，《申报》1924年11月6日。

② 《救护难民》，《申报》1924年10月12日.

③ 《哀难民》，《申报》1924年10月12日。

④ 转引自池子华、郝如一等：《近代江苏红十字运动（1904—1949）》，安徽人民出版社2007年版，第109页。

⑤ 《难民乘车免费》，《申报》1924年10月30日。

捐制新料。又以赶办不及，特商准各女校代为缝纫，不取缝资"①。此项工作，颇为得力，受到了社会各界的赞誉，以至有民间艺人歌谣颂曰："苏州地方呱呱……叫，慈善事业啥盖照，因为灾区各灾民，饥寒交迫不得了，十字会，各学校，棉衣办好几万套，送到各灾区，黄渡朱家桥，不论老，不论少，见人头，派一套，格种善事好不好，活到大年夜，还有两条硬年……糕。"②

第二次江浙战争爆发，军队双方在苏州等地展开激战。于是，战区以内之各处红十字会，又纷纷行动起来，进行救护。吴县分会开会议决"延长粥厂，以一月为期，每厂由本会补助粥米十石"，并组织收容所20多处。1925年1月26日，当大批溃军聚集齐门、娄门一带时，吴县分会负责接待，供应茶饭，直至军队出境，以免戕害地方人民；翌日，军阀张宗昌部由无锡抵苏，吴县分会又极力维持，使地方免受其害。此外，在第二次江浙战争爆发后，苏州本地居民也颇为恐慌，要求到上海避难。为此，吴县分会及时予以满足。据吴县分会的报告记载："本年一月间，锡常一带发生战事，苏沪交通断绝。吾苏居民恐遭危险，纷纷来会请求救护。特由本会雇定专轮数艘，派员分批护送至沪，计共用去洋二千九百五十五元五角八分。"③

吴县分会在两次江浙战争暂告结束之时，全力做好难民遣送回籍返家工作。据报载，"现在各地灾民，因为战事结束，都要求回乡，收拾残局。所以已由红十字会分会，允许择期遣送回籍。也好算的是全始全终，为善不倦了"④。

综上所述，中国红十字会吴县分会在两次江浙战争期间，于组织、制度、经费和物资等各方面，全面推进、积极行动，确保了难民收容和救助行动的顺利开展，取得了良好效果，为红会的人道救援增添了一抹亮色。

小 结

在两次江浙战争期间，红会总办事处与地方分会一起，设立了一大批难民收容所或妇孺收容所，积极开展难民的收容与救助工作，成绩斐

① 《（苏州）红会今日会议》，《申报》1924年12月1日。
② 老苏州：《时事新苏滩》，《吴语》1924年12月5日。
③ 《中国红十字会吴县分会启事》，《吴语》1925年3月11日。
④ 《难民乘车免费》，《申报》1924年10月30日。

然。据报道，截至 1924 年 9 月 20 日，整个红会从第一次江浙战争的战地救护出险的难民已达两万余人①，并都得到了妥善的安置。对于患病的难民妇孺，红会也进行了相应的治疗。正是因为中国红十字会始终抱有人道关怀，心系难民和妇孺，才使得广大的难民能够死里逃生、转危为安，于纷繁的战乱之中，寻得一线希望，这正是中国红十字会的价值和意义之所在。同时，这样的行动不但弘扬了红十字精神，展现了人道的关怀与温暖，也巩固和提升了中国红十字会的社会现象。

---

① 《红十字会电请协款》，《申报》1924 年 9 月 20 日。这里的"两万余人"，是指红会总办事处和地方分会所救护出险的难民总人数。

第六章　江浙战争兵灾善后

江浙战争虽告结束，但战争善后事宜所涉甚多，诸多事务急待处理，例如战场遗留尸体必须及时掩埋、大批伤兵难民有待遣返等，面对满目疮痍的战区，兵灾损失的调查和战后赈济工作更是刻不容缓。这些方面，也成为中国红十字会人道救援行动的重要内容。中国红十字会继续发扬人道主义精神，善始善终，汇聚人道力量，积极参与各项兵灾善后工作，并在其中发挥了重要的作用。

第一节　尸体掩埋与防疫

战端一开，战场势必遗留大量尸体，这些尸体如果未能得到妥善处理，不但有违人伦道德，而且极易成为疫病流行的源头。因此，以红十字会为首的各社会团体对于尸体掩埋和防疫工作高度重视，纷纷组织掩埋队，随同救护队协同行动，开赴战场掩埋尸体，充分体现了红十字会尊重生命的人道情怀。实际上，掩埋尸体的工作贯穿战争的全过程，而战后的掩埋行动则相对更为密集。

一、总会的尸体掩埋工作

中国红十字会对尸体掩埋工作非常重视，对其重要性有着清醒的认识："血肉狼藉，横卧草际，鹰怜犬噪，腐气蒸郁，微虫嗜染，发生疠疫，瘗之不惟慰死者，并以救生人。"[①] 故此，很早就展开了行动。1924年9月初，太仓浏河、嘉定黄渡等处战事剧烈，"双方死伤甚众，战区内外尸体倒卧田中者，触目皆是"。当时"天气又甚炎热"，中国红十字会意识到，"若不速行掩埋，秽气四溢，最易酿成疫疠"，遂组织掩埋

---

① 朱瑞五：《人道说》，《中国红十字会杂志》1914年第2号，见中国红十字会总会编：《中国红十字会历史资料选编，1904—1949》，南京大学出版社1993年版，第112页。

队，携带锄耙等工具，乘车分往战区一带，从事掩埋，"并预函双方军事长官，停战数小时，以便就地掘坑埋葬"①。

9月11日上午8时，红会总办事处派张卜熊督率队员乘专车前往黄渡，掩埋死亡兵士②。掩埋当然不限于士兵。9月12日，红会总办事处接南翔商会报告称，"该处贫户死者，均无棺收殓，厥状甚惨"。为此，总办事处庄得之备棺40具，陆续运往收殓③。据红会总办事处称，开战十几日以来，红会"战地掩埋数，尤不可胜计"④。

掩埋工作量巨大，中国红十字会积极与其他慈善团体协同开展工作。济生会所组织之白十字会等各类善团一开始就与红十字会一同投入了掩埋工作⑤。10月9日，红十字会救护队又与沪城慈善团同仁辅元堂的各位绅董进行协商，派出救护汽车一辆，"至乔浜路该堂门前装运中等棺木十余具，运往前敌收殓阵亡各兵士"⑥。

集中性的掩埋工作是在第一次江浙战争结束后进行的。11月中下旬，红会总办事处派徐乙藜医生赴南翔、嘉定、黄渡一带，调查暴尸情形。经徐医生报告后，总办事处即于11月24日早晨仍派徐医生偕同庶务员王锦城及茶房工役人等，乘坐内河招商轮船，前赴黄渡一带，掩埋暴尸⑦。

12月初，红会总办事处派出人员到战区对灾民进行散赈，同时进行尸骸掩埋。至太仓赵家桥，该镇西市有暴露浮厝，当即逐一加灰掩埋；紧接着，又回赴赵屯桥，赶办掩埋等事。掩埋工作异常辛苦。在旧青浦，掩埋无棺尸1具，另"有棺而臭味不堪者三十九具。石灰尚有三十担左右，每日早出夜归"⑧。不久，掩埋队移驻方泰、马陆等地，两日里掩埋死尸4具，死牛2具⑨。此次掩埋共计在黄渡乡掩埋7具，旧青浦镇掩埋40具，外冈乡掩埋2具，马陆乡掩埋9具。对于宅旁、路闸暴露

① 《慈善机关往战地埋尸》，《申报》1924年9月9日。
② 马强、池子华主编：《红十字在上海（1904—1949）》，东方出版中心2014年版，第167页。
③ 《救济难民与伤兵消息》，《申报》1924年9月13日。
④ 《红十字会电请协款》，《申报》1924年9月20日。
⑤ 《慈善机关往战地埋尸》，《申报》1924年9月9日。
⑥ 《红会救护队赴前敌收殓阵亡兵士》，《申报》1924年10月10日。
⑦ 《红会员役赴黄渡》，《申报》1924年11月24日。
⑧ 《红会散赈之报告》，《申报》1924年12月5日。
⑨ 《红会战地放赈之又一报告》，《申报》1924年12月9日。

浅葬者，"皆用石灰覆盖深葬，有查考者均用标杆插记"①。历经数日，12月9日才得返沪。

此外，红会第五疗养所也在战地从事掩埋工作。据统计，第五疗养所在战争期间共掩埋死亡兵士100余具②。第二次江浙战争中，松江再遭兵祸，第五疗养所再次进行了掩埋。1925年1月4日，第五疗养所组织掩埋队于市公所领得棺木，埋葬沿路兵士尸体③。

二、分会的尸体掩埋工作

除总会外，各地方分会在成立之时，就大多成立了掩埋队，随救护队等出发服务。一时尚未组建的，也在积极筹备成立。宜兴分会于9月20日报告总会，已将疗养院等分别开办，"惟掩埋队尚付阙如。现尸体已满坑谷，秽气薰蒸，亟待组织掩埋队"④，遂要求通知双方军事长官，以便进行。实际上，掩埋工作经常需要与交战双方打交道。

第一次江浙战争结束后，红会沪城分会得知莘庄、新桥、明星桥一带战事结束后，尚有死亡士兵尸首抛在露天，因而夏、殷二会长，欲派队往莘庄、新桥等处办理救护、掩埋事宜，于10月20日前往"南市陆家浜图书公司禀见巡阅使孙传芳，面陈一切，经其允准发给护照，并令路局备车头客车篷车三辆，归分会应用"。沪城分会随即筹备棺木、石灰、衣物一切应用物品，准备出发⑤。21日护照已经领到，故由该会备棺木100具。22日上午9时，由分会掩埋队长滕克勤率同医生史国藩、吴天化及救护队员郑鸿钧、石筱珊、奚阶升、陶鸿春、阮孟邻、朱履云、黄泾灵、谢鸿英、徐孟君、蔡槐敬及扛夫、堂夫12人，并备联益善会棺材50具、同仁辅元堂棺材50具，由南站专车前往莘庄、新桥、明星桥一带，收尸棺埋，约当夜专车返沪⑥。

11月初，沪城分会再次派掩埋队出发，带同器具、棺木自莘庄明星桥至松江三十一号桥，沿途残肢遗骸，在在皆是，一一掩埋。又因浏河一带遗尸不少，乃会同联益善会出发至大场、刘巷、罗店、徐家行、唐家港到浏河逐段寻觅掩埋，以免为犬豕所噬⑦。

---

① 《红会派员赴黄渡掩埋放赈之报告》，《申报》1924年12月10日。
② 《红会第五疗养所定期结束》，《申报》1924年11月5日。
③ 《松江再遭兵祸四日记》，《新闻报》1925年1月5日。
④ 《红十字会消息》，《申报》1924年9月21日。
⑤ 《沪城红会消息》，《申报》1924年10月21日。
⑥ 《沪城红会掩埋队出发》，《申报》1924年10月23日
⑦ 《红会救护消息与兵灾善后》，《新闻报》1924年11月8日。

第二次江浙战争前后，沪城分会继续开展尸体掩埋工作。1925 年 1月初，该会派掩埋队长滕克勤，率同队员刘寿山、黄涿虚、陶鸿春等，并小工多名，携带掩埋物件，出发至龙华办理掩埋事宜。因须携带大宗棺木，该会函请路局派拨车头及列车，以便出发，前往掩埋，以免尸身被野犬啮食①。1 月 17 日，该分会派出掩埋队员鲁志献、蒋茂镛、黄涵虚等 10 余人，"携带棺木六十具，并石灰等物，并小工十余人，分为两组，一组乘汽车往徐家汇、漕河泾等处，一组乘火车至老龙华会齐，分往巡查。至新龙华会同莘庄红会掩埋队，一同帮助掩埋兵尸四十余具"②。

嘉定分会的掩埋工作，得到了嘉定旅沪同乡会的大力协助。旅沪嘉定树德善会在嘉定组有掩埋局，协助红十字会进行掩埋，局长为冯开生、队长为陶悟生③。该掩埋队掩埋尸体众多，之前由上海运往嘉定之棺材百余具，因连日掩埋尸首，至 9 月 29 日止，已用去 128 具，所剩无多，需设法购置，以便应用④。

昆山分会自从战争爆发以来，即组掩埋队，日往战地掩埋尸首⑤。1924 年 10 月 2 日，该会掩埋队前往"黄渡附近收埋死亡者十余人，俟战事稍停，即再出发"⑥。战争结束后，该会掩埋队员多人，由当地官员率领，"向安亭、黄渡、浏河、南翔出发"⑦。据该会报告统计，"掩埋二队。第一队，在黄渡、太仓等处，所见尸体浮沉田河之旁，即由夫役捞起，就地掩埋，计有一百三十余人，夫役乡民居多。第二队驻城，掩埋陆军野战医院、兵站医院、分会疗养院伤亡官长、兵士、夫役三百七十八人，均葬于各院附近荒地。每掩埋时，队员亲往督察，夫役掘坑深埋，预防疫疠"⑧。

娄塘分会主要掩埋的是百姓尸体，计有"唐行乡陈生林一人，陶十图陈景福一人。又有无名男尸一人，虞九图唐小妹一口，垂四图枪伤乡民朱富仁一人，西门外军士尸身四具，菜三图女尸一口，十九图枪伤乡民唐金官一人，本乡寒十图高阿大一人，让三十图施阿炳一人，三十一

① 《红会赴龙华掩埋尸身》，《新闻报》1925 年 1 月 17 日。
② 《沪城红会昨日出发掩埋兵尸》，《申报》1925 年 1 月 18 日。
③ 《战事转剧时之上海观》（八）《各国救济伤兵难民》，《新闻报》1924 年 9 月 30 日。
④ 《嘉定红会消息》，《申报》1924 年 10 月 9 日。
⑤ 《红会昆山救护之成绩》，《申报》1924 年 10 月 6 日。
⑥ 《昆山红会办理之概况》，《申报》1924 年 10 月 4 日。
⑦ 《昆山红十字分会消息》，《申报》1924 年 11 月 1 日。
⑧ 《昆山红十字分会之成绩》，《申报》1924 年 11 月 9 日。

图夏景祥一人，三十二图冯阿福、吴阿福二人，秦家牌楼女尸一口，顾姓一口，石家桥嘉界□军尸一人，太界无号军尸十二人，女尸一口，小孩一口，另有枪毙而派员收殓家属自备棺木者不计"①，合计共收殓尸身30余具。

1925年1月上旬，莘庄分会鉴于"新龙华漕河泾等处，发生军事行动，势必尸体横陈，若不收埋，难免疫气流行，缘即组织掩埋队，推任岐山为队长，率同队员钱继章、朱寿康等六人，书记两人，工人八名，备带掩埋物件（如竹签、软床、铁铲、剪刀等），于十二日上午十时出发，步行至新龙华、漕河、泗泾四乡，觅尸掩埋，埋后插以竹签，标以号数，以资志别"②。后因连日天雨不克出发，于16日又派掩埋队队长任岐山带领队员前往老龙华四乡，四出找寻军士尸体，各为掩埋③。

无锡分会成立之初，就组织了掩埋队。掩埋队队长，起初是王晋六，择定南门外保安寺为办事处④；后分为两队，第一队队长是王晋禄，第二队队长是徐荐叔，分别有队员四名及夫役四名。1924年9月10日，掩埋队随救护队一同出发前线，进行掩埋工作⑤。9月下旬，因宜兴方面战事已经停止，所有掩埋事务甚少，于是将第一掩埋队取消，暂留第二掩埋队，以备不时之需⑥。

无锡分会对掩埋队的管理十分严格，规定队员、夫役，非出发时，不准穿着制服及佩带袖章、号布⑦。10月底，军队方面要求红十字分会各医院，将因伤殒命官兵葬埋地点绘图，并开具详细地名及该官兵部队、姓名，迅速交由该县呈报，以便按图起运回籍安葬。分会办事处随即查明在锡受伤官兵因伤重殒命者前后共有5人，除田德修、荣长悦两人棺枢已由其家属及师部分别领去外，尚有苗来廷、徐长胜、康得功3人棺枢均由第二掩埋队葬于西门外义冢⑧。

第二次江浙战争时期，无锡分会又组织临时掩埋队，举定王晋禄为队长，率队员10余人在车站、惠山、钱桥、周山浜等处掩埋尸体200余

---

① 《娄塘红十字会分会之成绩》，《申报》1924年11月6日。
② 《莘庄红会之成绩》，《申报》1925年1月16日。
③ 《各慈善团体之救济与掩埋》，《新闻报》1925年1月18日。
④ 《红会办事处纪事》（五），《新无锡》1924年9月2日。
⑤ 《战云弥漫中之红会》（二），《新无锡》1924年9月10日。
⑥ 《红会消息汇志》，《锡报》1924年9月28日。
⑦ 《本邑红会丛闻》（七），《新无锡》1924年9月28日。
⑧ 《红会纪事》，《新无锡》1924年10月28日。

具。既而，王晋禄辞职，随即推举丁锡培继任队长①。

常州分会从开战以来到1924年9月18日止，连日掩埋阵亡兵士达45名，内有排长1人②；到19日，已共有60具之多③。10月4日，由昆山运来棺柩63具由红会分别掩埋④。因天气炎热，尸气外溢，各队员配备口鼻防护器，以防臭味⑤。宜兴、昆山开战，常州分会又派救护掩埋队赴宜、昆前线服务。据统计，此次战争，常州分会共掩埋死亡兵士200多人⑥。

除上述分会之外，其他分会也都进行了尸体掩埋。1924年11月中旬，青浦分会掩埋队在西北乡战区内掩埋14人⑦；青浦县之朱家角人陆子江"以办事诚实，得长官欢心，派充掩埋队长"，任职以来业经半月，经手掩埋阵亡士兵不下200余具⑧。南京下关分会报告总会称，至10月底，已掩埋50余具尸体⑨。此外，1924年9月底，浙、闽、苏、皖、赣联军司令孙传芳抵达嘉兴，特捐助嘉兴红十字分会经费500元，用于战地尸骸掩埋。

第二次江浙战争时，江阴惨遭兵灾，南京分会由会长于恩绶率领，派队支援。至江阴后，议定先从掩埋入手，次治疗，次救济，"棺木一项，承澄地慈善家赠送，亦可敷用"⑩。1925年2月3日，江阴分会钱少鹤引南京分会掩埋队出发西门、南门一带，掩埋死尸10余具。同日，夏港街有死尸10余具，青旸分会派员前往收殓。

三、红会与其他组织合作进行掩埋

对于尸骸掩埋工作，红十字会也积极与其他组织展开合作。联益善会就与红十字会保持了密切合作，所有中国红十字会设立各伤兵医院等处身故兵士，均由该会从事殡葬⑪。10月29日，该会派员率夫役等前赴浏河、罗店、秦家桥、王家闸等处荒野，尸骸尚多，一律掩埋。又据中

---

① 《兵燹声中之红会》（二），《新无锡》1925年2月25日。
② 《常州军讯》，《申报》1924年9月19日。
③ 《江浙战事中各方杂讯·常州》，《新闻报》1924年9月20日。
④ 《常州快讯》，《申报》1924年10月5日。
⑤ 《江浙军事中各方杂讯》，《新闻报》1924年10月6日。
⑥ 《常州》，《申报》1925年11月3日。
⑦ 《红十字分会之成绩》，《申报》1924年11月15日。
⑧ 《看护队中之模范》，《申报》1924年10月21日。
⑨ 《来函》，《新闻报》1924年10月26日。
⑩ 《红会救济战区之详报》，《新闻报》1925年2月7日。
⑪ 《联益善会募捐掩埋》，《新闻报》1924年9月30日。

国红十字会市医院报告，有伤兵姜松德一名身死在院，圣心医院报告，有钱茂才一名，身死在院，该会当即派扛夫抬棺前往收殓，妥葬义塚①。红十字会的许多掩埋工作是在联益善会协同和帮助下完成的。10月25日，沪城分会"接到联益善会翁寅初主任函告，商由该会协同前往浏河掩埋……该分会仍派掩埋队长滕克勤与联益会所派方筱兰为掩埋队长，会同前往……23日出发至松江掩埋时，该处尸骸，已经当地慈善机关掘土掩埋，间有被犬拖出，当由队员重行复埋，加土掩盖，以重卫生"②。

随后两天，沪城分会鉴于"战事停止已久，各处被灾区域，暴露尸体，未经埋葬者，被犬啮噬，甚为惨目"，于是掩埋队全体队员，协同联益善会所派掩埋队"带领夫役，携带棺木多具，前往浏河实行掩埋"③。该镇一片焦土，尸骨狼藉，惨不忍睹。各队员自晨至暮，分投各处搜寻尸骨，妥为掩埋。并有屋内死尸，无人捡埋，只存白骨，且残缺不全，均由各队员逐一捡出，分别掩埋④。闸北普善山庄派遣掩埋队向嘉定、黄渡、方泰等处逐渐埋葬，并由该处红十字分会派员帮同料理。据该山庄队员报告，该处尸骸尸骨，散见于田野不少，或残缺不全，或腐臭不堪，均已掘坑深埋。又据该山庄调查员赵宗普报告，"青浦一带，早经随地掩埋，惟恐偏僻之处，耳目难周，已由中国红十字会青浦分会遍贴布告，以免遗漏，并由青浦分会派员协同办理，异常出力"⑤。

除此之外，还有其他一些组织也参与了尸体的掩埋工作，同样不可忽视。据红会昆山分会报告，普育堂在昆山"兼办掩埋，因沿途死尸甚多，办理掩埋颇形忙碌"⑥。第二次江浙战争时期，漕河泾乡保卫团连日埋葬尸体百余具，后又在僻静地方及浜湾河头发现死尸颇多，故杨团总亲带掩埋队前往掩埋。范围南至沪杭铁路，北至土山湾一带。后经与红十字会莘庄分会掩埋队接洽后，分向新龙华、陈家宅一带掩埋⑦。

类似的联手合作，有效地汇聚了人道力量，弥补了红十字会掩埋力量的不足，提高了效率。

① 《遣送难民与葬埋遗尸》，《新闻报》1924年11月2日。
② 《沪城红会掩埋与救护消息》，《申报》1924年10月25日。
③ 《沪城红分会掩埋队出发浏河》，《申报》1924年10月27日；《沪城红会掩埋队消息》，《申报》1924年10月28日。
④ 《红会出发掩埋队》，《申报》1924年10月28日。
⑤ 《收束声中之沪埠时局》（二）《乡民苦兵与兵灾善后》，《新闻报》1924年11月1日。
⑥ 《昆山近况之红会函》，《申报》1924年9月11日。
⑦ 《漕河泾保卫团之埋尸讯》，《申报》1925年1月18日。

四、战后卫生防疫

战争势必产生大量尸骸，而妥善的掩埋尸体，对战后的卫生防疫至关重要。但是由于战事激烈，伤亡众多，许多尸体一时来不及掩埋，以致出现了"已死之苏浙两军除随时掩埋者外，多余入昆山至南翔之河中"[①] 的情形。这样的情况并不鲜见，无疑造成了战后疫病流行的重大隐患，也引起了各方的高度重视。

对此，《申报》曾刊登文章指出：黄渡、浏河一带通潮河中常有浮尸数十具，尸体早已腐烂，并有贫苦乡民为流弹击毙，苦无棺殓，抛弃深渊丛莽中，日久被狗啮虫蛀，臭不忍闻。其流水往来至为秽浊，居民饮此，鲜有不疫疠丛生者。所谓大兵之后必生大疫，提醒远近乡亲特别注意，以重卫生[②]。1925 年 3 月 26 日，《新无锡》刊文指出："去年阴历年底，在吾邑伤亡之兵士人数众多，红会不及从容掩埋，兼以缺乏棺木，往往将尸体薶葬于坟头荒垄间，掘土甚浅，……夏令转瞬即届，尸体溃腐，足为疫病之媒介，是诚吾邑公众卫生前途之殷忧也。"文章认为，此事应提醒民众注意，并应从事补救，以重公众卫生；建议在掩埋尸体时应标记方位，对掩埋过浅的尸体，应当重新掩埋或覆土；夏季掩埋时尤其应当"播撒石灰"，这对防止疫情十分有效。

江苏省署对于尸骸暴露，易发传染病一事十分重视，由赈务处分电各县查照，"令行各战地县知事泽及枯骨，照会市乡公所，查勘旧新埋处，即拨款或募捐先行雇工覆土（挑高三尺为度）以重卫生"[③]。由此可见，尸体掩埋的深度已成为防止时疫的重要一环。红会因此规定：掩埋深度，须四尺五寸以上，又以埋葬虽深，而墓上盖土不多，尚易坍卸，为预防疫疠起见，决定雇船装载各处堆积河泥，运往该处，以备加高[④]。于是由红会雇定船只，每船运泥 150 担，先用洋龙浇水，次即加泥堆筑[⑤]。

红十字会之所以非常重视尸体掩埋工作，很重要的一个原因，就是暴露的尸体常常成为时疫致病源。1924 年 9 月中旬，南翔分会因黄渡连

① 《苏州快信》，《申报》1924 年 9 月 13 日。
② 《战地居民务宜注意饮料以防疫疠》，《申报》1924 年 10 月 7 日。
③ 《战后公众卫生之福音》，《新无锡》1925 年 3 月 27 日。
④ 《江浙军事中各方杂讯》，《新闻报》1924 年 10 月 6 日。
⑤ 《杂讯志要》，《申报》1924 年 10 月 8 日。

日大战，"阵亡兵士，被害农民，尸首急需掩埋，免至酿为时疫"①，特派朱广石率员役数人组成掩埋队前往掩埋。

红十字会还对其他组织的战后防疫工作给予协助。南京美国红十字会会长魏慕德、医士胡润德等，奉省署委托，调查掩埋及卫生事宜。由昆山刘县长准备汽船及必需用品，随带昆山红会掩埋夫4名，向安亭、黄渡、浏河、南翔出发，施行战后一切防疫事宜，这也为战后的卫生防疫工作做出了贡献②。

此外，其他一些慈善组织对战后的卫生防疫工作也同样看重。中国济生会白十字救济队在战争结束后前往偏远乡村调查受灾情况，其调查时之附行工作如下：（一）随带凿井工人沿途掘井定名为济生井，俾免乡民误饮河流不洁之水而伏疫疠之根；（二）随带官磺分给乡民熏屋以减秽气；（三）随带臭药水石灰等施泼于街道河流以减毒菌③。各项工作均以卫生防疫为出发点，足见其对防疫工作之重视。

尸体掩埋和防疫作为战争善后工作的重要组成部分，是弘扬人道的义举，意义重大。在红十字会与其他社会团体的共同努力下，战争中遗留的尸体都得到了妥善掩埋。同时，各方对防疫工作也十分重视，避免了战后疫病的流行，取得了令人瞩目的成效。

第二节　伤兵与难民的资遣

江浙战争期间，中国红十字会设立医院、救治所、疗养所，开设难民收容所、妇孺收容所等机构，收治、收容了大批的伤兵、难民和妇孺。对于陆续康复的伤病员，需要安排他们出院，并给资遣送；随着战争的结束，对于大批难民和妇孺，也需要给资回籍。对此，中国红十字会没有懈怠，继续推进人道救援行动。

一、总会资遣伤兵难民

战事虽暂告结束，而难民依然流离失所，为此，总会特在南市设收容所10处，以便收容。为提高效率，总会经租界当局许可，明确规定了救护车路线：由南市至法租界者，一为高昌庙杀牛公司敏体尼荫路，二为南市十六铺；北市至英租界者，一为北河南路界路，二为克能海路

---

① 《掩埋队赴南翔》，《民国日报》1924年9月15日。
② 《昆山红十字分会消息》，《申报》1924年11月1日。
③ 《济生会调查各地灾情》，《申报》1924年11月7日。

界路，三为北四川路靶子路①。由于嘉定遭灾最重，总会特派徐乙藜医生率队赶赴嘉定放赈，针对各慈善机关尚未赈济之贫苦者，发给"衣米、现洋、面粉、锅只等物"，病者为其诊治给药，"悉经各绅董派员协同地保指引调查"②，协助分发。

关于治愈伤兵的遣送，按照红会总办事处规定，应另行发给凭证。总办事处所设立的医院和救治所，在第一次江浙战争期间，"陆续治愈伤病兵民之总数二三千人"③；对于可以出院者，皆予以资遣。比如，1924年10月23日，红会医院医愈出院者7名，内有5名系杭州人，2名系平湖人，"均由该会给资遣送回籍，除付戴生昌小火轮票价外，另每人给洋四元"④。这样，截至10月28日，除已资遣外，"分住各医院之伤兵尚有七百数十人，须待明春温暖后方可全体出院，资遣回籍"。11月2日、3日，红会医院分别有出院伤兵6人和7人，均由总办事处资遣⑤。及至12月中旬，除有残疾者及重伤一时难痊愈者200余人仍在红会各医院留养外，大部分伤兵均已病愈回籍⑥。因资遣伤兵难民所费甚巨，伤病兵民等医药需费、饮食需费、衣服需费、遣送需费，而红会心余力薄，无力承担，故此多次登报向社会募捐兵灾善后款项及食品、棉衣、药料等物资⑦。

总办事处还帮助地方分会对难民等进行遣送。如1925年2月27日，吴兴分会送来战时被拉民夫31人，请总办事处代为转送原籍。经询明其中松江28人、枫泾3人，遂安排乘车，资遣回籍⑧。

此外，中国红十字会松江第五疗养所在第一次江浙战争期间，收治的伤兵和病兵合计2000多人，收容的避难妇孺合计1000人左右；对于治愈的士兵，均给资遣送，一般妇孺以及流落松地之男子，亦一律资遣回里，所需各项开支，全赖各善士如钱仲芳、瞿久余、韩子谷等热心捐助⑨。

人道的力量：中国红十字会救援江浙战争研究

186

---

① 《红十字会消息》，《申报》1924年10月15日。
② 《红会派员赴黄渡掩埋放赈之报告》，《申报》1924年12月10日。
③ 《中国红十字会总办事处劝募兵灾善后捐款启事》，《申报》1924年10月28日。
④ 《红会遣送医愈伤兵回籍》，《申报》1924年10月24日。
⑤ 《红会医院之兼并》，《申报》1924年11月4日。
⑥ 《中国红十字会总办事处为医院残废兵民乞捐启》，《申报》1924年12月12日。
⑦ 《中国红十字会总办事处劝募兵灾善后捐款启事》，《申报》1924年10月28日。
⑧ 《红十字会遣送民夫》，《申报》1925年2月28日。
⑨ 《红会第五疗养所定期结束》，《申报》1924年11月5日。

二、分会的遣送工作

沪城分会对伤愈伤兵的处置早有准备。1924 年 10 月 19 日，该会正副会长"诣淞沪警察厅会晤王厅长，面商医院伤兵医愈后安置办法，闻已接洽妥帖。临时医院中，共有伤兵病兵三百余名，均已造册早报备案，以待伤愈发落"①。对于疗养所已经医愈的伤兵，愿归营者听其归营，欲归乡者则予以资遣；经费由夏、殷两会长设法筹措。并按名分给新棉衣一套，席与棉被各一条。并预先与长江轮公票局长袁仲蔚商定，票价按半价缴纳。上船时，根据路程远近，酌情发给零用川资 6 元、8 元、10 元不等②。

截至 1924 年 11 月 4 日，沪城红十字分会临时医院留养之伤兵中有医愈后自愿回籍者，业经该会夏会长购买船票，分别路程远近，酌给川资，分别遣送回籍者，已有数十名③。

沪城分会临时医院又于 12 月 17 日、18 日分别遣送治愈伤兵 31 人及 25 人，均发给衣服川资，并半价船票，送上盛京轮船，使之自行回籍。截至 12 月 19 日，该院尚有伤兵 100 余名④。1925 年 1 月初，"该会临时医院，连日所收伤兵，共有三百余名。九亩地第二疗养院所留伤兵五百余名"⑤。其中，发现有几十名士兵"均系无伤，系苏军缴械后放出，该兵无处容身，托名寻友，于忙乱时混入。虽无枪械，但无管束之人，恐防滋事，经该会具函报明淞沪警察厅后，……令将军衣脱去，每名给以元色新棉袄棉裤一套，并每名给大洋半元，派员押送令其自往城外旅馆居住，另谋一小营生，安分度日，不得违法强抢，自罹法网。各兵均称谢再三，作揖而去"⑥。余下的伤兵，该会的夏、殷二会长，向总商会接洽，获得虞、方二会长同意，代为筹款遣送。于是，1 月 18 日，该会将已治愈的北方 5 省 150 名伤兵，一并移送新舞台第二疗养所内住宿，并在 19 日派员接洽英国轮船，运送至青岛，分别遣散，其川资则由总商会给付。派徐可陆承办其事，待各兵登轮时点名给发。而南方 5 省之治愈伤兵，则另行遣送。至于尚未医痊之伤兵，一并移至太平街临

---

① 《沪城红会商议伤兵安置办法》，《申报》1924 年 10 月 20 日。
② 《新闻报》1924 年 10 月 10 日。
③ 《兵灾善后之各方进行》，《新闻报》1924 年 11 月 4 日。
④ 《红十字分会遣送伤兵回籍》，《申报》1924 年 12 月 19 日。
⑤ 《红会昨日之救护讯》，《申报》1925 年 1 月 15 日。
⑥ 《红会昨日之救护讯》，《申报》1925 年 1 月 15 日。

时医院暂住，待南市所借之潮惠会馆布置妥帖，再行迁往①。

2月25日、26日两天，浙江长兴、吴兴等县红十字分会，送来大批伤兵及民夫，请沪城分会代为转送原籍，以免流落。夏、殷二会长随即派救护队员区分籍贯，发给船票，送上轮船，令其自行回籍。25日送出35名，26日送出已愈之伤兵13名。这样，截至27日，院中尚有伤兵35名，须治愈方可遣送②。

至3月初，沪城分会临时医院留养之伤兵，已医治痊愈，分别给资遣送回籍。3月7日，又送出已愈伤兵7名，尚有13名未治愈。因战事已告结束，医院无存在之必要，议决临时医院于3月10日正式结束，所剩伤兵13名，转送总医院医治③。

嘉定分会则在沪募集经费，用以难民回乡安置，"对断炊缺衣者发给粮食、衣着，对房屋被毁无家可归者资助重建，对贫苦农民发放春耕资金"④。

娄塘分会在第一次江浙战争期间，救护难民来沪，多至3000余人，分居于江宁会所等处。当战事已告结束时，该会积极办理遣送事宜。于10月25日早晨8时，备民船8艘，第一次运送难民回籍，共计约800人，护送者为陈仲衡等。待原船回沪后，尚须陆续运送回籍⑤。

无锡分会自9月18日起，开始陆续资遣治愈伤兵，当日遣散4人。因身无余资，每名给予川资洋2元。红会方面给予医伤治疗证一纸，新短衫裤各一套，俾令回籍⑥。25日遣送1人，9月30日遣散数人、10月3日第二（大同）临时代用医院送至办事处治愈伤兵5名，当即令其卸除军服，分别遣散。至10月底，已先后遣返治愈伤兵近50人。据分会办事处查明，截至10月26日止，在锡受伤官兵，尚有59名⑦。

在难民遣送方面，红会无锡分会同样不遗余力。早在1924年9月底，因宜兴战事已停，所收容之宜兴难民亦正切念故里，分会办事处特致函宜兴红会，探询当地情形，以便将该处难民遣归⑧。10月2日，因宜兴已无战事，分会办事处特派卫士董安、赵得标两人护送宜兴方面救

① 《沪城红会治愈伤兵今日运往青岛》，《申报》1925年1月19日。
② 《沪城红会前昨遣送兵夫回籍》，《申报》1925年2月27日。
③ 《沪城红会临时医院结束》，《申报》1925年3月8日。
④ 杨于白主编：《嘉定县志》，上海人民出版社1992年版，第923页。
⑤ 《娄塘红十字分会第一次送回难民》，《申报》1924年10月26日。
⑥ 《战云弥漫中之红会》（十一），《新无锡》1924年9月19日。
⑦ 《红会纪事》，《新无锡》1924年10月27日。
⑧ 《红会消息汇志》，《锡报》1924年9月27日。

济来锡之难民回宜，共计男女大小 46 名，妥交宜兴红会收领安插①。

无锡分会鉴于遣返难民需费浩大，并考虑到灾民家破庐空，生活失据，所以在 10 月 14 日，战事刚一停歇之时便打算开展募集捐款，发给灾民中之确无生活资费者，以便他们能够做小本生意，借以糊口。为此，由薛南溟、杨翰西、蒋遇春、蔡缄三、唐保谦、华艺三、高映川、孙见初等 60 余人，发起成立了遣散灾民协会②。该协会设通讯处于通运桥西首乾益茧栈，委托孙见初主事；孙见初亲赴西北各乡募捐到银洋 1000 余元，又托范子澧赴东南各乡募到 500 余元，城内则由沈锡君、陈进立、李石安及女界社会服务团同人担任劝募，陈进立募到洋 200 余元，各丝厂及茧业等捐到洋千余元。截至 24 日为止，共募到洋 3000 元以上；并且还有各慈善家直接捐助，指定作为遣散灾民经费③。各界之慷慨解囊者颇为踊跃，即乡僻之间亦有闻风兴起者④。此外，无锡分会为遣散留锡各地灾民回籍，还发起赈灾劝募印折向各界募款。该市市董邹茂如君对于此事异常热心，除自认巨款外，并持折向各绅商劝募。各界踊跃响应，此次捐款总数达数百元，由邹茂如君送交锡地红会收领⑤。而这些都为难民遣返工作提供了经费上的保证。

10 月 18 日，无锡分会办事处因青浦、黄渡方面战事已告结束，而该处现状如何，以及是否安谧尚未知晓，特派调查队队长龚葆诚及第一救济队队长蒋仲良，乘车同往黄渡、安亭等处调查，以便遣送难民⑥。10 月 20 日，分会办事处致函各慈善家，请其将留养难民费用送交分会，作为遣散之需；同时致函各处安置所，请其将预备的三日留养费，用作遣送灾民回籍之需。各慈善家及收容所无不遵行照办。唐蔚芝先生函复红会，并附来预备留养费用洋百元捐作遣散难民之用，办事处当即去函致谢。第十安置所亦函复办事处，并声明原认留养妇孺额数 150 名，预备三日费用，特将余数凑足 50 元，捐作遣散难民之需⑦。

10 月 22 日，太仓分会派救济队队员蔡子芸、李林士乘船到无锡，与办事处商量接取该处难民回籍，商定难民于 24 日早晨乘船返回太仓。

10 月 24 日，无锡分会开始分批遣返难民，所有太仓、陆渡桥、嘉

① 《红会新消息》，《新无锡》1924 年 10 月 3 日。
② 《发起遣散灾民协会》，《新无锡》1924 年 10 月 14 日。
③ 《遣散灾民协会之进行》，《新无锡》1924 年 10 月 25 日。
④ 《遣散灾民协会之近讯》，《新无锡》1924 年 10 月 31 日。
⑤ 《赈灾募捐之踊跃》，《新无锡》1924 年 11 月 3 日。
⑥ 《红会新消息》，《新无锡》1924 年 10 月 19 日。
⑦ 《红会记事》，《新无锡》1924 年 10 月 21 日。

定、安桥、浏河、方泰、望仙桥等处之留锡难民，均于 24 日晨遣送回籍，共计 255 人。红会方面特派施襄臣、蒋汉卿随轮护送，并会同遣送灾民协会所派的职员陆安生、吴廷枚，携带协会现款 700 元，亲往太仓分会凭证发放，规定大口每名发给银洋 3 元，小口 1 元①。

为使难民能顺利返乡，10 月 24 日，办事处又函致沪宁路车务总管称：此次江浙战事发生，自昆山至黄渡，沿沪宁铁路一带难民避祸来锡者约有 1400 人，现在战事停止，该难民等久居客地，衣食堪虞，在此两星期内，均须陆续遣送回籍。因此请求自 10 月 25 日起至 11 月 7 日止，准许由无锡免费乘车至昆山、陆家浜、安亭、黄渡 4 站下车②。

分会办事处因战区军队业已次第开拔，而留锡各难民因急需回家收获，归心似箭，故此决定分日将各灾民运送回籍，当即分咨各留养处，准备一切，并派员面商马站长，请其允准免费乘车。马站长因无锡站无此权限，要求分会办事处向该路管理局局长直接请求，办事处随即拍发急电致该局吴局长。后经允准，减半价收费，具体情形则与无锡站接洽③。而办事处又恐复电尚需时日，而难民急于回籍者颇有迫不及待之势，即又发函恳请总兵站驻锡办事处处长，请其迅拨军用车辆为遣送灾民之用。兵站徐处长因锡站缺乏空车，急电南京总兵站速将空车驶锡，一俟抵埠，即行拨作红会遣送灾民之用④。

此外，安亭难民留养在锡者共有 1200 名左右，现该处战事结束，急待遣送回籍。分会办事处又因白鹤港、青浦等处难民车行颇不便利，特向中华新裕轮船公司商借通运轮 1 艘，并派广源公司船 1 艘，民船 6 艘，于 10 月 31 日下午，先将惠山蒋氏宗祠、李忠定公祠、南门南禅寺、永泰隆茧行等处难民共 800 余人由办事处派职员陈尔榆等 10 人，携带致安亭分会公函，随船护送至安亭，交由安亭分会分别遣送回籍⑤。并由无锡遣散难民协会派职员吴少英、赵文柏二人携带现款同船赴安亭，委托安亭分会按领款证散给各难民，大口 3 元，小口 1 元⑥。

无锡分会由各地救锡难民除逐批遣送回籍及先期由亲戚领往他处，并自费回籍者，截至 10 月 31 日，留锡者尚有 400 余人，办事处本拟随

①《遣送灾民之第一声》，《新无锡》1924 年 10 月 24 日。
②《红会记事》，《新无锡》1924 年 10 月 24 日。
③《红会纪事》，《新无锡》1924 年 11 月 2 日。
④《红会纪事》，《新无锡》1924 年 10 月 31 日。
⑤《红会纪事》，《新无锡》1924 年 11 月 1 日。
⑥《红会遣送灾民回籍》，《新闻报》1924 年 11 月 3 日。

即续行护送回籍，但因雇轮无着，而火车亦未交涉就绪，又接某方面消息称安亭车站驻军尚多，难民车行殊非妥善，故决意略缓数日再行遣送回籍①。经由红会与车站商议，在 11 月 4 日下午，预备四等车 3 辆，由头班客车拖送往安亭。分会特派医药主任徐元春，会计王翰声、陶原浩及职员程敬堂、陈进立等护送妇孺附搭专车至各原籍。车抵安亭时已是午夜，至 11 月 5 日才分送完毕。对于难民视其受灾轻重并由分会发给赈款 20 元、3 元、1 元不等②。

红会吴县分会于 1924 年 10 月 26 日开始第一次难民遣送，首批遣送对象是最先收容于宫巷乐群社、城外善益社、南濠街吴文钦等处的 120 多名难民；特派专员伴送赴太仓、安亭等处回籍。其他收容所之难民，也于数日内陆续遣回，且于送回时给予资助，以便回家时暂维持生活③。

吴江震泽分会，因时局已静，特于 11 月 2 日派遣救护员 4 人，将之前由嘉定、青浦、太仓等地救来之难民，伴送回籍④。

浙江地区一些分会，也进行了难民遣送。如杭州分会主要是遣送治愈伤兵回闽、赣。自 10 月 13 日至 24 日，已遣送 300 余名。25 日至 10 月底，又续到百余名，有烟瘾及疮伤者居多数⑤。此后，杭州红十字分会与众商会集资在江干遣送士卒回籍者共达 600 余名，直到 11 月 10 日方才撤销收容所停止遣送⑥。

嘉兴濮院红十字分会收容所设立以来，救护难民尚能尽职。投所避难者每日给二粥一饭，寒者给衣被，病者给医药。因战事结束，该所亦拟即日撤销。在所难民由分会酌给资斧，遣回原籍。内有受流弹伤者数人，早经钟爻吉医师钳取子弹救治，脱离生命危险。所中应需经费由该地慈善家捐助⑦。

吴兴分会此次资遣民夫，共用洋 1600 余元，收入用款只有 900 余元，不敷约 700 余元⑧。

① 《红会遣送灾民回籍》，《锡报》1924 年 11 月 1 日。
② 《安亭方泰等处难民分送回籍》，《申报》1924 年 11 月 6 日。
③ 《江浙善后声中之各方杂讯》，《新闻报》1924 年 10 月 29 日。
④ 《震泽：红十字分会消息》，《吴江》1924 年 11 月 16 日。
⑤ 《杭州短闻》，《新闻报》1924 年 10 月 30 日。
⑥ 《杭州快信》，《申报》1924 年 11 月 10 日。
⑦ 《濮院红会资遣难民》，《申报》1924 年 10 月 27 日。
⑧ 《吴兴红十字会开议事会》，《新闻报》1925 年 4 月 15 日。

三、红会与其他慈善团体的协同遣送

难民的遣散是一项面广量大的工作，不但耗资巨大，持续时间也很长，仅靠红十字会自然无法独立承担。因此，红十字会也注意积极利用各种社会资源，包括与其他慈善机关协同完成难民遣送任务。

在难民遣送中发挥过重要作用的愚斋义庄就与红会合作密切。江浙战事激烈之时，旅沪已故中国红十字会首任会长盛宣怀之夫人庄氏鉴于各处难民流离失所，困苦不堪，特从愚斋义庄名下拨洋万元，在舢板厂桥设立江浙战地难民收容所，先后收留难民数千人。1924 年 10 月底，江浙战事告终，即将各难民送回原籍①。

其他慈善社团的难民遣送工作，也大大缓解了红十字会的工作压力。1924 年 10 月下旬，江浙战争暂告结束，各慈善团体收容所内难民均预备遣送回籍。闸北慈善团蓝十字会之收容所先后共收男女难民 1700 余名，其中以黄渡、纪王庙、罗店等处难民为最多。战事平息，各难民思乡心切，纷求遣送。该所第一批计遣送泗泾、七宝男女难民 22 名，黄渡、诸翟等处 12 名，其遣送手续分别进行。各难民除分别给予棉衣、干粮外，每名还给大洋 1 元以备沿途使用。载至 10 月 27 日止，已先后送回黄渡、南翔、纪王庙、诸翟、泗泾、七宝、浏河、嘉定等处男女老幼 2600 余人②，可见其成效之大。

中国济生会白十字收容所留养大批松江难民，其中第一所 198 人、第三所 95 人、第六所 98 人、第九所 127 人、第十所 34 人。因战事停止，这批难民于 10 月 29 日起分批乘车返回原籍。济生会还特致函沪杭路局及沪宁路局之车务总管，请求以半价运送难民③。

新闸九路商界联合会及育伦善会两收容所于 10 月 26 日上午 9 时许，将南翔、黄渡一带难民五六百人挂铁篷车三节由快车拖带至各地，以便难民回籍，并沿途派人照料④。

通过红会及其他社会团体的共同努力，伤兵和难民的人道资遣工作得以顺利完成。

人道的力量：中国红十字会救援江浙战争研究

---

① 《盛氏收容所遣送难民回籍》，《申报》1924 年 10 月 29 日。
② 《蓝十字会顾虑无家可归之难民》，《申报》1924 年 10 月 28 日。
③ 《济生会遣送难民回籍》，《申报》1924 年 10 月 29 日。
④ 《大批难民送回原籍》，《申报》1924 年 10 月 27 日。

第三节　兵灾损失调查与赈济

战争告一段落，灾民陆续返乡，战区之内满目疮痍，急待恢复。由此，战争损失的调查工作也就刻不容缓。红十字会亦积极参与兵灾损失调查和善后工作之中。

一、红会积极参与兵灾损失调查与赈济

江浙战争的主战场在江苏，齐卢双方投入的兵力各近 10 万人。战线绵延百里，战争前后数月。在此期间，双方激烈鏖战，上海周边多地遭受池鱼之殃。这场战争给江苏人民带来了深重的灾难，散兵游勇劫掠烧杀，奸淫掳掠，时有所闻。据《江苏兵灾调查纪实》记载，上海、嘉定、宝山、金山、昆山、太仓、宜兴等地饱受摧残，损失奇重，先后"为齐燮元所蹂躏而损失的约计六千万元有奇"[①]，太仓浏河被炮火全毁之房产，"计一百五十四户，共一千五百二十九间，炮弹炸坏房屋约三千三百余间，综计损害断在七十七万元以上，而屋内之财物不与焉"[②]。在昆山夏家桥乡，"人烟断绝，十室十空"。松江城内商店"以存货倾尽，关门者达百分之九十五"。无锡受战争影响，纱厂"大都停工，工人生活困苦万分"[③]。

早在 1924 年 9 月底，第一次江浙战争的战事仍在激烈进行之时，善后问题就已经被提上议程。9 月 25 日，由储南强等人发起成立"江苏兵灾善后筹备会"，该会"以筹备本省兵灾善后事宜为宗旨"，其工作主要是"收集流亡，调查损失"，"与政府当局交涉救济赔偿方案"，以及"其他关于兵灾善后各事项"[④]。9 月 29 日，江苏兵灾善后救济筹备会苏、松、常、太筹备员 40 余人在镇江大观楼开会，商讨兵灾善后筹备事宜[⑤]。

及至 10 月初，江苏兵灾善后筹备会举定张季直（张謇）为正会长，

---

① 北京政府内务部档案：《浏河兵灾善后会致内务部呈》（1924 年 12 月 17 日），中国第二历史档案馆藏。

② 北京临时执政府档案：《江苏兵灾各县联合会致临时执政府呈》（1925 年 5 月 24 日），中国第二历史档案馆藏。

③ 孙宅巍、王卫星、崔巍主编：《江苏通史》，凤凰出版社 2011 年版。

④ 《江苏兵灾善后筹备会宣告》，《申报》1924 年 9 月 25 日。

⑤ 《兵灾善后会在镇开会》，《申报》1924 年 10 月 3 日。

唐蔚之、王丹揆为副会长；总务、文牍、调查、统计等相关部门的人员，均配置完成①。

10 月中旬，战争结束，战区各县纷纷行动起来，组织兵灾善后会。10 月 23 日，嘉定各公团及旅沪人士在旅沪临时维持会开兵灾善后成立会，到会者 57 人，推举顾景初为正会长，黄允之、戴伯行为副会长，戴伯行兼总务主任，徐新甫为经济主任，黄允之兼调查主任，顾秋涛为赈务主任，并于通都大邑及各乡区设立分会②。

松江对于兵灾的善后工作则有地方绅士张葆培等发起善后协会，主要任务：（一）救济无力回松者旋里；（二）调查受灾损失，向政府索赔并接济本地之无钱度日者；（三）军事长官严束所部③。松江兵灾善后会于 10 月 25 日在县商会成立，并决定以调查各市乡灾情为入手。该会为实施详查，特致函 24 市乡联合会，请其分任调查借资救济，并于 11 月 3 日下午，在松市公所召集会议磋商办法④。

此外，其他地方及乡镇如青浦、宝山、南翔、漕河泾等地也都陆续组织成立了兵灾善后会，主要工作包括调查灾况、设法赈抚、注意公共卫生预防疫疾、清乡等几方面⑤。而红十字会在此中扮演了重要角色。

11 月 5 日，宝山兵灾善后会会长袁观澜邀集太仓、嘉定、松江、青浦、金山、昆山各县士绅开会，筹备发起兵灾各县善后联合会；11 月 7 日，各地代表共计 30 余人在江苏省教育会开会，兵灾各县善后联合会正式成立⑥。此后，联合会便派出调查团分赴战区各地，展开详细调查。

"兵灾善后农业调查团"先后前往太仓、浏河、昆山、嘉定等处实地勘察受灾情形。调查团团员原颂周、杨焕春则随红十字会救济队由昆山前往太仓，沿途遇见难民甚多，有缺乏衣食者，即将船上携带之粮食分发给难民，从昆山到陆渡桥，已将所带米粮 10 石发放完毕。陆渡桥一带饥民罹患伤寒、疟疾者颇多，急须设法治疗，便由该团团员傅焕光移借 300 元交于胡润德医生及美国魏医生前往上海采办药品⑦。此外，调查团叶元鼎、傅焕光等人，赴太仓调查，以浏河为中心，分赴受灾各

left margin
人道的力量：中国红十字会救援江浙战争研究

---

① 《南京快信》，《申报》1924 年 10 月 3 日。
② 《嘉定兵灾善后会成立》，《申报》1924 年 10 月 24 日。
③ 《兵灾善后会纪事》，《申报》1924 年 10 月 26 日。
④ 《善后会之进行》，《申报》1924 年 11 月 1 日。
⑤ 《兵灾善后录》，《申报》1924 年 10 月 22 日。
⑥ 《兵灾各县善后联合会今日成立》，《申报》1924 年 11 月 7 日。
⑦ 《兵灾善后农业调查团离沪》，《新闻报》1924 年 10 月 10 日。

乡。调查团在进行调查的同时，也同时展开赈灾救济工作。

此外，中国济生会白十字救济队也开展了兵灾调查。该会以"兵灾甫定，各慈善家分头救济颇不乏人。惟穷乡僻壤交通纡滞之区救济者或未能遍到，难民独抱向隅，尤堪悲悯。遂由总务处派队员刘荣卿、穆家梁、王才运、冯仰唐、徐立人、陶凤歧、郑廷甫、张长秋等分头出发调查各僻壤之灾情。预定出发地点为方泰、马陆、石门冈、陆家行、漳浦、赵泾、南横沥、沙泾、鹤林山等处。按灾情之大小定赈济之厚薄。并由总务处电告嘉定县知事请迅饬沿途当局予以保护"①。

1924 年 10—12 月间，中国红十字会积极参与了灾情调查与处置。红会的一些成员加入当地的兵灾善后组织。如嘉定红十字分会的顾吉生、项如松、朱吟江即在嘉定兵灾善后会中担任名誉会长，在兵灾调查和赈济活动中发挥了重要作用。

红会在战后同样也开展了兵灾损失调查，并且，这类调查活动是与战区散赈服务同时进行的。

中国红十字会总办事处于 11 月派出徐乙藜医生，赶赴南翔、嘉定、黄渡一带，调查暴尸情形，"经徐医生报告后，总办事处旋派徐乙藜医生，偕同庶务员王锦城及茶房工役人等，乘内河招商轮船前赴黄渡一带掩埋暴尸"，同时，还带上不少钱洋、支票、棉衣、食米、面粉锅等件，分发给灾民。"谅来春疫疠，定能稍减一班（斑）；鸠形鹄面之灾民，亦可稍慰薪忧矣"②。12 月初，红十字会总办事处调查得知，吴淞、宝山一带，难民缺衣少食，于是"雇用驳船一艘，装载棉衣裤五百套，白米五十石到淞，驶至宝邑月浦乡，预备散放急赈"③。

10 月下旬，青浦红十字分会在将青浦避难妇孺陆续护送回籍后，认为"善后办法先从调查入手，当经派会员孙子杨等四人"，到赵屯桥、白鹤江、旧青浦一带实地调查，"随舟备带棉衣铜元，见有极贫苦者即行发给，暂济目前。俟调查全县竣事，再定办法分别施赈"④。及至 11 月中旬，红会青浦分会继续"办理善后事宜，派员至各乡调查被灾实情

---

① 《济生会调查各地灾情》，《申报》1924 年 11 月 7 日。

② 《红会派员赴黄渡掩埋暴尸》，《新闻报》1924 年 11 月 24 日；《红会员役赴黄渡》，《申报》1924 年 11 月 24 日。

③ 《红会至月浦施放棉衣》，《新闻报》1924 年 12 月 3 日。

④ 《青浦红十字分会善后一斑》，《新闻报》1924 年 10 月 31 日；《青浦红会救济灾民讯》，《申报》1924 年 10 月 30 日。

以为将来赈灾之预备"①。

11月初，常熟红十字分会接受常熟行政长官赵知事的邀请，参与组织"常熟义赈会"，"专以赈济战地灾民为宗旨"，以便就近调查灾情，随时随地从事善后事宜②。

1924年11月16日，在太仓，"韩省长委本省任用知事周恩绪，带米二百石，莅太散放急赈。县公署于十一日，召集救济会各团体，会商散赈办法。结果，归兵灾救济会、红十字会、商会派定干员，分赴浏河、陆渡桥、茜泾、新塘、杨林、牌楼等各灾区，散给米粮。并由红十字会带去棉衣数百件，分给贫民"③。

二、红十字会在昆山：兵灾调查和善后的一个侧面

红十字会在昆山地区的损失调查是红十字会开展兵灾善后工作的一个缩影。

昆山受到战争创伤较重。"昆邑城区为后方总兵站，事前事后均为兵队屯驻之所，受战争蹂躏最久，受灾严重"④。据总会驻昆医疗队队长倪承方回忆，"日夕所闻者惟枪炮之声，举目所见者多属血肉模糊之伤兵，惊心惨目无过于斯"⑤。战时齐军频繁到巴城封船拉夫，勒索乡里，人心惶惶。强索军需，稍不遂意，即以枪示警，百姓惊恐万状，许多乡人纷纷外出避难他乡⑥。菉葭浜、夏驾桥、花桥等乡同样遭害严重⑦。各市乡兵灾抢劫损失，城区附廓最巨，此次兵灾城区经济损失达120万元⑧。其次为安亭，约50万元，蓬阆乡约40万元，菉葭浜、夏家桥乡各30余万元。次为茜墩，约20万元，石浦约10万元。再次为张浦，约5万元，杨湘泾乡万余元。总计市乡抢毁损失共约306万元。齐卢战争

---

① 《红十字分会之成绩》，《申报》1924年11月15日。

② 《组织义赈会纪》，《新闻报》1924年11月7日。

③ 《省委莅太散放急赈》，《申报》1924年11月16日。

④ 宋琨辑：《江苏兵灾调查纪实——太仓、昆山》，苏州市地方志编纂委员会办公室、苏州市档案局、苏州市政协文史编辑室编：《苏州史志资料选辑》（半年刊）1990年第2辑（总第16辑），《苏州史志资料选辑》编辑部出版，第99页。

⑤ 倪承方：《江浙战争中之驻昆山红会医疗队纪》，《中华医学杂志》第11卷第1期。

⑥ （长江三角洲乡镇志丛书）《巴城镇志》第3编《政治设置·兵事》，上海人民出版社1991年版，第52页。

⑦ （长江三角洲乡镇志丛书）《陆家镇志》，中国大百科全书出版社上海分社1992年版，第240页。

⑧ （昆山地方志丛书）《昆山市玉山镇志》，上海科学技术文献出版社1996年版，第244页。

中，蓬阆、菉葭是其争夺上海的前沿战场，毁房 1500 余间①。兵希亦为齐卢争夺上海的前沿战场，毁房 1500 余间②。昆山全县稻田约百万亩，早稻受损最大，晚稻较轻，平均损失约占百分之二十，估价 240 万元。棉区仅安亭及菉葭浜两乡，棉地约 5 万亩，损失约占百分之六十，估价 54 万元。棉地副作物多间作大豆、赤豆、小豆等，几乎完全损失，估价 10 万元。合昆邑农田损失约 304 万元。合市乡被兵士抢毁之数计之，共损失 610 万元③。

红十字会在昆山集中而积极开展的兵灾调查与善后工作，体现在以下数端：

其一，昆山分会的得力组织。

兵灾给昆山人民带来了深重的灾难，人道救济刻不容缓，昆山红十字分会对此责无旁贷。

1924 年 9 月 1 日，由地方名流方还、王沂仲、蔡璜等组织成立了中国红十字会昆山分会，方还为会长。分会在战争过程中不仅积极配合总会驻昆山救护队开展救护工作，还进行了难民的收容与救济，设立收容所 5 处，收养妇孺逾千。为照顾难民，昆山红会还赴苏州为难民购置棉被、棉衣，并请驻昆救护队医士，定期为难民检视疾病④。同时设立临时医院，救治大批受伤兵民。在江浙战争的救援活动中，昆山分会取得很大成绩，得到了高度认可。《申报》评价其协同医队办理救护事宜，成绩甚优。昆山下属之蓬阆镇在战时独得完善。陶公亮、邵可羡等热心任事，亦设立收容所，救济妇孺，送至常熟等处千数百人。

昆山分会在战事初停之后，即组织力量开展救济，并作相应的调查。根据调查结果，"徐公桥一片之土常麕集数千人，无一隙地。各家并灶以炊，让出锅灶，俾难民轮流自煮。米则尽量散给，计有二月有余。迨战事初停，民都无家可归，门窗、锅灶、什具等荡焉无遗。预筹借五千元，分组切实调查，分极贫而抄略尽者，列甲等；次贫而抄略尽

① （昆山地方志丛书）《蓬朗镇志》，昆山市蓬朗镇志编纂委员会 1992 年编印，第 204 页。
② 凌克强主编：《兵希镇志》，哈尔滨出版社 2001 年版，第 109 页。
③ 宋琨辑：《江苏兵灾调查纪实——太仓、昆山》，苏州市地方志编纂委员会办公室、苏州市档案局、苏州市政协文史编辑室编：《苏州史志资料选辑》（半年刊）1990 年第 2 辑（总第 16 辑），《苏州史志资料选辑》编辑部出版，第 86 页。
④ 池子华、曹金国、薛丽蓉、阎智海：《红十字：近代战争灾难中的人道主义》，合肥工业大学出版社 2013 年版，第 97 页。

者，列乙等；极贫而略被抄尽者，列丙等。即散放急赈，民稍得苏息也"①。

昆山分会在战事结束后，考虑到难民即将回籍，为保障他们的基本生存需要，"又为之实地调查，捐募衣服、被褥，供给灾地米粮，体恤灾民甚为周到"②。并且在遣送难民回籍前，为保障难民回籍后的安全，昆山分会对难民所属乡镇的安全状况也预先进行了实地考察，"派员实地察看灾区情形后再行遣散原处"，以便妥为安置③。

11 月 14 日，昆山分会召集会员共同筹商善后救济。鉴于昆地无公众医院，"一遇紧急之秋，疫疠流行，临时设施，颇行不便"④，昆山分会特募集捐款会同瞿、陈两医生创办医院。资遣工作是善后救援的一个重要方面。昆山分会特将难民次第遣回安亭、白鹤江、蒋浦、重固、黄渡、方泰、望仙桥等处⑤。

安亭当战线总枢，为前方总兵站，避难者尤众。中国红十字会安亭分会于 1924 年 9 月 11 日成立，安亭分会作为昆山（一说嘉定）第一个成立的乡镇分会，在昆山的战争救援中起到了相当关键的作用。主任李仲廉与热心士绅以及美国慈善家毕君等对其困守不能远行者，都群集蔡望之村庄。今战事结束难民不日回安，又为之实地调查，捐募衣服被褥，供给灾地米粮，体恤灾民甚为周到⑥。

其二，中国红十字会总会的大力协助。

中国红十字会总会对昆山的兵灾善后工作也十分重视。此次战火，昆山受害最烈，难民遍野，竟有绝粒之感，虽有米粮，而各家灶锅等物无一完成。因而，"为人道救济起见，特备干粮 160 大箱，由镇江转沪宁路运至昆山发放云"⑦。鉴于昆地无公众医院，"兵灾之后，秋冬之交，易生疫疾，自救护队撤回后，随设临时治疗所，接总办函，准由瞿君康伯、孙君伯颐，留驻昆会，担任医治职务"，并协助昆山红会募集捐款，创办昆山广仁医院⑧。1925 年 1 月，昆山广仁医院正式成立。该医院

---

① 娄东、傅焕光、黄允之等：《江苏兵灾调查纪实：昆山县》，江苏兵灾各县善后联合会 1924 年编印，第 4 页。

② 《红会救济成绩》，《申报》1924 年 10 月 27 日。

③ 《常熟第一批难民抵蓬》，《申报》1924 年 11 月 2 日。

④ 《昆山红会创办医院之沪讯》，《申报》1924 年 12 月 11 日。

⑤ 池子华、曹金国、薛丽蓉、阎智海：《红十字：近代战争灾难中的人道主义》，合肥工业大学出版社 2013 年版，第 107 页。

⑥ 《国内要闻二》，《申报》1924 年 10 月 27 日。

⑦ 《沪埠军事善后之昨讯》（十一）《收束中之慈善团消息》，《新闻报》1924 年 10 月 25 日。

⑧ 《昆山红十字分会消息》，《申报》1924 年 11 月 1 日。

"由地方出资，红十字会主办。院址半茧园，院长陈天枢······除诊疗外，还开展戒烟、时疫防治业务"①。

其三，其他分会的全力支援。

一方有难，八方支援。昆山灾情严重，各地方分会也都派队前来支援。1924年10月25日，战争初步结束之际，红会无锡分会办事处"特派职员张子明、葛万方二君，同赴安亭、白鹤港、青浦等处，调查该处是否安靖，遣散各该处难民回籍时，中途有无阻碍"②。不久，调查员"报告白鹤港等处，现已安靖，惟安亭尚有驻军数千，均分驻民房；故安亭镇之灾民尚难回籍，白鹤港等处则可陆续送归"，为此"办事处现拟先将白鹤港、青浦等处灾民遣送回籍"③。可见，无锡分会的善后工作是以实地调查为依据，堪称仔细周密。

1924年11月初，红会吴县分会所组织之救护队派出卫生科主任彭介子，率领队员5人，附搭兵车，赶赴昆山、太仓一带勘察灾情，并与当地士绅接洽，会商救济办法④。及至12月初，吴县分会在嘉定、青浦、黄渡、娄塘、安亭、昆山、白鹤港、朱家桥等地，一边调查灾情，一边散放急赈，"所有经费洋一万元，连同捐助之棉被、棉衣裤等业已散放殆尽"⑤。

红会吴江震泽分会经过调查，得知安亭一带"居民房屋尽遭毁损，衣食均无着落"⑥，同时也应安亭分会之请求，特赶制棉衣数百件，由庶务长周述先及救护队员吴柏如、陆序清押运至苏州，转车至安亭散放⑦。

此外，1924年11月初，南京红十字分会李仲霞等6人，由南京分赴昆山、太仓、嘉定等战区，调查灾况⑧，以便办理兵灾善会事宜。

三、红会与其他团体协同开展善后工作

在江浙战争兵灾善后过程中，其他一些参与的社会团体，比如南京美国红十字会（中国红十字会难民救济会），主动地与中国红十字会联

---

① 严晓凤、池子华、郝如一主编：《苏州红十字会百年纪事（1911—2011）》，安徽人民出版社2011年版，第7页。

② 《红会纪事》，《新无锡》1924年10月26日。

③ 《红会纪事》，《新无锡》1924年10月28日。

④ 《苏州红十字分会之近况》，《新闻报》1924年11月9日。

⑤ 《苏州红会赴太散放急赈》，《新闻报》1924年12月6日。

⑥ 《红会运送棉花》，《民国日报》1924年11月24日

⑦ 《震泽：红十字分会消息》，《吴江》1924年11月16日。

⑧ 《昆山红十字分会消息》，《申报》1924年11月1日。

系相关事宜。1924年10月21日，该会救济队队员俞友仁、伍善龄，在南翔目睹灾民多至数千，有缺乏粮食之虞，特地来到无锡，与红会无锡分会办事处磋商协助食米事宜。红会无锡分会旋即由蒋理事长委派职员沈景华、李石安、杨立人、杨树宽4人，携函前往红会南翔分会，实地调查，并准备白米40石、面粉20袋，装车运送南翔，派调查队队长龚葆成押送前往接济灾民①。10月底，美国红十字会受江苏省长韩国钧所托，与无锡分会合作，赴昆山开展赈济活动。至11月初，共散放白米200石，现洋300元②。

嗣后，南京美国红十字会（中国红十字会难民救济会）派会员数人，到安亭北之望仙桥镇，"察看灾情，并挨户调查难民人数，详载表册，一俟调查事竣，即赴昆山报告详情，再由该会购备急需品按册赈济"③。该会先后共募集衣被9000余件，白米计40石（省长划拨之米不在此内）。从各方筹集款项共计4900余元，购得棉被368床、白米55石、山芋100石，发放现洋近500元④。12月3日下午，还派干事鲁仕清率队将所募集1000余套棉衣，分装10大箱，运往宜兴散放。江苏赈务处于12月19日运来大宗棉衣棉裤，亦委托该会内部主任鲁仕清代为分发，鲁仕清亲往各灾区，实地调查，务使难民实沾其惠⑤。至12月下旬，其活动方告完全结束。

各路商界总联合会也于12月下旬举行临时议董会，到会各路议董20余人，袁履登主席。安亭兵灾善后会代表请拨助棉衣、棉被等救济灾民。会议决定先派委员前往查勘，俟衣被等办妥，即送老大房代收转运散发⑥。

综上所述，战争结束之后，兵灾损失调查随即展开。在各社会团体和各界人士的共同努力下，兵灾调查取得了一定的成绩，获得了比较翔实的战争损失数据。调查显示了战区各地所遭受的损失情况，有助于政府对受灾地区采取减免赋税或补助等政策，这无疑对广大难民恢复生产生活十分有利。在进行调查的同时，人道救援工作也持续推进。红十字会以及兵灾善后会等社会团体各尽所能，募集了大量的经费和物资，对

---

① 《红会消息汇志》，《锡报》1924年10月22日。
② 《红会纪事》，《新无锡》1924年10月21日。
③ 《昆山红会调查望仙桥灾情》，《申报》1924年11月4日。
④ 《中国红十字会难民救济会（原名美国红十字会）启事》，《申报》1924年12月2日。
⑤ 《昆山红会调查受冻灾民》，《申报》1924年11月21日。
⑥ 《商联会赈灾救济》，《申报》1924年12月20日。

广大难民进行了力所能及的救助，为饱受兵灾之苦的灾民提供各方面的帮助，使大批难民免受冻饿之苦，度过最为艰难的时期，充分体现了人道主义精神和社会责任感，着实令人称道，也留下了宝贵的历史记忆。

小　结

广义的兵灾善后，涉及方方面面，头绪众多，对此当时的农学家、农业教育家过探先在《上韩省长论兵灾赈务书》中，曾经一一详细列举和论述。例如，兵灾赈务应采取的 5 个方针：应即刻谋求地方秩序之恢复；施放急赈愈快愈好；散赈应优先发放食米衣被及一切日用之必须物品；施赈应优先针对完全贫苦之人，以维持生存糊口；筹划帮助人民恢复生产经营。又如，根据这 5 个方针，应该办理 6 个方面的事项：一是尽撤军队；二是办理清乡，打击兵匪流氓；三是设卫生处，防疫和治疗疾病；四是开展急赈，对广大困苦难民发放衣物食米等日用必需品；五是规划生产经营活动的恢复与发展；六是整顿公序良俗和人心。再如，兵灾善后事务的进行，还涉及组织制度建设、人事安排、具体步骤，等等[①]。而本章所谓的兵灾善后，仅仅是在狭义层面而言的。不过，狭义的兵灾善后，恰恰是广义的兵灾善后之基础与前提，因为伤兵和难民的遣送、尸体的掩埋与防疫、灾情调查与处置，这几个方面既是最初级的事务，又是最迫切的事务。正是在这个意义上，可以说，中国红十字会所开展的兵灾善后工作，为江浙战区广大受灾民众逐步走出战争创伤，做出了重要贡献，用不懈的努力诠释了"人道、博爱、奉献"的红十字精神。

第六章　江浙战争兵灾善后

201

---

　　① 娄东、傅焕光、黄允之等：《江苏兵灾调查纪实：上韩省长论兵灾赈务书》，江苏兵灾各县善后联合会 1924 年编印。按：过探先（1886—1929），农学家、农业教育家，他在 20 年代创办国立东南大学农科和金陵大学农林科，造就了我国早期的一批农林科技教育人才，还在开创江苏教育团公有林、建立植棉总场和开拓我国棉花育种工作方面做出重要贡献。他积极参与中国科学社和中华农学会的创建工作，是我国现代农业教育和棉花育种事业的开拓者。

第七章 中国红十字会救援行动评价

江浙战争期间，中国红十字会使命所在，成为战争救援的主要力量。红十字总会与江浙地方各个分会共同努力，较好地完成了人道救援任务，显示了人道的光辉，但在救援过程中也出现了一些遗憾和问题。不过，从总体上说，通过此次战争救援行动，中国红十字会扩展了组织，积累了经验，有力地推动了中国红十字事业的进一步发展。

第一节 人道救援成效分析

江浙战争爆发，战区各地深受兵灾之苦，急待救助。而中国红十字会因其性质和战争救护的基本职能，自然成为人道救援活动的主要力量。

早在战争爆发之前，红十字总会就开始调集人员，筹措药品物资和交通工具，以备随时应用。总会总办事处还组织成立了多支救护队，分别派驻浏河、嘉定、昆山等处，以应对局势的变化，并且还设立机动队作为接应。各队救护队员不畏艰险，于枪林弹雨之中穿梭往返于各个战场，全力展开救护，取得了令人瞩目的成绩。

一、战场救护方面

在主要交战地区，因双方交战十分激烈，几乎每日都有伤兵需运送疗治。如第一次江浙战争期间的浏河战场，战况空前，伤亡惨重，造成了严重的人道灾难①。中国红十字会及时派出救护队，开展人道救援，成效显著。具体救援情况如下表所示。

人
道
的
力
量
：
中
国
红
十
字
会
救
援
江
浙
战
争
研
究

202

① 宋琨辑：《江苏兵灾调查纪实——太仓、昆山》，苏州市地方志编纂委员会办公室、苏州市档案局、苏州市政协文史编辑室编：《苏州史志资料选辑》（半年刊）1990 年第 2 辑（总第 16 辑），《苏州史志资料选辑》编辑部出版，第 86 页。

表7-1　江浙战争中总会救护浏河伤兵情况表

日　期	伤兵（人）	日　期	伤兵（人）
9月4日	9	9月21日、22日	约24
9月6日	35	9月23日	2
9月7日	伤116、死1	9月24日、25日、26日	8
9月8日	20余	9月27日	1
9月9日	约10	9月29日	2
9月10日	20	9月30日—10月1日	10
9月11日	31	10月2日	8
9月12日	20余	10月3日、4日	6
9月13日	17	10月5日	3
9月14日	7	10月6日、7日	10
9月15日	30余	10月8日	2
9月16日	9	10月10日	7
9月17日	13	10月11日	3
9月18日	10余	10月12日	2
9月19日	10余	10月13日	3
9月20日	14	总　计	约464

资料来源：此表系根据《申报》《新闻报》相关报道及曹金国《江浙战争与中国红十字会的人道救援》（苏州大学2008年硕士学位论文）编制而成。

　　由上表可知，仅在浏河一地，总会总办事处即救护伤兵近500人。

　　其他战场也是如此。如前所述，在嘉定，总会先后救治黄渡、嘉定城厢、南翔、马陆等地伤兵1200余名；在昆山，总会驻昆救护队所救伤病兵民达1500余人之多，其中重伤者10余人、轻伤者每日最多达100余人；在松江，总会救护队救助难民数百人，红十字会第五医院松江新普育堂分院疗治伤病士兵达2000余人。

　　各地分会还根据各自实际情况，积极采取行动，纷纷派出救护队，前往战区各处救治伤兵。这其中，沪城分会成绩显著，多次派出救护队，在两次江浙战争期间，先后救治受伤兵民千余人。宝山分会救护队先后救出受伤士兵40余人；吴县分会组织了3支救护队，还专门设立了伤兵收容所，前后共计救护伤兵1000余名；无锡分会组建了数支救护队，分赴昆山、宜兴前线协助救护，运送大批伤兵回锡治疗。

除救治伤兵外，营救难民出险也是战场救护活动的重要内容。在江浙战争中，红十字会总办事处多次派出救护队，前往战地接运难民。救护队在战地救护难民总数超过 5000 人。此外，红会驻昆山救护队，驻扎昆山近 2 个月，"救得难民千余"①；驻常州救护总队也派出队伍，前往宜兴，营救难民。这些数字的背后，昭示出人道力量的强大和红十字人为此所付出的努力。

二、医院救治方面

前文所述，总会在上海设立了 13 家红十字医院，救治受伤兵民，是医院救治中的主要力量。江浙战争中，红会总医院主治重伤士兵，日均伤兵数多至 141 人，时济医院两月总日均数也达 110 人，公立医院则为 121 人，时疫医院为 62 人。4 家医院的伤兵总日均数为 108 人，日均总计 430 余人，如下表：

表 7－2　江浙战争时期红会总会 4 大医院收治伤兵情况表

事项＼医院人数	总医院	时疫医院	时济医院	公立医院	总计
9 月日均伤兵数	121	73	121	107	105
10 月日均伤兵数	161	52	100	135	112
总日均伤兵数	141	62	110	121	108

资料来源：此表系根据《申报》《新闻报》相关报道及曹金国《江浙战争与中国红十字会的人道救援》（苏州大学 2008 年硕士学位论文）编制而成。

值得注意的是，天津路时疫医院伤兵较少，但时疫医院作为伤兵救治承转总机关，伤兵到沪均由医务主任牛惠霖等，分别轻重送往各医院医治，他们在医治伤兵过程中起到了极为重要的作用。

各地分会也各尽所能，成立临时医院及伤兵收容所，全力救治伤兵。如前文所述，沪城分会在上海市内分设多处临时医院及伤兵收容所，先后留治受伤兵民多达近千人；青浦分会设立伤兵疗养院，治愈伤兵和流弹所及之难民 134 人；松江分会在第一次江浙战争期间，医疗住院伤兵先后 400 余人，病兵治疗，则达千余人；无锡分会设临时代用医院 3 处，收治伤兵，总共救护和收容伤兵近 200 人；常州分会收治住院伤兵 200 余人，诊治伤兵 1000 余人次；昆山分会设立疗养院 2 处，共医

① 《红会驻昆救护队返沪》，《申报》1924 年 10 月 28 日。

愈伤兵、俘虏、乡民 583 人，死 8 人；镇江分会共收治伤兵 90 余人；南京分会鼓楼医院从 1924 年 9 月 13 日至 23 日，共计医疗伤兵 49 名，其中重伤者 10 余名；吴淞分会医院先后治疗伤兵七八百人；娄塘分会中西医士施诊计 3862 人次，其中西医诊视 3000 余人次，中医 862 人次，救治受伤难民 284 人。

救死扶伤是人道主义的主旨，红十字会用行动做了诠释。

三、难民收容与救助方面

红会总办事处对难民收容问题极为重视，在上海市内及周边各处都开设了难民收容所，还曾先后 8 次派船前往苏州，接运难民至上海安置。

派驻各处的各支救护队也与当地红十字分会合作，开办难民收容所或妇孺收容所，收容救助了大批难民。如前所述，红会第五疗养所驻松江分所，在第一次江浙战争前后，开办两个月来，即收容避难妇孺计近 900 人。第二次江浙战争期间，更是收容转运难民多达 4000 余人。

在难民救济方面，各分会同样不遗余力。以娄塘分会为例，娄塘地处浏河、嘉定之间，自苏浙两军交战后，"避难到镇者颇众，幸赖潘乡董、殷所长会同地方士绅周同笙、陈佩葱、周子馨、印霭伯等组织红十字分会，并捐资办理救济事务，除每日备餐供给各难民外，且陆续雇船装运来沪"①。比如，1924 年 9 月初，嘉定浙军与太仓苏军激战数日，西北乡及娄塘等处乡间人民，无法逃避，狼狈不堪，娄塘分会即派救护员雇大船 3 艘，载运难民 300 余人抵沪，收容于新闸路口江宁公所②。有报道称，"附近各乡被难者纷纷到镇避难，尚有二三千人，一切饮食，由该分会供给"③。12 日晨，娄塘分会救获难民 3 大船，共 400 余名抵沪。16 日，又送出难民千余名，分载大船 2 艘、小船 7 艘，由救护员张国英及职员唐耀环、陆道生、潘子久等率领至沪，安插于纱业公所、洋布公所等处④。此后，娄塘分会又救得难民 200 余人，17 日到沪，由济生会第四留养所（新闸路大王庙）收容⑤。18 日下午 3 时，救护队张应芹医生等 6 人，雇船两艘，携红会护照，由上海出发前往嘉定，次日下

① 《娄塘红十字分会又救大批难民到沪》，《申报》1924 年 9 月 17 日。
② 《难民惨状与救护情形》，《新闻报》1924 年 9 月 8 日。
③ 《娄塘红会又救护难民来沪》，《申报》1924 年 9 月 13 日。
④ 《娄塘红十字分会又救大批难民到沪》，《申报》1924 年 9 月 17 日。
⑤ 《江浙战事中各方杂讯》，《新闻报》1924 年 9 月 18 日。

午 3 时许抵达娄塘，救出难民男女老幼计 60 余人①。至 9 月 20 日，娄塘红十字分会连日救护难民到沪，已有 3000 余人，分别收容于江宁会所、大王庙（济生会收容所）、纱业公所、灵学会等处②。据统计，该分会在第一次江浙战争期间，从战区救护难民出险合计 4600 余人，其中运沪难民有 3000 余人，愿意在镇上住宿者约有千余口，分派各庙宇留养，日供两餐。后难民渐散，最后 200 余人，直至 10 月 20 日，始得回家③。由于"粮少人多，恐有断绝之虞"，且火柴盐斤等均告缺乏，分会于是派员赴沪采办④。分会于人道救援，尽心尽力，由此可见一斑。

其他分会也是如此。如前述，沪城分会在两次江浙战争期间开设多家难民收容所留养难民，从战地救护出险并予以妥善安置的难民数以千计；松江分会开办 7 个妇孺收容所，收容难民数以千计，并转送妇孺 400 余名至上海安置；青浦分会收容妇孺 2372 人；昆山分会收容难民达 3546 人；嘉定分会先后遣送受苦难民万余人；吴县分会在苏州城内设难民收容所 87 处，收容大批难民；无锡分会救护难民约 1300 人；常熟分会难民收容所留养难民 2000 余人；安亭分会救济妇孺达 4000 余人；大场分会先后救出难民四五千人；莘庄分会在松江附近马桥、沙江一带收容难民 1000 余人；泗泾分会成立第六天，收容昆山难民 59 人；闵行分会收容松江、上海等处难民数千人。第二次江浙战争中，莘庄分会救护出险的难民多达数千人，其下属七宝分事务所，在收容难民方面，也取得了很大成绩，先后救出难民近 2000 人；松江、无锡等分会再次行动起来，救助大批难民。尤其值得一提的是，在此期间，江阴分会组织妇孺收容所 20 余处，收容 5 万余人，堪称地方分会救助难民之典范。

总体而言，中国红十字会在江浙战争救援行动中取得了令人满意的成绩。在江浙战争期间"红十字会前后救治受伤兵士、难民 4000 余人、救护难民近 10 万人出险"⑤。红会总办事处以及嘉定、昆山、常州、无锡等分会掩埋尸体达 1500 具以上⑥。各分会在总会的帮助和指导下，同时也通过自身的不懈努力，都能不负众望，较为圆满地完成人道救援任

① 《娄塘临时救护队之昨讯》，《申报》1924 年 9 月 21 日。
② 《娄塘红会救护重伤难民到沪》，《申报》1924 年 9 月 20 日。
③ 《娄塘红十字会分会之成绩》，《申报》1924 年 11 月 6 日。
④ 《娄塘红会又救护难民来沪》，《申报》1924 年 9 月 13 日。
⑤ 池子华、曹金国、薛丽蓉、阎智海：《红十字：近代战争灾难中的人道主义》，合肥工业大学出版社 2013 年版，第 123 页。
⑥ 是笔者根据《申报》《新闻报》等有关资料不完全统计而成，必有缺漏，实际掩埋数应当远超此数。

务，取得了令人称道的成绩。红十字医院的开设使得大批受伤兵民得到及时治疗，挽救了大量生命。收容所的建立使广大难民得以逃离战火，在纷繁战乱中得一容身之处。在这里，红十字就是一面旗帜，伤兵难民"见红会旗帜，如获救星"[1]。红十字会的人道之举赢得了全社会的广泛认可。正如《锡报》所云："各地士绅组织红会，办理战地救济救护事宜，热心救险，殊堪嘉尚。"[2]

四、尸体掩埋方面

以人为本，捍卫人的尊严，尊重生命，原本是"人道"的基本内涵。对尸体的处置，更体现了这种人道精神。江浙战争中，红十字会竭尽全力，组织掩埋队，及时掩埋尸骸，恪尽人道。

根据有关资料，将江浙战争期间红十字总会及各分会掩埋尸体的统计列表如下。

表7-3 江浙战争期间红十字总会及各分会掩埋尸体数统计

红会名称	掩埋数	掩埋时间	掩埋地点
红会总会	158	1924.9—12	100余具由红会第五疗养所掩埋，总会于旧青浦掩埋40具、黄渡乡掩埋7具、外岗乡掩埋2具、马陆乡掩埋9具
嘉定分会	128	1924.9	就地掩埋
青浦分会	14	1924.9	西北乡战区掩埋
昆山分会	500余具	1924.9	130余具就地掩埋，378具掩埋于各医院附近荒地
娄塘分会	30余具	1924.9	就地掩埋
沪城分会	40	1925.1	掩埋于徐家汇、漕河泾等地
常州分会	220	1924.9—1925.1	200具第一次战争期间就地掩埋，20具1925年1月就地掩埋
江阴分会	40	1925.1—2.4	就地掩埋
南京分会	60	1925.1	就地掩埋

---

① 王完白：《战地闻见录》，原载1924年《通问报》《商报》及《中华医学杂志》1925年第3期，见俞坚、张涛主编：《人道百年——报刊中的常州红十字（1914—2013）》，常州市红十字会2014年编印，第49页。

② 《韩省长颁赠红会激额》，《锡报》1924年12月17日。

红会名称	掩埋数	掩埋时间	掩埋地点
青旸分会	10 余具	1925.2	夏港街
莘庄分会	40	1925.1	就地掩埋
下关分会	50 余具	1924.10	就地掩埋
无锡分会	200 余具	1924.9—1925.1	6 具掩埋于西门外，200 余具掩埋于车站、惠山、钱桥、周山滨等处
总计	1500 余具		

资料来源：本表是笔者根据《申报》《新闻报》等材料上的有关资料不完全统计而成。仅就有具体掩埋数的情况进行了统计，必定有所缺漏，实际掩埋数量应远超此数。

以上是江浙战争期间中国红十字总会及各分会掩埋情况的汇总表，虽然不是十分精确，但足见红十字会对尸体掩埋的不遗余力。这种人道之举，既是防治疫病的需要，也是对死者的尊重。

五、美中不足：问题与缺憾

中国红十字会在此次人道救援过程中，也暴露出一些问题，需要加以改进和完善。

（一）地方分会的组织建设和管理存在疏漏

江浙战争之前，红会在不少地区的分会建设是相对滞后的。乡镇等基层分会建设没有得到应有的重视。有些地区从未建立过分会，有些地区则是曾经建立分会，但很快就销声匿迹了。这主要是因为部分分会的组织机构和人员不完善，缺乏必要的日常运作经验和相应的指导，因而不能保持其稳定性。因此，第一次江浙战争爆发后，这些地方分会只能匆忙组建，仓促上阵，这样就影响了救援的及时性和有效性。还有些地方分会只是在第一次江浙战争快结束的时候才组建的。这在一定程度上反映出行动的不得力，难怪战争之初曾经有报道称："红会筹赈会，九一成立，此间对赈灾与军事，有一曝十寒之叹。"[①]

有些地方分会虽然已经成立，但是行动不力。例如，嘉兴分会在战争爆发后比较早地成立了，但是由于内部问题，救援行动迟迟没有得到落实。1924 年 9 月 10 日，嘉兴分会会员朱剑芙、陆初觉、沈培之、黄桐生等 10 余人，"以该分会成立多时，对于会务进行事宜，未曾有所讨

① 《北京电》，《申报》1924 年 9 月 1 日。

论"而感到不满①。当时入会会员已达200余人，内计正会员60人、普通会员150人，还有学生会员数十人，然该会"成立多时，未能照章一一实施，因之各会员稍有不满"②，要求迅速开会解决。他们并于此后的9月14日，"联名备具公函，并推派陆初觉代表赴沪总会面陈一切，并请指派专员到嘉，对于会址问题及一切进行事宜，依法整顿，以全善举"③。

第二次江浙战争战端初开之际，红会无锡分会出现了分裂。1925年1月20日，当地士绅华芝三、邹同一、陈尔同、孙见初等人以溃兵骚扰已达极点，城防虽有商团、消防队等尽力维护，但城外人民恐慌已极，红会职员势难坐视不理，于是商议决定恢复红十字会。首先由邹同一、钱子泉各捐银50元为开办费，于翌日设事务所于四乡公所，并开紧急会议，到者近百人，"议毕即打电话至协济医院，请刘院长士敏就近至耀明电灯公司蒋经理室取红会钤记，并请刘院长护送至光复门口，以便缒城而入。不料刘院长甫在耀明公司将红会钤记取出，即被孙君复儒取去，设分会于协济医院。自此吾邑红会遂有城外、城内两机关之纠纷矣"④。也就是说，无锡一地，出现了城内、城外两个红十字分会。这个问题未能得到较快的解决，一直持续到江浙战争结束之后，不得不闹到了法庭，"进行诉讼"⑤。

以上事例，说明地方分会的组织建设和管理存在疏漏，这对此次人道救援行动，不能不产生一定的负面影响。

（二）某些会员的责任意识不强

责任意识不强时有表露，例如，有些红会队员在掩埋尸体时不够用心，马虎了事，以至于不得不再行返工。在长兴以北之战场，掩埋事务由长兴、宜兴两分会，以及军士、乡民分别办理。"以红会能力及人手缺乏之情形观之，所办各事成绩不为不佳，惟犹有多数尸身未能全部埋入土中也"⑥。诸如此类情况虽属少数，但也影响了红会形象。

---

① 《红十字分会会员督促进行》，《申报》1924年9月12日。
② 《联名函请整顿嘉兴红会》，《申报》1924年9月15日。
③ 《联名函请整顿嘉兴红会》，《申报》1924年9月15日。
④ 《兵燹声中之红会》（一），《新无锡》1925年2月24日。
⑤ 《兵燹声中之红会》（二），《新无锡》1925年2月25日；《红会纠纷记》（一），《新无锡》1925年2月27日；《红会纠纷记》（二），《新无锡》1925年3月1日；《红会纠纷记》（三），《新无锡》1925年3月6日；《红会纠纷记》（四），《新无锡》1925年3月14日；《红会纠纷记》（五），《新无锡》1925年3月15日。
⑥ 《外报纪湖州近况》，《申报》1924年10月24日。

（三）红会与其他慈善团体之间有时沟通不畅

如前所述，中国红十字会在本次战争救援过程中，与其他慈善团体之间的关系，从总体上看是比较和谐的，形成了共襄善举的良好局面。但有时也会因沟通不充分等原因，造成一定的误解，以致妨碍彼此之间的关系与合作。据报载，1924 年 10 月，中国红十字会总办事处就曾函请镇江县署，要求转饬红卍字会撤回救护队，以免危险。镇江翁知事正在踌躇未决，便接到世界红卍字会监理陶保晋、叶家宝之电报，对相关情况进行了说明。"略谓红卍字会于民国十一年呈准内务部通告各省一体保护，有案可稽。总会设于北京，各省埠均有分会。此次总会组织救护队以镇江队员编入前赴战地救护，系根据会章办理，先由总会电达齐巡帅奉复照准，发给通行证，并通饬各军一体保护在案。该红十字会不明真相，致启误会，未免大背善团同人慈悲救世之旨，用特电达，即请转致红十字会查照为祷"①。发生这样的误会，主要是因为双方沟通不畅。

（四）红会各地分会之间的沟通不畅

江浙战争期间，各分会的救援行动大多是各自为政，虽然在昆山、嘉定、松江等战场，也有许多周边分会前往救援。但从总体而言，各分会间的相互配合较少，未能充分整合救援力量、发挥最大效能。至于浙江红会方面，则基本没有前往江苏战场协助救援。当然，这主要是因为浙江地区受战争影响较小，但同时也说明了浙江地区分会战前动员和准备工作的不充分。

（五）缺乏必要的国际合作

缺乏国际合作最典型者，莫过于中日红十字会（赤十字会）之间的合作问题。1923 年日本发生关东大地震，中国红十字会专门组织救援队前往日本参与抗震救灾，这是中国红会史上第一大规模国际人道救援行动，"日人此次与我国之对彼同情，极为感动"②，也受到日本朝野的广泛赞誉③。事后，日本红十字会等友好团体来华答谢，表达了自此"二国交谊，更加亲密"的愿望④。江浙战事发生后，日本红十字会"极感盛意"，"特组织分会，预备驰赴战地出动"，以回报中国红十字会上年

---

① 《江浙军事中各方杂讯（节录）》，《新闻报》1924 年 10 月 3 日。
② 《灾后之东京与横滨》，《晨报》1923 年 10 月 2 日。
③ 代华、池子华：《日本关东大地震与中国红十字会的人道救援》，《福建论坛》2012 年第 1 期。
④ 《日商函谢中国红会》，《申报》1923 年 10 月 19 日。

的人道义举，便致电中国红十字总会提出"上海已集有救护队员多人，随时可以出发"。但对此盛意，中国红十字会总会却以"一切均已预备妥帖"为由予以婉拒。又上海有日医数名，亲往红会，愿加入救护，亦由总办事处婉却①。如此决定不免草率。倘能在战争爆发后发出国际呼吁，无论对筹款募捐，还是吸纳国际红十字组织的加盟救援，都是有益的，一定会为此次人道救援行动增色不少。

第二节　人道救援的特点

中国红十字会救援江浙战争的行动取得了很大成功，在此过程中，红十字的宗旨和基本职能决定了其人道救援的独特性。与其他团体相比，中国红十字会对江浙战争的救援行动具有如下特点。

一、红十字会总会的统筹性

江浙战争救援行动中，中国红十字会总办事处为妥善救护，采取了一系列行动，始终起到了统筹全局的作用。

首先，注重救护筹备。战事发生后，"战区以内之各处红十字会，纷纷筹备救护，本埠红会方面，业经派队四处布置，与救伤收容妇孺等事，多所规划，故该会职员，益形忙迫，夜以继日，不得稍息。至各处救护应用物品，则均由该会置办妥当，分别寄运各地，以备临时应用"②。总办事处还组设救护队、掩埋队奔赴战场救援，并于苏锡常等地设临时治疗所，置办药品，疗治受伤兵民，设收容所，留养难民妇孺；还预备上海海格路总医院、天津路时疫医院、西藏路时济医院等负责收治伤兵难民。

其次，多与地方军政长官接洽，请求为人道救援提供便利。如总会曾致电无锡冯知事、武进姚知事，询及地方司令官姓名，以备通电保护。江浙战争爆发前夕，红十字总会致电江苏督军齐燮元及浙江督军卢永祥，要求对红十字会在战区的救护行动给予保护。齐燮元复电云："红十字总会鉴：勘电计达，来电并悉。贵会热心公益，筹设分会救护，弥为敬佩。如至急要之时，自当妥为保护，助成善举。"③卢永祥复电

---

① 《日本加入救护队之婉却》，《申报》1924 年 9 月 5 日。
② 《红十字会之昨讯》，《申报》1924 年 9 月 2 日。
③ 《红会昨接之四电报》，《申报》1924 年 8 月 31 日。

称，"已电知驻湖陆军第四师转饬各队遵照保护"①。1925 年 2 月，"中国红十字总办事处以奉军对各地分会每有误会之处，特函请第一军张军长通饬所属，对沿途各分会，一律加以保护"②。

再次，注重社会动员。战争救援需要全社会的参与，汇聚人道力量，尽最大可能整合社会资源是救护成功的一大关键。总会充分认识到这一问题的重要性，在战争期间利用报刊媒体，多次进行社会动员，及时公告各地兵灾惨况，发动社会各界捐款捐物或直接参与救护中来。显然，前述众多慈善捐助和各种组织团体的广泛参与离不开中国红十字会的社会动员。

中国红十字运动在近代江浙地区的实践，包括注重舆论宣传方面工作，充分发挥《申报》《新闻报》等媒体的"广而告知"作用，全方位、多层次进行宣传，及时对社会各界公布其经费、救援情况的公开透明之举等，使红会赢得了社会大众的支持与信任，吸引了更多的人投身于人道公益事业。特别是利用报纸发布公告的做法，对红会事业发展发挥了有力推动作用，提升了红十字的社会公信力，对今天的红十字会建设具有重要的借鉴意义。

二、救援对象的特定性

众所周知，中国红十字会自成立以来，将西方的人道主义原则与中国传统的厚生、仁爱思想紧密结合在一起，致力于弘扬和贯彻人道、博爱、奉献的红十字精神。这一点，在两次江浙战争兵灾救援中，得到了充分的体现。对于急需救治、急待援助的伤兵难民，红会不分官兵还是民众，不分所属阵营，都能一视同仁，伸出援手。同时，红会上下，从总会到基层分会，从高层领导人员到普通的会员或队员，无不兢兢业业、恪尽职守，全力投入人道救援行动；救护队员甘冒枪林弹雨，不顾身家性命，穿梭于战区前线；各红会医院也是夜以继日地抢救伤兵。相关士绅或四处奔走，筹集款项，或以私产捐助、垫付，支援救助活动。

红十字组织以《日内瓦公约》为其行动的法律依据，坚持中立原则，高举人道主义旗帜，这才使红会能够争取交战双方的信任，从而在交战区自由行动。由此，在江浙战争的救援过程中红十字会牢记"救护、恤兵、瘗埋、赈灾"③ 的宗旨和"战时得经军事长官及战地司令官

---

① 《红会筹备救护之消息》，《申报》1924 年 9 月 2 日。
② 《红会请奉军长保护分会》，《新闻报》1925 年 2 月 6 日。
③ 《中国红十字会宗旨》，《中国红十字会杂志》1913 年第 1 号。

之同意，救护伤兵"① 的职责。红十字会力图避免双方纷争，以此来换取双方最高长官对其合理行动的许可和支持。红十字会救护的对象或为伤兵，或为战俘，或为战区灾民，只有这样才有可能争取到战争冲突双方的许可和保护，才有可能使得这种援助得以持续。血雨腥风中的伤兵难民渴望得到人道关怀，而红十字会援手相施，救死扶伤，给他们带来生的希望。

红十字会是江浙战争时期一支独特的、富有成效的救援力量。当时报章是这样描述红会救援的，"讲起今日的红十字会，就要说到战争。当战争的时候，却可算是红十字会出力的时候。在战争中红十字会除了会员之外，又畜了些犬，以辅助会员侦察伤兵所在。红十字会不但以战时救死扶伤为天职，就是些意外不测的灾殃也无不竭力拯救。每遇灾殃，灾民流离困苦，不可名状，红十字会始则救他们出险，继则设法募捐赈济，终则帮他们想出善后的法子"②。

江浙战争救援是江浙地区红十字运动发展史上别具意义的一件大事，历经战争血与火的洗礼，江浙地区红十字运动出现了前所未有的新气象。

三、救援工作的有效性

作为中国最大的人道组织，红会的组织结构、规章制度和运行机制比较合理完善，经费筹措的渠道多样化，与各方力量的协作比较顺畅高效，这些积极因素为红会取得战争救援成绩奠定了基础。正因为如此，红会才能够动员和组织数以千计的人员队伍，才能够救援数以万计的受伤官兵或落难的难民妇孺。红会在江浙战争开始不久后的十几天之内，"在上海一隅，已救回伤兵七百余人，灾民两万余人，上海设临时医院十处，出发救护队十队，自上海经昆山至常州三路战线，而战地掩埋数，尤不可胜计。其他各慈善机关及本分会之未曾报告者均不与焉"③。虽然在当时的中国特别是江浙地区，大大小小的各种慈善机构已经为数不少，但是相比较而言，无一能够达到红会这样的救援规模和救援能力。

战争爆发后，江浙地区红十字会的工作重心便转移到战争救护中

---

① 《中国红十字会修正章程》（1922 年 6 月 25 日），原载《中国红十字会二十周年纪念册》，中国红十字会总办事处 1924 年编印。

② 《红十字会》，《申报》1924 年 10 月 13 日。

③ 《红十字会电请协款》，《申报》1924 年 9 月 20 日。

来，战区境内各红十字会在完成组织建设、会员征求、会费收集、救护培训等必要的救护准备工作情况下，将开展战争救护作为首要任务，在两次江浙战争期间均组织了有效的人道救援活动。

江浙战争十分激烈，造成了严重的人道灾难，这也要求红十字会能够提供全方位、高水平的救援。实际上，江浙地区有不少红会都做到了这一点。如昆山分会、娄塘分会和江阴分会都在救护伤兵、救济难民、掩埋尸骸等方面做出了重要贡献。昆山分会还协同无锡分会、美国红十字会进行救护，娄塘分会还担负起维持地方秩序的重任，江阴分会则基本完成了地方救护大任。显然，江浙战争期间战区红十字会救护的整体水平有了很大提高，充分显示了红会人道救援的高效。

从战争救护水平方面来看，红会积极有效的救护，既得益于中国红十字运动的实践经验，更源于红会较为完善的救助机制，以及社会各界的大力支援与配合，彰显了"博爱""恤兵"的人道宗旨。从疫病防治方面看，红十字会防治结合，以预防为主，中西兼用等，在宣传防治常识上，都有切实可行的措施，收到了积极的社会效果。显然，江浙战争期间红十字救护的整体水平有了很大提高，都能在第一时间做出反应，行动迅速，措施到位，保障有力，受到社会各界好评，因此不失为一次有效的、成功的人道救援行动。

四、救援方式的多样性

中国红十字会的救援活动涉及各个方面，而其他慈善团体则因自身条件所限，往往只能专注于某一方面。例如，上海联益善会专注于尸体的收集、运送、掩埋和殓葬，包括免费给予棺木。又如，地方上的童子军、妇女协会、青年会、学生会等社会团体都是为包括红会在内的慈善机构提供辅助服务的。再如，同乡会一般都是为本乡本土的难民或妇孺提供各种援助。原南京美国红十字会则是专门进行难民救援和服务的组织。

中国红十字会则不同，不论是战区前线还是后方，不论是难民还是官兵，不论是医院救治还是殓葬尸体，不论是防疫还是战后资遣，红十字会都具备相应的条件和能力，对救援行动的各方面工作都有所参与。其救援具有相当的广泛性，这一点是其他慈善组织和社会团体所不能比拟的。总的来说，红十字会救援内容、形式是丰富多样的，江浙战争前夕，红会便利用其特殊地位派代表奔赴双方之间，呼吁通过协商谈判来解决双方分歧，以免发生战争。虽然红会并未能阻止战争的爆发，但对于唤起社会对战争的关注是有益的。红会在道义呼吁的同时，还进行大量实质性的救援行动，第一次江浙战争期间"中国红十字会总办事处先后在沪设立医院12处，向昆山、常州、浏河等处派出6支救护队，参与战地救护的医生、男女看护等400余人"①。沪城分会以及昆山、吴县等地分会也投入大量人力、物力、财力，积极救援，卓有成效。第二次江浙战争时期，伤亡惨重，被灾难民的情形"惨苦异常"。中国红十字会总办事处立即组织救援。红会第五疗养所在淞江设立9处收养所，3日内收容难民3000余人。苏州附近战火燃起，红会总办事处于13日派沈金涛率救护队乘"大利"轮前往苏州施救难民，14日入城救出避难妇孺310人②，至27日救护船已8次往返苏州与上海间，救出难民数千人③。救援方式的多样性，为人道行动赢得时间，也提高了救助效率。

第三节　成功救援江浙战争的原因

红十字会能够在江浙战争人道救援行动中取得如此成绩，其原因是多方面的，主要包括以下几个方面。

一、组织机构健全

中国红十字会在江浙战争时期的兵灾救护，之所以能够顺利开展并取得良好成绩，首先就在于其拥有一整套健全合理的组织机构，这是中国红十字会进行战争救援的前提条件和根本基础，也是高效行动之保障。

众所周知，红十字会是国际性的人道救助组织。中国红十字会作为国际红十字运动的成员，从创立伊始，始终注意加强自身的组织机构建设。及至江浙战争前夜，已经形成较为完备的组织机构。

依据《中国红十字会修正章程》④之规定，中国红十字会设总会于北京，设总办事处于上海。北京总会的职责主要是政府交接和外交方面的事务，其他各项事务则由上海总办事处负责。换言之，上海总办事处

---

① 《红会救护员之宴聚》，《申报》1924年31日。
② 《红会救护之昨闻》，《申报》1925年1月17日。
③ 《救护难民之消息》，《申报》1925年1月28日。
④ 该修正章程是在1922年6月25日，经过第二次会员大会通过。参见《中国红十字会修正章程》，中国红十字会总会编：《中国红十字会历史资料选编，1904—1949》，南京大学出版社1993年版，第228—234页。

的职权范围要大得多，是各种会务及相关活动的实际推动者和执行者，包括：与各分会交接事件；战时对于军事长官及战地司令官交接事件；平时对于地方官厅交接事件；对于各商埠外交方面交接事件；对于红十字会万国联合会交接事件；其他一切会务①。就总办事处的职能来看，其相当于中国红十字会的"行政机构""执行机关"。

有学者在对 1912 年至 1922 年的历届中国红十字会常议会议员的身份状况进行考察后指出，"代表中国红十字会决策中心的常议会，基本上是以上海地方精英为主的团体，籍贯集中在江苏、浙江、广东等 3 省，其事业、住家也大多以上海为主。而常议员虽以商人为最多，但官吏、医师也占相当比例。出任常议员者往往也是其他社团的领导者"②。由此可见，作为江浙地区的中国红会常议员，对于近在咫尺甚或身临其境的江浙战争，以及由此引发的兵灾惨况，更有切肤之痛，因此对兵灾救济也愈感迫切。

也有学者认为，中国红十字会的"领导体制是按照西方'三权分立'的模式建立起来并且在实践中真正运用了的，取得了良好的成绩。总会代表中国红十字会，作为其象征；常议会对红十字会各重要事件做出决策，行使立法权；总办事处执行常议会的各种决议，享有几乎全部行政大权；反过来，常议会对总会和总办事处具有监督功能。红十字会这种三权分立式的领导体制，节省了时间，提高了效率，极好地推动了中国红十字的发展"③。诚然，在江浙战争时期，北京总会、上海总办事处和上海常议会，秉持各司其职、团结协作之原则，为顺利完成战争救援任务奠定了基础。

按照红会的修正章程，中国红十字会的会长、副会长，由常议会在召开会员大会时，选举产生。红会设会长一人，副会长二人。会长是完全的名誉职位，驻于总会所在地北京；副会长一个驻总会所在地北京，另一个驻总办事处所在地上海。驻京副会长辅助会长，处理与总会职权相关之事务；驻沪副会长，行使总办事处之职权。

中国红十字会还设有理事长一人，由常议会公推产生，驻总办事处所在地上海。理事长会同驻沪副会长，行使总办事处之职权。在江浙战

① 《中国红十字会修正章程》，中国红十字会总会编：《中国红十字会历史资料选编，1904—1949》，南京大学出版社 1993 年版，第 229 页。

② 张建俅：《中国红十字会初期发展之研究》，中华书局 2007 年版，第 86 页。

③ 周秋光：《红十字会在中国》，人民出版社 2008 年版，第 189 页。

争时期担任理事长的是庄得之①。自1912年起，庄得之就担任中国红十字会理事长，长期以来，热心慈善公益。在江浙战争的战争救援过程中，他是主要领导者之一，面对诸多相关事务，他积极地"实际部署和操办，无不竭尽所能"。

综上所述，中国红十字会这一系列的组织架构，能够保证红十字会就近掌握实际情况，使得红会能够集中力量办理兵灾救济事务，有利于江浙战争时期，各项人道救助工作的顺利开展。

二、严格的规章制度与管理

制定一套有效的规章制度，对每个社团都极为重要。中国红十字会在不同时期，根据现实状况的需要，制定出台了多种规章制度。比如，总会章程、分会通则、医院规则、救护队规则，等等。地方分会依据总会制定出台的规章制度，形成了自己的分会章程及各类简章，其中重要者必须经过总会常议会认可方能生效，保证了中国红十字会的统一性。在某种意义上，江浙战争时期中国红十字会总会、总办事处以及各地分会所开展的一系列人道救援活动，正是依据和落实红十字会诸多规章制度的过程。

由1922年6月25日第二次会员大会通过的《中国红十字会修正章程》②，对江浙战争期间的救援活动，起到了根本性的指导作用。比如，该《修正章程》第十一章《战时及灾害之特例》中明确规定："本会于战时随军救护之人员，得临时陈请军事长官优予待遇"；"本会于战时随军救护人员及运送救护材料，需用国有轮舶铁道时，得临时陈请主管公署，依海陆军人员行军法办理。于灾害时议理救灾者同"；"本会于战时随军救护人员需用房屋粮食船车马匹，得陈请军士长官就地拨给之。于灾害时需用房屋船车者，得陈请地方官厅拨给之"等等③，对战时救援中的一些具体情况，进行了规定。而在此后的战争救援中，各级红十字会就是根据这些规定严格执行的。

众所周知，红十字会的人道职责源自《日内瓦公约》，其是具有约束力的国际法条约，在世界范围内都具有适用性。不仅如此，各红十字

---

① 庄得之，名录，江苏省武进人，清末洋务派官僚、中国通商银行创办人盛宣怀的远房亲戚，曾经在张之洞、李鸿章手下筹办军需，有候补道台的名衔。

② 《中国红十字会修正章程》，中国红十字会总会编：《中国红十字会历史资料选编，1904—1949》，南京大学出版社1993年版，第228—234页。

③ 《中国红十字会修正章程》，中国红十字会总会编：《中国红十字会历史资料选编，1904—1949》，南京大学出版社1993年版，第232页。

第
七
章

中国红十字会救援行动评价

217

会所在国，往往是《日内瓦公约》的签字国，或者承认国际红十字条约之效力。所以，在兵荒马乱的战争期间，红十字会享有特殊的地位。而《中国红十字会修正章程》中上述之类规定，则保证了红十字会能够顺利履行其人道义务。

在江浙战争期间，总会、分会以及相关机构把自身情况备案报达军地官厅及官长，大多能够获得相应优待与便捷。如嘉定娄塘镇临时救护队在救助难民出险时，"经石冈门，忽有浙军数十人，上船盘问，朱君遂交出护照，给各兵士查验，乃浙军仍疑为苏方间谍，将朱君等三人带往南翔司令部。经臧致平亲自诘讯，并用电话向本埠红十字会调查。询问毕，知确系救护难民之办事职员，热心可嘉，乃派翁副官偕同乘特别军用火车，护送到沪。另有电话通知石冈门浙军，嘱将难民船两艘，速即放行，亦加派军士护送，约今日晨间可到"①。至于在战时，为救护目的而联手地方医院改造成临时救护医院、获得免费使用之交通工具等，诸如此类的事例，不胜枚举。

同时，红十字会以规章制度对救护过程中的相关人员及其行为加以规范，或奖或惩。例如，严格红会旗帜、徽章等重要标识的使用，总办事处鉴于江浙战事发生后，各处设立救护处所，难保无人冒用该会旗帜袖章等标识，所以"特将万国红十字会取缔违用红十字旗帜、红十字袖章条例，节译通告如下：（第八章）（第二十七条）凡红十字会公产及输运红十字会救护队应用药料器械等件之时，并为红十字会服务时等外，概不得挂用红十字旗，即红会会长及上级职员之各种私产上，不得挂用红十字旗（若此项私产有急用时转借与红十字会公用，则不在此例）。（第二十八条）除为红十字会服务之人员外，别人不得乱用红十字袖章。（第二十九条）凡有一切商标，或为发展商业起见，冒用红十字样者，倘经查出，则重罚不贷"②。为此，红会坚决查处了一批违规人员③。对于本会会员，红会同样是严格要求。比如，无锡分会办事处"函第一救护队及第二掩埋队两队长，嘱传知队员夫役，以后非出发时，不准穿着制服及佩带袖章号布"④。

　　① 《娄塘临时救护队之昨讯》，《申报》1924 年 9 月 21 日。
　　② 《红会取缔冒用旗帜袖章》，《申报》1924 年 9 月 3 日。
　　③ 参见《浏河拘获冒充红会职员之匪党》，《申报》1924 年 10 月 1 日；《（嘉善）冒充红会敲诈之判决》，《申报》1924 年 12 月 15 日；《中国红十字会警告》，《申报》1925 年 1 月 29 日；《中国红十字会吴县分会紧要通告》，《吴语》1925 年 2 月 2 日。
　　④ 《红会消息汇志》，《锡报》1924 年 9 月 28 日。

对于任何不符合红十字会宗旨和章程之事，红会都予以严词拒绝。例如，上海总商会曾致函红十字会："受封船影响，当锡澄宜等产区食粮，堆积无可装出，以致内地米价，与沪埠相差悬殊……现北市河下停泊之卸空米船，达三百船，均惧被封，不敢开回。敝会无术保护，劝导等诸空言。惟今急救之计，可否由贵会商请红十字会设法保护往来，或由贵会即发通运证呈请两省当局核准通行。似此请领护照，较为便利……维持米船来往之安全，即维持民食源源无缺。"① 对于此等请求保护米船往来、接济沪埠民食之事，上海总办事处经过研究，"认为不能照办，因本会章程，并无保护商运办法；倘本会逾越范围，则万国红会将摒弃本会。本会应办之事业，为救护伤兵、协助赈灾施疗，可以义务地接济战线上之食粮。对于此项保护通运，因其性质上含有商业作用，故不能尽此义务"②。这看似不近情理，却体现了红会严守章程、坚决维护自身作为人道组织的立场。

红十字总会为加强对地方分会的制度管理，特别制定了《中国红十字会分会通则》③。这是对上述《修正章程》第十二章《分会》的具体细化。该《分会通则》规定了地方分会从筹备到成立的整个过程需要经办的各种程序、分会内部的体系结构及领导管理层的人员组成、分会的权责以及奖惩等重要方面。由此使得地方爱心人士，可以加深对红十字会的认识，并能够有章可循地成立分会，并且它对地方分会章程的拟定，也起到了具体的指导和示范作用。从各种历史材料之记录来看，红十字会对《修正章程》以及《分会通则》的落实是扎实严谨的。在江浙战争期间，总办事处有序接收和审核各地分会的加入申请，甚至派专人到地方上加以指导。对于具备相关条件和要求、准予成立者，不但登报声明，而且及时向政府部门、军地官厅及官长报备，以便利该会开展人道事业。

对于分会的机构或人员的身份、名称等细节问题，红十字会也极为重视。据报载，沪城三林乡拟设立分会办事处，函请红十字总会代为转报官厅备案，然而，总会审核后复函指出，"得悉三林乡汤君拟在该乡设立分会支部，办理救护，事属可行。惟按照定章，应以中国红十字会上海分会三林乡办事处为名义，不得称为支部，其办事人应称为正副主

① 《总商会致红十字会函》，《申报》1924 年 9 月 3 日。
② 《米粮公会与红会接洽情形》，《申报》1924 年 9 月 4 日。
③ 《中国红十字会分会通则》，《锡报》1924 年 9 月 12 日；《中国红十字会分会通则（续前）》，《锡报》1924 年 9 月 13 日。

任，亦不得称为正副部长，案关全局，务希注意转知遵照"①。红十字会对于组织制度之严格，可见一斑。

对于救护过程中的其他重要事项，红十字会同样按照规章制度，规范化行事。例如，妇孺收容所的设立与运行，事关重大，红十字会特别制定了《中国红十字会救济妇孺收容所简章》②。该《妇孺收容所简章》出于保护妇孺之考虑，明确指出，"中国红十字会，不论总会分会，为地方发生战事及灾害时救济妇孺，得设立收容所"，"收容妇孺，除伤者病者随时分别轻重，送疗养院医治外，其并无伤病救济出险者，则由所收容之"，"收容所每所设所长一员，医生一员，女监察一员，女看护二员，夫役无定额"，"收容所在救护队后方设立，如值战线接近时，得与救护队随时迁退，以避危害"，"收容妇孺，由家属得信来所领归时，必须有三人以上之保结，并由地方保正盖戳证明，方许出所，以免朦混"，等等③。这些细致的规定，基本上保障了妇孺的人身安全和身心健康，可谓周全体贴。

中国红十字会诸多规章制度对于本次兵灾救护之积极作用，当然不限于以上所述，但从中仍然可以看出，较为健全的组织制度，是开展人道救援的有力组织保障和制度保证。

三、得力的经费筹措与物资采购

要使人道救援行动得以顺利开展，充足的经费和物资准备必不可少。江浙战争救援亦是如此，中国红十字会为此做了大量工作。

根据台湾学者张建俅的研究，红会的经费来源主要包括三个方面，即捐款、会费、政府资助④。其中捐款是该会最为重要的经费来源，红会在这方面着力甚多。

在江浙战争爆发前夕，红会总办事处即在重要报刊刊登广告，面向全社会公开劝募。众所周知，报刊媒体自民国以来，影响日益扩大。总办事处在重要报刊刊登广告，对广大民众"动之以情，晓之以理"，取得了较好的效果。例如，1924 年 9 月 8 日，中国红十字会总办事处在《申报》上刊登《乞募江浙兵灾急赈启事》，情理具备地呼吁："粤若江浙，屏蔽东南，锦绣山河，竟开战局。败壁残垣之下，时露残骸青磷；

① 《惊魂未定之沪人苦兵声》（十）《救济中之伤兵与难民》，《新闻报》1924 年 10 月 15 日。
② 《中国红十字会救济妇孺收容所简章》，《申报》1924 年 9 月 4 日。
③ 《中国红十字会救济妇孺收容所简章》，《申报》1924 年 9 月 4 日。
④ 张建俅：《中国红十字会经费问题浅析（1912—1937）》，《近代史研究》2004 年第 3 期。

碧血之间，常闻鬼哭。而孑遗之众，或断肢折足、辗转呼号，或扶老携幼、仓皇奔走。既栖身之无所，更果腹之无从。种种惨情，笔难尽述。本会抱人道主义，以博爱恤兵为宗旨；职责所在，自不得不照章派出医队，设法救护。惟是地方一经兵灾，伤者需疗之，亡者需瘗之，饥者需食之，冻者需衣之，拯患恤灾费用实为浩大。而本会成立二十载，对于我同胞之水深火热，则无役不从，所望薄海内外仁人君子、善女淑媛念切痌瘝，情殷援手，或担任劝募，或慷慨输捐，但使多得一金即可多活一命，早施一日即可早救一人。俾江浙两省灾黎咸出水火而登袵席，则功德无量勿感靡既"①。类似的慈善劝募广告一直贯穿江浙战争的整个过程，时时见诸报端②，也确实起到汇聚人道力量，推动"各界诸大善士、淑媛名姝，或助金钱，或助食粮，或助衣服，或助棺木，或助药品，共襄善举"的效果③。

总办事处还向北京总会救援，要求协助解决经费问题："战区日广，战祸未已，关于卫生、运输、赈济杂项一切善后事宜等，用款浩繁。本会经济，本不充裕，刻已用去十万余元，如不速谋接济，竟有难以支持之势。虽登报劝募，盖觉缓不济急。尚乞登高一呼，设法筹集，大宗款项，迅赐汇援，俾应要需。"④

各级红会还积极争取大大小小的商家富户，以及各种商业行会、行业协会的大力赞助。对红会而言，这是一个非常重要的筹集经费的渠道；因为，红会从一开始，主要就是由江浙沪一带的商人、企业家以及知名士绅发起成立和组织运行的。而商家富户以及各种商业行会、行业协会在人道精神的激励下，积极行动，参与到这项人道事业中来。例如，据报载，沪南公团联合会、上海商帮协会号召各商号节省过中秋节，把省下来的钱转交中国红十字会，"指定专救难民之用"⑤。再如，安亭虽然遭受重创⑥，但"幸有商人李仲廉君自告奋勇，设红会办事处，组织救济队与妇孺收容所。（除运送出险者外，镇中曾收容四乡难民四千左右）现更招待放赈人员，作附近四方之救济总机关。无基本金，亦

---

① 《中国红十字会总办事处乞募江浙兵灾急赈启事》，《申报》1924年9月8日。
② 《中国红十字会总办事处为医院残废兵民乞捐启》，《申报》1925年1月18日；《中国红十字会为兵灾募捐广告》，《申报》1925年1月28日。
③ 《中国红十字会总办事处劝募兵灾捐款启事》，《申报》1924年10月4日。
④ 《红十字会电请协款》，《申报》1924年9月20日。
⑤ 《商号节省救难民》，《申报》1924年9月14日。
⑥ 娄东、傅焕光、黄允之等：《江苏兵灾调查纪实：嘉定县》，江苏兵灾各县善后联合会1924年编印，第4页。

不征求会员，但就知友处捐米粮菜蔬，日开数十桌。措置裕如，保全生命无算，诚不可多得之热心家也"①。又如常州红会理事长王完白在战区调查灾情时，一方面震惊于战区遭受蹂躏之惨，另一方面也为绅商慷慨的人道之举而感动。他在《战地闻见录》中记述了这样一件难忘之事："忆在安亭红会时，余等已睡，忽有无锡巨绅杨翰西君偕公子蔚章及商团职员等十余人到会求宿。布被与板床均不敷，有数人得旧棉胎御寒，余则围坐待旦而已。杨君初许捐米五十石助赈，及亲至灾地，备尝艰苦后，乃慨然加捐至一百五十石。"② 此类赞助，不胜枚举。

同时，红会积极争取各地同乡会的捐助支持，例如，1924 年 9 月 8 日，"吴江旅沪同乡会，近因震泽红十字分会募款事，于前日午后三时，召集干事会议。钱会长主席，宣布开会宗旨，略谓，震泽新组织之红十字分会，业已成立，需款甚殷，旅沪各同乡理宜量力捐助，应请讨论进行办法。公决，除由出席各干事先行认定捐数外，再行分函各同乡请为量力捐募云。当场由钱会长认捐二十元，干事龚叔平三十元，后各干事依次书认，共得洋三百余元"③。又如，1924 年 10 月 6 日，吴县分会向吴县旅沪同乡会求助："念同乡旅沪诸公，夙以胞与慈善为怀，况有桑梓敬恭之谊，于同人等支持危苦之征忱，当能俯鉴，而不忍坐视。加一分援助，即弭一分隐患，所望开会集议，迅筹巨款，源源接济。"④

因学生会员的设置，红会会员总数有了较大增长，至江浙战争爆发前的 1924 年初，全国范围的会员人数已近 4 万人⑤。这使得红会的会费收入大为增加。

虽然从会员个体而言，缴纳的会费数额并不多，但由于会员人数的增加，就使得会费总数相当可观，且因会费收入具有相对稳定性，故而成为红会经费的重要来源之一。

有时，红会也会向地方政府及官员求助。例如，松江分会曾经向松

---

① 王完白：《战地闻见录》，原载 1924 年《通问报》《商报》及《中华医学杂志》1925 年第 3 期，见俞坚、张涛主编：《人道百年——报刊中的常州红十字（1914—2013）》，常州市红十字会 2014 年编印，第 46 页。

② 王完白：《战地闻见录》，原载 1924 年《通问报》《商报》及《中华医学杂志》1925 年第 3 期，见俞坚、张涛主编：《人道百年——报刊中的常州红十字（1914—2013）》，常州市红十字会 2014 年编印，第 44 页。

③ 《吴江同乡会捐助震泽红会款项》，《申报》1924 年 9 月 10 日。

④ 《吴县红十字分会募款电》，《申报》1924 年 10 月 6 日。

⑤ 《中国红十字会二十年大事纲目》，中国红十字会总会编：《中国红十字会历史资料选编，1904—1949》，南京大学出版社 1993 年版，第 494 页。

江县政府"请准当道准拨五千元"①。又如，吴县分会于 1924 年 10 月 1 日致电江苏省政府，"恳饬财政厅将伤兵应需医药费作正开支，并令设法筹济，以资维持"②。当然，除此之外，向各地方公共团体借款、会员垫款等方式，也是红会筹集经费、以渡难关的手段。红会善款来源呈现多样化，筹款能力也明显提高。

正是因为有了经费的保证，红会才能办理各种必需的物资，保障人道救援的顺利开展。如战争开始后，"湖州吴兴红十字分会会长顾信义来沪，购办绷带、药品、号衣、皮件等品……由沪杭车装运赴湖，专船赴吴兴"③。又如，红会总办事处为租界内的住院伤兵购置服装，"各临时医院之在租界者，仍须将制服换下，红会以兼工赶制，尚嫌不及，昨已向衣庄购得三百余身，以便更换"④。再如，沪城分会为饥饿难耐的士兵着想，"派人前往北市，购得面包千余磅，派员运至南站散给各兵士果腹"⑤。

红会在采购物资的同时，积极募集民众捐献的各种物资，以便日常应用。例如，红会救伤第三院（西藏路时疫医院），"有外国女士明思德君，捐赠上等纱布二匹，作为院中裹创敷药之用。该院救护甚忙，正需此项材料，今得应时之嘉惠，殊觉十分便利"⑥。又如，"南京中国红十字会续募棉衣千余套，分装十大箱"，于 1924 年 12 月 3 日，派难民救济会干事鲁士清赶赴宜兴发放⑦。

总之，红会在经费和物资上竭尽全力，为维护伤病人员和妇孺难民的生命安全、医疗救治和最低生活水平，提供了最基本的支撑。

四、与各方保持沟通与协作

中国红十字会在以自身为主体进行战争救援的同时，还注意与社会各界（包括其他社会团体），进行密切的沟通与协作，最大限度汇聚人道力量。也就是说，在具体事务上，在必要的环节和关键时刻，中国红十字会与军政当局、道院（红卍字会）、上海中国济生会（白十字会）、闸北慈善团（蓝十字会）、上海联益善会、基督教会、商会、同乡会等

---

① 《地方通信》，《申报》1924 年 9 月 11 日。
② 《各地方之报告（节录）》，《申报》1924 年 10 月 5 日。
③ 《吴兴红会分会在沪购买物品》，《申报》1924 年 9 月 5 日。
④ 《红会消息》，《申报》1924 年 9 月 15 日。
⑤ 《沪城红会携面包分食散兵》，《申报》1924 年 10 月 15 日。
⑥ 《绷带材料之捐赠》，《申报》1924 年 9 月 15 日。
⑦ 《南京快信》，《申报》1924 年 12 月 5 日。

各方力量，进行了比较充分和良好的配合，从而有利于战争救援活动的顺利进行，使救援成绩和效果实现最大化。

红会很重视与军政当局的沟通协作。因为战争救援，首先需要与军政当局协调关系，即红会必须获得各方军政当局所颁发的战场通行证、他们所认可的身份证明，并且需要各方军政长官敕令下属对红会人员进行保护，红会才能展开救援工作。因此，各级红会往往在行动之前，先致电或致函相关军政当局以及各方军政长官，请求予以保护，方便行事；而军政当局以及军政长官，出于自身利益考虑，并顾及国际法，一般会予以配合，乐观其成。所以，江苏督军齐燮元在接到红会的请求保护的函电后，积极回应并做出相应的承诺。1924 年 8 月 30 日，中国红十字会总办事处接到齐燮元复电，表示"自当妥为保护，助成善举"①。浙江督军卢永祥也做出了同样承诺②。

当红会的救援行动受到士兵或军官的阻挠，甚至发生物资器具被抢夺等情况时，也必须与相关军政长官交涉，以使问题得到圆满解决。中国红十字会总办事处曾经在 1924 年 9 月 6 日致电卢永祥、何丰林："本月五日，按照日来弗红十字海陆战条约及本会章程，出发医队，开赴浏河罗店一带，救护伤兵，乃浙军将该医队救护汽车多辆及旗帜等件，任意抢夺，核与条约章程规定办法大相背驰。即乞贵督办俯念慈善法团，立饬该军队迅速发还应用为感。"③ 在浙方官长过问下，该事情很快即得到解决。

同时，红会医院也时常接收军方医院送来的伤病官兵。例如，吴淞总军医院因连日前线各处送到的伤兵颇多，房屋不敷安插，故于 1924 年 9 月 7 日上午，将专车送来之伤兵，安排至上海红十字总会医治④。

红会还与其他社会团体进行了有效的沟通协作，主要是在兵灾救济事务上互相配合。例如，吴县分会与吴县童子军服务团密切合作，后者协助前者救助伤兵难民⑤。商界总联会在 1924 年 10 月 8 日，派人到闵行一带，发现该地难民很多，于是"协同红会救出该处妇孺十八人"⑥。

---

① 《红会昨接之四电报》，《申报》1924 年 8 月 31 日。
② 《红会筹备救护之消息》，《申报》1924 年 9 月 2 日。
③ 《红会致卢何之函电》，《申报》1924 年 9 月 7 日。
④ 《吴淞军医院之消息》，《申报》1924 年 9 月 8 日。
⑤ 《吴县童子军出发救护伤兵》，《申报》1924 年 9 月 14 日。
⑥ 《救护消息》，《申报》1924 年 10 月 8 日。

又如，红会派出医护人员，到灵学会开办的难民收容所，为难民诊治①。白十字会也多次积极协同红十字会进行救护，使许多深陷困境的救援工作得以如愿进行。1924 年 9 月 8 日，白十字会协助嘉定分会救济难民，不但设法放船前往，还将嘉定分会送来的 200 余难民，接纳在该会暂留所留养。15 日前后，娄塘分会载来难民 200 余人，专函恳求济生会收容，济生会白十字会特将之运往大王庙第四暂留所安置②。白十字会的支持有效缓解了红十字会压力，为红十字会江浙战争救援提供了有力支持，无怪乎时人对白十字会评价甚高，"此番所组织之白十字会，厥功甚伟，既从战地施救，又将妇孺收养，不使有流离失所之苦，其热诚宏愿，良堪钦佩"③。

其他社会团体有时会向红会请求，借用红会的旗帜、袖章等标识，以方便救护行动，而红会在符合规章的情况下则会施以援手。例如，中国济生会曾致电中国红十字会总办事处："敝会因松江方面亦有难民畏险逃避，兹特派救护队方瑞文、沈佩兰、章镛康、于元鼎等五员，随带小火轮、小汽船各一只、民船二只，前赴该处救济难民，运沪收容，以免流离失所；相应备函请烦查照，填发前赴松江护照，并红十字大旗一面，袖章一个，一并挪交敝会，以便转发该员，克日前往救护，至纫公谊。"④ 中国济生会作为慈善机构，在紧急情况下借用红十字标识，不但无损红会声誉，而且对红十字会人道救援助益良多，故红会完全同意其要求。

总之，以红会为主体的各慈善团体在开展人道救援行动过程中，总体上是互相帮助与支持的。例如，昆山战地灾赈会曾经把获得的物资，散发各慈善机关："将该会定制之饼干，送各慈善机关，分给难民；计红十字会六百磅，蓝十字会四百磅，灵学会二百磅，尚余千余磅，则运昆山分散各灾民。"⑤ 又如，红会在江浙战争时期，设立了一批战时救护医院或疗养院，这些医疗机构得到了相关机构，如南洋医院、同仁医院、上海公立医院、广慈医院、时济医院、粤商医院、宝隆医院、亚东医院这 8 所大医院以及新普育堂等的大力支持与配合，对此，红会甚为感激："本会……借以上各医院设疗养所十有二处，医治伤病，时逾两

① 《红会消息》，《申报》1924 年 9 月 26 日。

② 马强、池子华主编：《红十字在上海（1904—1949）》，东方出版中心 2014 年版，第178 页。

③ 《福建路商联会致济生会函》，《民国日报》1924 年 9 月 13 日

④ 《红会消息》，《申报》1924 年 9 月 27 日。

⑤ 《昆山战地灾赈会近讯》，《申报》1924 年 9 月 27 日。

月。胥庆更生，遣送还家耕田馨井，此固由各伤兵之率性归农，实亦由各大医院乐善好施，有以致之也，引睇仁风，共襄义举，建兹功德，纫感无涯。"① 诚哉斯言，各团体之间的合作，形成了共襄善举的良好局面，对人道救援大有裨益。

此外，值得一提的是，地方士绅阶层在此次战争救援行动中也发挥了重要作用。他们募集了大量资金，为救援行动的顺利开展提供了保障；为难民及伤兵的收容和治疗提供场所，并以个人或团体名义收容大批难民；积极参与兵灾善后和赈济，并取得了很大成效，大大减轻了红会的救援压力。士绅们的救援活动，一方面是因为其怀有仁爱之心，继承了自古以来的慈善传统；另一方面，则是因为士绅阶层与地方社会的依存度相当密切。冯筱才将民初江浙社会乱象下致力于维持社会秩序的各界人士（以商人为主）称之为"责任群体"，认为他们的作为并不完全是基于一种"利他主义"的考虑，而主要在于个人产权在非常时期与社会安全紧密联系在一起，在于其责任意识实现了个人利益与社会利益的协调和贯通②。士绅们的利益已与地方社会的秩序与安宁结为一体，"救人即是自救"，所以维持和恢复地方的社会秩序成为首要诉求。正因为如此，士绅阶层大多关心地方事务，自觉以维护地方社会秩序为己任。在其影响下，地方的慈善意识和急公好义的行为蔚然成风，为救援活动的开展提供了有力的支持和帮助。

第四节　人道救援的影响

在中国红十字会的努力下，江浙战争的人道救援行动取得了较为令人满意的成绩。在此过程中，战争救援实践也对红十字会自身的发展产生重大影响，不仅在战乱之中拯救了大批伤兵难民，减轻了战争所带来的伤害；同时，通过此次战争救援，中国红十字会积累了经验，拓展了基层组织，提高了红十字会在民众中的声望，推动了总会及江浙地区分会的进一步发展。

---

① 《中国红十字会总办事处鸣谢南洋、同仁、上海公立、广慈、时济、粤商、宝隆、亚东八医院暨新普育堂借设江浙战事疗养所启事》，《申报》1924 年 11 月 6 日。

② 冯筱才：《在商言商——政治变局中的江浙商人》，上海社会科学院出版社 2004 年版，第 296 页。

一、人道救援减轻了兵灾损害

非正义的战争阻滞了社会经济的发展，特别是造成了严重的人道灾难。红十字会高扬人道主义旗帜，在阻止战争未果的情况下，采取各种措施，竭力减缓战争带来的负面影响。

第一，战前红十字会极力调和各方矛盾，阻止战争爆发。红会是民间组织，也是"中立"性国际组织，不抱有政治倾向。在江浙战争前夕，红十字会总会便利用其特殊地位，从人道主义立场出发，呼吁交战双方不要战争，尽量减轻战争造成的人道危机。中国红十字会盛竹书副会长与绅商张一麐等人，奔赴两省军政当局之间，呼吁通过谈判来解决双方分歧。两省当局在多方压力之下，加上开战时机不成熟，终于促成双方于8月15日和8月18日分别签署了《江浙和平公约》，承诺保境安民。这一公约可以看成是中国红十字会与其他地方团体竭力维持和平的成果，延缓了战争爆发。

第二，战时红十字会设法救援，减轻战争灾难。红会既派出队员前赴战区前线，又对后方各项工作妥为安排；既设救护队、运输队、掩埋队、战时医院和难民所、妇孺收容所，又设各种相应的领导、管理监督和监察机构；既与政府、军方打交道，又与各种民间组织、社会团体协作。"惟是地方一经兵灾，伤者需疗之，亡者需瘗之，饥者需食之，冻者需衣之"①，红十字会的人道之举赢得了官方和民间的广泛认可，有很高的美誉度和知晓率，在江浙战争救援行动中起到示范作用，其结果也起到了减轻战争灾难的作用。

第三，战后红十字会积极参与善后重建，降低战争损失。在战争结束后，红会又立即投入遣送官兵难民、尸体掩埋、卫生防疫、配合灾后调查、散赈灾区难民以维持生活和恢复生产、整顿社会秩序等事务当中去。由于红会组织有较高的知名度和公信力，与其他民间组织的合作得到了信任，而且可以相得益彰，起到互补作用。红十字会以及兵灾善后会等社会团体协同合作与努力，促使政府对灾区采取减免赋税或补助等政策，这无疑有助于广大难民恢复生产和生活。同时，红会等募集大量经费物资，使广大难民得以免受冻饿之苦，度过苦难时光，充分体现了人道精神和社会责任感，令人称道，也给人们留下了宝贵的历史记忆。无论是从救援所涉及的范围，还是其取得的成绩来看，红十字会都无疑

第七章 中国红十字会救援行动评价

227

---

① 《中国红十字会总办事处乞募江浙兵灾急赈启事》，《申报》1924年9月8日。

是事实上的救援主导力量，在江浙兵灾善后重建工作中起到了重要的促进作用。

总之，作为中国红十字运动的一次重要实践，在各级红会组织的共同努力下，江浙战争救援取得了圆满成功。红十字会在战前、战中和战后各个阶段，全程参与了人道救援的全过程，发挥了极为关键的作用，取得了令人瞩目的成绩。红会医院和难民收容所的设立，使得大量伤兵难民得到治疗和安置，免受战乱之苦；及时的尸骸掩埋，避免了灾后疫病流行。所有这些工作，都有效地减少了战争损害，减轻了战区民众所遭受的痛苦，充分体现了红十字会救死扶伤的宗旨和人道主义精神，得到了社会各界的广泛认同。

二、人道救援促进了红十字会自身发展

此次人道救援活动，对红会自身发展也起到了巨大的促进作用，主要体现在如下数端。

（一）积累了应急预案的经验

中国红十字会作为中国最大的人道救助团体，负有艰巨的使命，需要面对和处理各种可能发生的不测事件。古人云："凡事预则立，不预则废。"由此可见，"未雨绸缪"的重要性。就本次战争救援的实际情况而言，也确实如此。正是因为总会（总办事处）在江浙战争爆发前夕，迅速行动起来，预先统筹全局，做好了多方面的准备，如组设救护队、筹划收容所、置办药品物资、积极办理会员入会事宜、预备开办战时医院、与地方军政长官接洽等等，才使得人道救援行动顺利展开，并取得了良好效果。

（二）发展和壮大了基层分会

江浙战争期间，苏南大部及浙江部分地区地处战区，亟待救援。显然，仅靠红会现有的力量远远不够。因此，总会（总办事处）积极与各地联系，遵照红会章程，并取得当地士绅的支持，很快成立了一批地方分会，"本会于事急时，即往各处组织临时分会，尽其天职，竭力救护"①。这一时期江浙地区所设分会，包括重建、新设以及派出机构，大致情况如下表所示。

---

① 《红十字会电请协款》，《申报》1924 年 9 月 20 日。

表7-4　江浙战争期间江浙地区成立的红十字会组织统计

序　号	成立时间	县级分会	乡镇分会
1	1924.8.27	无锡分会（重建）	
2	1924.8.31	杭州分会（重建）	
3	1924.8	上海分会（原沪城分会）	
4	1924.8	嘉兴分会	
5	1924.8		嘉兴新塍镇分会
6	1924.9.1	嘉定分会	
7	1924.9.1	松江分会	
8	1924.9.1	昆山分会（重建）	
9	1924.9.1		洞庭山分会
10	1924.9.1	宜兴分会	
11	1924.9.1	丹阳分会	
12	1924.9.1	兰溪分会	
13	1924.9.1	嘉善分会	
14	1924.9.2		嘉定娄塘分会
15	1924.9.2		吴淞分会（重建）
16	1924.9.3	青浦分会	
17	1924.9.4		宝山大场分会
18	1924.9.8	宝山分会	
19	1924.9.8	吴兴分会	
20	1924.9.9	南浔分会	
21	1924.9.10	吴县分会（重建）	
22	1924.9.11		海宁硖石分会
23	1924.9.14		无锡分会第一办事处
24	1924.9.16		镇江高资分会
25	1924.9.18	温州分会	
26	1924.9.19	衢县分会	
27	1924.9.19	永嘉分会	
28	1924.9.21	丽水分分	
29	1924.9.24		淞江泗泾分会
30	1924.9.25		嘉兴濮院镇分会

序　号	成立时间	县级分会	乡镇分会
31	1924. 9. 26	常熟分会（重建）	
32	1924. 9. 28	平湖分会	
33	1924. 9		嘉定南翔分会
34	1924. 9	太仓分会	
35	1924. 9		吴江震泽分会（重组）
36	1924. 9		吴江盛泽分会
37	1924. 9		吴江芦墟分会
38	1924. 9		（嘉定）昆山安亭分会
39	1924. 9		嘉善西塘分会
40	1924. 9		嘉善乌青镇分会
41	1924. 9	金华分会	
42	1924. 10. 1		闵行分会
43	1924. 10. 1		奉贤胡家桥分会
44	1924. 10. 5	南汇分会	
45	1924. 10. 5		南汇鲁家桥镇分会
46	1924. 10. 8		莘庄分会
47	1924. 10. 9		淞江胡家镇分会
48	1924. 10. 13		上海分会三林乡办事处
49	1924. 10		丹徒高资镇分会
50	1925. 1. 4		莘庄分会七宝事务所
51	1925. 1. 7		嘉定黄渡分会
52	1925. 1. 30		吴江分会城区办事处
53	1925. 1		沪南太平街分会
54	1925. 1	金山分会	
55	1925. 1		江阴青旸分会
56	1925. 1		嘉定分会横泾办事处

资料来源：本表是笔者根据《新闻报》《申报》等有关资料和马强、池子华主编《红十字会在上海（1904—1949）》（东方出版中心 2014 年版）以及严晓凤、池子华、郝如一主编《苏州红十字会百年纪事》（安徽人民出版社 2011 年版）等著作综合统计得出，或有所缺漏。5 个办事处（事务所）为分会的派出机构，不是正式的分会组织，但为了全面呈现红会组织建设情况，故而列入表中。

上表中，除了5个办事处（事务所）为临时机构外，正式成立的红十字分会达到51个。这些分会的成立，为本次人道救援的成功奠定了可靠的组织基础和人力资源保障基础。毫无疑问，分会组织在战区如雨后春笋般涌现，在保证救护使命完成的同时，也促进了中国红十字会自身力量的壮大，为红十字事业的发展打下了坚实的基础。这也反映出江浙地区红十字会救护水平发展到一个新的阶段，这对中国红十字会人道事业而言，具有里程碑意义。

（三）以有效的沟通和协调树立了红会形象

众擎易举，聚沙成塔，这在慈善事业上尤为明显。大规模战争中的人道救援需要全社会的参与，尽最大可能整合社会资源是救护成功的一大关键。总会总办事处在这个方面既有高度的认知，又有切实的行动。因此，总会总办事处在保持自身主导性的同时，充分整合各个方面、各种力量，服从和服务于人道救援活动，从而树立和巩固了其在社会救助事业中的领导者形象与地位。而一般慈善组织，受限于自身力量的弱小或资质的欠缺，也需要在"红十字"旗帜下发挥作用，因而需要红十字会的臂助。如前所述，共同的需要，使人道力量在"红十字"旗帜下汇聚，形成一种合力。这既是中国红十字会人道救援成功的重要保证，同时也使红十字会的主导形象得以确立，社会地位更加巩固，社会公信力与日俱增，不啻为人道灾难的"庇护神"，这对未来红十字人道事业的发展具有深远影响。尤其是抗战时期，中国红十字会之所以能够统筹全国各战区的人道救援[1]，毫无疑问，与这种社会地位的不断巩固有着内在的关联。

（四）对江浙地区分会建设的促进作用不可小视

从分会数量来看，江浙战争以前，江苏包括上海地区在内红十字会数目不多，只有30个，而到了江浙战争时期，江苏及上海的红十字运动得以迅速发展，嘉定、青浦、宝山、金山、上海、松江、昆山、吴县、太仓、常州、宜兴、南汇、丹阳等县和东山、安亭、周庄、震泽、娄塘、泗泾、莘庄、七宝、胡家镇、三林塘、闵行、吴淞、大场、青旸、黄渡、横泾等乡镇都建立了红会组织。红十字会组织可谓"遍地开花"。这些分会，既是战争救护的依靠力量，也是江苏地区红十字事业发展的明证。

以上海周边地区为例，1924年9月至1925年1月，各地分会纷纷兴起，先后有嘉定、南翔、青浦、闵行、南汇、金山等20余个分会或办事处成立。上述分会及事务所、办事处都是为应对江浙战争而成立

① 戴斌武：《中国红十字会救护总队与抗战救护研究》，合肥工业大学出版社2012年版。

的，从而为人道救援的顺利进行，创造了条件，并在江浙战争救援中做出了巨大贡献。在总会的领导之下，沪城分会等原有分会与新组建的各分会协同配合，展开了大规模的救援行动。

浙江的红十字会组织也有所发展，据《中国红十字会20周年纪念册》记载，截至1924年5月底，浙江已有杭州、宁波、绍兴、吴兴、普陀、安吉、孝丰、泗安、长兴、龙泉等红十字分会。江浙战争爆发前夕，浙江遭受战争威胁，嘉兴、湖州、嘉善、丽水、金华以及南浔、西塘、马青镇等均成立了红十字会。战争爆发后，温州、平湖、永嘉、衢县、兰溪等地士绅也纷纷与总会接洽，先后成立红十字会以备救援。

在战争过程中，嘉兴、嘉善、吴兴等浙江地方红会也都各尽所能，进行了战地救护、难民救助、尸体掩埋、协同救护等救援行动。虽然从整体而言，浙江各地方分会开展的行动较为有限，但同样为浙江红十字运动的发展积累了经验。总之，浙江红十字会组织在江浙战争期间也获得了一定程度的发展。

应该强调的是，红十字会的人道救援行动，给中国社会注入了近代元素。江浙战争的爆发对江浙等地的民众而言是一种大不幸，但是，中国红十字会积极投入战争救援行动，却起到了启蒙民众、壮大和确立民间组织的影响力与地位、促进中国社会进步的客观作用。具体表现在：社团组织采取了初步的分权制衡、权职一致的现代性原则；在与政府官方的关系上，红会虽然接受政府的监督，受到政府的一定制约，但是已经具有相当大的独立性；在对社会民众的影响力和贡献上，红会在很多方面起到了政府所起不到的作用。这些积极因素在战争救援过程中得到了全面呈现，从而潜移默化地影响民众对社会组织的认知。换言之，红会在本次战争救援过程中的作用，其影响已超越了慈善活动本身，一定程度上具有了促进中国社会发展的积极效应。

小　结

通过此次战争救援，红十字会的社会形象得到了巩固，人道主义精神也更加深入人心。江浙战争的救援行动也推动了红会自身的发展。救援行动日益成熟和完善，江浙地区的基层分会组织得到了很大拓展。在救援过程中，江苏地区分会经受了考验，积累了经验，发展到了一个新的水平。浙江地区分会也有了一定的发展。总之，此次人道救援，书写了中国红十字运动发展史上的光辉篇章，具有深远的历史意义。

结　语

自诞生之日起，中国红十字会就始终秉承红十字运动人道原则，遵循"博爱""恤兵"的宗旨，开展了对兵灾、自然灾害、疫病等的人道救助。

中国红十字会起源于上海，其诞生缘于日俄战争的强力推动，这与国际红十字运动起源于索尔弗利诺之战颇为相似，这就决定了战争救护成为红十字会的神圣职责。近代中国内忧外患不断，战乱频仍，因此中国红十字会自诞生之日起，就与战争救护结下了"不解之缘"。中国红十字会自日俄战争救护之后，经历了辛亥革命战争救护实践，取得了跨越式的发展，而在其后的二次革命、护国战争、护法战争等历次战争中，也无不活跃着中国红十字会的身影。通过一系列的人道救援实践，红十字会在社会动员、组织协调、具体实施等各个方面，都积累了较为丰富的经验，这为江浙战争人道救援的成功奠定了重要的基础。

江浙战争的爆发，是江浙两省直系势力与反直势力的矛盾不可调和的结果。这场战争使江浙（尤其是江苏南部）地区损失惨重，遭到了自太平天国以来最大的破坏，打破了江浙地区长达 60 年的社会稳定。红十字会认为，"摧残人道莫烈于战争"，因此在开战之前，红会为阻止战争爆发尽了最大努力。副会长盛竹书与绅商张一麐等江浙士绅，奔走斡旋，呼吁双方展开谈判，解决争端，但战争终究还是难以避免。战争使江浙地区经济受到严重冲击，社会动荡不安，城乡市镇毁于战火，并造成大量的人员伤亡。战区民众不得不背井离乡，以躲避战火，由此造成的难民数以万计，状况凄惨，急待救援。

面对这场人道灾难，中国红十字会责无旁贷，迅速行动起来，投入到战争救援行动之中。

战争前夕，中国红十字会总会（总办事处）意识到局势紧迫，开始了救援的筹备工作：调集人员、物资及水陆交通工具，以便随时应用；派出多支救护队，前往各处，做好救护准备；设立红十字医院，随时准备收治伤兵，等等。由于战争势必会造成大量难民，而难民问题一直是红十字会最为重视的问题之一，因此总会以及各地分会，多方筹措，广设难民收容所以及妇孺收容所，以便安置难民和妇孺。

战争爆发之后，红会总办事处的各支救护队，奔波于战区各处，甘冒风险，全力展开战地救护。他们不分阵营，一视同仁地救治双方士兵和民众，使大量受伤兵民得到救治或得以转送后方医治。同时，还将大批难民营救出险，分送各地，妥善安置。江浙各地红十字分会，也都纷纷行动起来，组织救护队，开赴战场，配合总会开展人道救援，以实际行动践行了人道主义精神。

医院救治作为战地救护的延续，是战争救援活动中极为重要的一个环节，红十字会总会在医院救治中发挥了主导作用。设立于沪上的各红十字医院自战争爆发之日起，全力以赴，依据各自分工，夜以继日地救治双方受伤士兵，挽救了数以千计的生命。总会派驻各地的救护队也与当地分会联手协作，成立临时医院，就近收治伤兵。各地分会亦在总会指导下，开办临时医院，救死扶伤，并取得了显著的成绩，从而有效地减轻了总会的压力。

得益于事先准备较为充分，江浙战争中的难民尤其是妇孺大都得到了妥善安置。红十字会总会及各地分会所开设的大量难民及妇孺收容所，发挥了巨大作用。这些收容所依据规章，共计收容安置难民将近10万人，使之能在战乱之中有一安身之所，性命得以保全，给绝境中的难民带去了人道的关怀与温暖。

战争结束之后，诸多善后事宜有待解决，红十字会再次发挥了重要作用。妥善地掩埋尸体是善后工作的重要任务，红十字会对此具有清醒的认识，多次派队掩埋尸体，总数达1500具以上。红会十分重视战后卫生防疫，采取了一系列相关措施，从而有效避免了战后的疫病流行。此外，红十字会还多方筹集经费，将治愈之伤兵难民分批遣送回籍，同时积极参与兵灾损失调查与灾后赈济，帮助衣食无着的灾民渡过难关。

总之，此次江浙战争中的人道救援行动，有效地减轻了兵灾损失，获得了社会各界的广泛认同，巩固和提高了红十字会的社会形象，推动了总会及江浙地区分会的进一步发展。中国红十字会在救援江浙战争的过程中，始终遵守人道、中立、平等原则，彰显和弘扬了人道主义精神，通过战争救援行动的成功，充分展现了红十字精神。中国红十字会对江浙战争的人道主义救援，在中国红十字会的发展进程中具有重要意义，理应永留史册。

人道主义作为红十字运动的基本宗旨和核心理念，体现了红十字的价值追求。人道主义与战争密切相关，红十字人道主义正是起源于对战争中受难士兵生命的关注。中国红十字会救援江浙战争的行动，充分体现了中国红十字会的人道主义宗旨，这一宗旨贯穿救援行动始终，并在救援实践中得到了体现。

　　当今世界，局部战争和地区性冲突时有发生，战争阴霾仍然挥之不去，战争救援行动也正面临着前所未有的复杂变化和巨大挑战。一方面，救援行动越来越多地受到政治、军事等因素的影响，2015 年乌克兰东部地区的人道救援行动陷入僵局，便是一例；另一方面，极端组织、民间武装等非传统安全威胁的出现，也给救援行动增添了许多不确定性，尤其是身处一线的救援人员可能面临相当大的危险。仅就红十字会而言，救援人员在战区或动乱地区遭到绑架甚至杀害的情况屡有发生，救援行动的风险大大增加。

　　如何使战区的人道救援行动，更好地适应新形势的需要，这无疑是摆在红十字会和其他人道组织面前的一个重大课题。

参考文献

一、资料

1. 中国红十字会总办事处编：《中国红十字会二十年大事纲目》，1924 年内部印行。

2. 中国红十字会总办事处编：《中国红十字会二十周年纪念册》，1924 年编印。

3. 中国红十字会总办事处编：《慈善近录》，1924 年编印。

4. 共和书局编辑所：《江浙大战记》，上海共和书局 1924 年版。

5. 南翔劫余生：《东南烽火》，上海宏文图书馆 1924 年版。

6. 冯嘉锡、朱祖荫辑：《赈务要编》，江苏赈务处 1924 年编印。

7. 娄东、傅焕光、黄允之等：《江苏兵灾调查纪实》，江苏兵灾各县善后联合会 1924 年编印。

8. 侯鸿鉴：《无锡兵灾记》，1925 年铅印本。

9. 许再思、钱保和编：《江阴战事记》，江阴商报馆 1925 年版。

10. 《中国红十字会常熟分会民国廿一年纪念册》，中国红十字会常熟分会 1933 年编印。

11. 殷惟龢编：《江苏六十一县志》，商务印书馆 1936 年版。

12. 章有义编：《中国近代农业史资料》（第 2 辑），生活·读书·新知三联书店 1957 年版。

13. 陈真、姚洛编：《中国近代工业史资料》（第 1 辑），生活·读书·新知三联书店 1957 年版。

14. 《浙江文史资料选辑》（第 1 辑），浙江省政协文史资料委员会 1962 年编印。

15. 《上海文史资料选辑》（第 13 辑），上海市政协文史资料委员会 1962 年编印。

16. 全国政协文史资料研究委员会编：《文史资料选辑》（第 35

辑），中华书局 1963 年版。

17. 杜春和等主编：《北洋军阀史料选辑》，中国社会科学出版社 1981 年版。

18. 《孙中山全集》（第 2 卷），中华书局 1982 年版。

19. 江阴县政协文史资料研究委员会编：《江阴文史资料》（第 3 辑），江阴文史资料研究会 1982 年编印。

20. 无锡市政协文史资料研究委员会编：《无锡文史资料》（第 12 辑），1985 年编印。

21. 江苏省政协文史资料研究委员会编：《江苏文史资料选辑》（第 18 辑），江苏古籍出版社 1986 年版。

22. 上海市嘉定县黄渡乡《黄渡志》编纂办公室：《黄渡志》，1986 年编印。

23. 高景岳、严学熙编：《近代无锡蚕丝业资料选辑》，江苏人民出版社、江苏古籍出版社 1987 年版。

24. 苏州市地方志编纂委员会办公室、苏州市档案局、苏州市政协文史编辑室编：《苏州史志资料选辑》（总第 16 辑），《苏州史志资料选辑》编辑部 1990 年出版。

25. 瞿鸿烈主编：《常熟市志》，上海人民出版社 1990 年版。

26. 上海市嘉定县安亭镇修志领导小组编：《安亭志》，上海社会科学院出版社 1990 年版。

27. 冯学文主编：《青浦县志》，上海人民出版社 1990 年版。

28. 王道伟主编：《昆山县志》，上海人民出版社 1990 年版。

29. 朱鸿伯主编：《川沙县志》，上海人民出版社 1990 年版。

30. 上海市金山县县志编纂委员会：《金山县志》，上海人民出版社 1990 年版。

31. 中国第二历史档案馆编：《中华民国史档案资料汇编》第 3 辑《军事》，江苏古籍出版社 1991 年版。

32. 无锡市政协文史资料研究委员会编：《无锡文史资料》（第 24 辑），1991 年编印。

33. 何惠明等主编：《松江县志》，上海人民出版社 1991 年版。

34. （长江三角洲乡镇志丛书）《巴城镇志》，上海人民出版社 1991 年版。

35. （长江三角洲乡镇志丛书）《陆家镇志》，中国大百科全书出版社上海分社 1992 年版。

36. 杨于白主编：《嘉定县志》，上海人民出版社 1992 年版。

37. 朱保和主编：《宝山县志》，上海人民出版社 1992 年版。

38. 程以正主编：《江阴市志》，上海人民出版社 1992 年版。

39. （昆山地方志丛书）《蓬朗镇志》，昆山市蓬朗镇志编纂委员会 1992 年编印。

40. 中国红十字会总会编：《中国红十字会历史资料选编，1904—1949》，南京大学出版社 1993 年版。

41. 来新夏编：《北洋军阀》，上海人民出版社 1993 年版。

42. 张世阊等编：《镇江市志》，上海社会科学院出版社 1993 年版。

43. 王孝俭主编：《上海县志》，上海人民出版社 1993 年版。

44. 李文海等编：《近代中国灾荒纪年续编》，湖南教育出版社 1993 年版。

45. 张明岛、邵浩奇：《上海卫生志》，上海社会科学院出版社 1994 年版。

46. 詹一先主编：《吴县志》，上海古籍出版社 1994 年版。

47. 谈汗人主编：《无锡县志》，上海社会科学院出版社 1994 年版。

48. 陈晖主编：《苏州市志》，江苏人民出版社 1995 年版。

49. 庄申主编：《无锡市志》，江苏人民出版社 1995 年版。

50. 浙江省政协文史资料委员会编：《浙江文史集粹》，浙江人民出版社 1996 年版。

51. 天津市档案馆、天津市社会科学院历史所等编：《天津商会档案汇编》，天津人民出版社 1996 年版。

52. （昆山地方志丛书）《昆山市玉山镇志》，上海科学技术文献出版社 1996 年版。

53. 章伯锋、庄建平主编：《抗日战争》，四川大学出版社 1997 年版。

54. 中国红十字会编译：《国际红十字与红新月运动基本文件汇编》，群众出版社 1997 年版。

55. 中国第二历史档案馆：《中国红十字会上海国际救济会工作报告》（1937 年 8 月—1938 年 2 月），《民国档案》1998 年第 1 期。

56. 《20 世纪上海文史资料文库》，上海书店出版社 1999 年版。

57. 凌克强主编：《兵希镇志》，哈尔滨出版社 2001 年版。

58. 《〈申报〉上的常熟》，常熟市地方志编纂委员会办公室 2004 年编印。

59. 池子华、郝如一主编：《中国红十字历史编年，1904—1949》，安徽人民出版社2005年版。

60. 上海市地方志办公室编：《上海乡镇旧志丛书》，上海社会科学院出版社2005年版。

61. 华中师范大学、中国近代史研究所、苏州市档案馆合编：《苏州商会档案丛编》（第3辑），华中师范大学出版社2009年。

62. 无锡市史志办公室、无锡市图书馆编：《民国时期无锡年鉴资料选编》，广陵书社2009年版。

63. 严晓凤、池子华、郝如一主编：《苏州红十字会志资料长编》（上、下册），安徽人民出版社2010年版。

64. 池子华、严晓凤、郝如一主编：《〈申报〉上的红十字》（4卷本），安徽人民出版社2011年版。

65. 《雪浪湖——江阴市红十字会100周年特刊》，江阴市红十字会、江阴市文学艺术联合会2012年编印。

66. 池子华、傅亮、张丽萍、汪丽萍主编：《〈大公报〉上的红十字》，合肥工业大学出版社2012年版。

67. 池子华、丁泽丽、傅亮主编：《〈新闻报〉上的红十字》，合肥工业大学出版社2014年版。

68. 池子华、崔龙健主编：《中国红十字运动史料选编》（第一辑），合肥工业大学出版社2014年版。

69. 俞坚、张涛主编：《人道百年——报刊中的常州红十字（1914—2013）》，常州市红十字会2014年编印。

70. 南京市红十字会编：《南京红十字会110年史志》，南京出版社2014年版。

71. 马强、池子华主编：《红十字在上海（资料长编）》，东方出版中心2015年版。

72. 中国第二历史档案馆档案，全宗号476。

73. 上海市档案馆馆藏，档号Q0-12-611。

74. 主要报刊：《申报》《新闻报》《时报》《民国日报》《锡报》《新无锡》《无锡日报》《吴语》《大公报》《中外日报》《民立报》《时事新报》《神州日报》《中报》《晨报》《银行周报》《中国红十字报》《吴江》《人道指南》《中国红十字会杂志》《中国红十字会月刊》《会务通讯》《救护通讯》《红十字月刊》《救灾会刊》《东方杂志》《中华医学杂志》《兴华》《松声》《中外经济周刊》，等等。

二、专著

1. 海上浮生：《江浙血战大写真》，上海民生书局 1924 年版。

2. 庞京周：《抗战与救护工作》，商务印书馆 1938 年版。

3. 行政院新闻局印行：《中国红十字会》，1947 年版。

4. 来新夏主编：《北洋军阀史稿》，湖北人民出版社 1983 年版。

5. 张宪文主编：《中华民国史纲》，河南人民出版社 1985 年版。

6. 章伯峰、李宗一主编：《北洋军阀（1912—1928）》，武汉出版社 1990 年版。

7. ［美］费正清主编：《剑桥中华民国史》（章建刚等译），上海人民出版社 1991 年版。

8. 尤德新：《闪光的红十字》，湖北科学技术出版社 1992 年版。

9. 丁中江：《北洋军阀史话》，中国友谊出版公司 1992 年版。

10. 中国红十字会总会编：《中国红十字会的九十年》，中国友谊出版公司 1994 年版。

11. 金立人：《上海抗日救亡史》，上海社会科学院出版社 1995 年版。

12. ［瑞士］亨利·杜南：《索尔弗利诺回忆录》（杨小宏译），山东友谊出版社 1998 年版。

13. 邓云特：《中国救荒史》，北京出版社 1998 年版。

14. 罗元铮总主编：《中华民国实录》，吉林人民出版社 1998 年版。

15. 曲折主编：《中国红十字事业》，广东经济出版社 1999 年版。

16. 来新夏等：《北洋军阀史》，南开大学出版社 2000 年版。

17. 夏明方：《民国时期自然灾荒与乡村社会》，中华书局 2000 年版。

18. 余子道、张云道：《淞沪会战》，上海人民出版社 2001 年版。

19. 江苏省红十字会编：《江苏红十字运动八十八年（1911—1999)》，东南大学出版社 2001 年版。

20. 梁其姿：《施善与教化——明清的慈善组织》，河北教育出版社 2001 年版。

21. 孙柏秋主编，池子华、杨国堂等著：《百年红十字》，安徽人民出版社 2003 年版。

22. 蔡勤禹：《国家、社会与弱势群体——民国时期的社会救济（1927—1949)》，天津人民出版社 2003 年版。

23. ［日］小浜正子：《近代上海的公共性与国家》（葛涛译），上海古籍出版社 2003 年版。

24. 王立忠、江亦蔓、孙隆椿主编：《中国红十字会百年》，新华出版社 2004 年版。

25. 池子华：《红十字与近代中国》，安徽人民出版社 2004 年版。

26. 张玉法主编：《"中华民国"红十字会百年会史》，（台北）致琦企业有限公司 2004 年印刷。

27. 黄文德：《非政府组织与国际合作在中国：华洋义赈会之研究》，（台北）秀威资讯科技 2004 年版。

28. 无锡市史志办公室编：《薛明剑文集》，当代中国出版社 2005 年版。

29. ［日］夫马进：《中国善会善堂史》（伍跃、杨文信、张学锋译），商务印书馆 2005 年版。

30. ［英］李提摩太：《亲历晚清四十五年——李提摩太在华回忆录》（李宪堂、侯林莉译），天津人民出版社 2005 年版。

31. 陈桦、刘宗志：《救灾与济贫：中国封建时代的社会救助活动（1750—1911）——19 世纪中国社会研究》，中国人民大学出版社 2005 年版。

32. 蔡勤禹：《民间组织与灾荒救治：民国华洋义赈会研究》，商务印书馆 2005 年版。

33. 朱浒：《地方性流动及其超越：晚清义赈与近代中国的新陈代谢》，中国人民大学出版社 2006 年版。

34. 周秋光、曾桂林：《中国慈善简史》，人民出版社 2006 年版。

35. 李长莉、左玉河主编：《近代中国的城市与乡村》，社会科学文献出版社 2006 年版。

36. 池子华、郝如一等：《近代江苏红十字运动》，安徽人民出版社 2007 年版。

37. 郝如一、池子华主编：《〈红十字运动研究〉2007 年卷》，安徽人民出版社 2007 年版。

38. 张建俅：《中国红十字会初期发展之研究》，中华书局 2007 年版。

39. 王垂芳主编：《洋商史：上海：1843—1956》，上海社会科学院出版社 2007 年版。

40. 周秋光：《红十字会在中国，1904—1927》，人民出版社 2008

年版。

41. 靳环宇：《晚清义赈组织研究》，湖南人民出版社2008年版。

42. 郝如一、池子华主编：《苏州红十字会志》，安徽人民出版社2008年版。

43. 郝如一、池子华主编：《〈红十字运动研究〉2008年卷》，安徽人民出版社2008年版。

44. 池子华：《中国红十字运动史散论》，安徽人民出版社2009年版。

45. 池子华、郝如一等：《近代江苏红十字会运动（1904—1949）》，安徽人民出版社2009年版。

46. 郝如一、池子华主编：《〈红十字运动研究〉2009年卷》，安徽人民出版社2009年版。

47. 郝如一、池子华主编：《〈红十字运动研究〉2010年卷》，安徽人民出版社2010年版。

48. 池子华、郝如一主编：《红十字运动与慈善文化》，广西师范大学出版社2010年版。

49. 周秋光：《近代中国慈善论稿》，人民出版社2010年版。

50. 刘超英主编：《昆山红十字运动发展史》，安徽人民出版社2010年版。

51. 中国红十字会总会编：《探本溯源——来自博爱论坛的声音》，北京大学出版社2010年版。

52. 蔡勤禹、李娜：《民国以来慈善救济事业研究》，天津人民出版社2010年版。

53. 高鹏程：《红卍字会及其社会救助事业研究（1922—1949）》，合肥工业大学出版社2011年版。

54. 郝如一、池子华主编：《〈红十字运动研究〉2011年卷》，安徽人民出版社2011年版。

55. 池子华、郝如一主编：《中国红十字会百年往事》，合肥工业大学出版社2011年版。

56. 严晓凤、池子华、郝如一主编：《苏州红十字会百年纪事》，安徽人民出版社2011年版。

57. 孙宅巍、王卫星、崔巍主编：《江苏通史》，凤凰出版社2011年版。

58. 严晓凤、池子华、郝如一主编：《〈红十字运动研究〉2012年卷》，安徽人民出版社 2012 年版。

59. 池子华、张丽萍、汪丽萍主编：《中国红十字运动的区域研究》，合肥工业大学出版社 2012 年版。

60. 戴斌武：《抗战时期中国红十字会救护总队研究》，天津古籍出版社 2012 年版。

61. 戴斌武：《中国红十字会救护总队与抗战救护》，合肥工业大学出版社 2012 年版。

62. 严晓凤、池子华、郝如一主编：《〈红十字运动研究〉2013 年卷》，合肥工业大学出版社 2013 年版。

63. 池子华：《红十字运动：历史与发展研究》，合肥工业大学出版社 2013 年版。

64. 池子华、薛丽蓉、曹金国、阎智海：《红十字：近代战争灾难中的人道主义》，合肥工业大学出版社 2013 年版。

65. 池子华：《中国近代社会史论》，合肥工业大学出版社 2013 年版。

66. 戴斌武：《笔尖下的近代中国历史断面》，合肥工业大学出版社 2013 年版。

67. 曾桂林：《民国时期慈善法制研究》，人民出版社 2013 年版。

68. 池子华、张丽萍、汪丽萍主编：《〈红十字运动研究〉2014 年卷》，合肥工业大学出版社 2014 年版。

69. 池子华、郭进萍、邓通、李攀：《红十字：文化传播、危机管理与能力建设》，合肥工业大学出版社 2014 年版。

70. 上海市嘉定区红十字会：《嘉定红十字历史编年实录（1918—2013）》，合肥工业大学出版社 2014 年版。

71. 马强、池子华主编：《红十字在上海（1904—1949）》，东方出版中心 2014 年版。

72. 江苏省红十字会编：《红十字运动在江苏——110 周年大事记》，江苏人民出版社 2014 年版。

73. 孙善根：《中国红十字运动奠基人——沈敦和年谱长编》，浙江大学出版社 2014 年版。

74. 池子华、张丽萍、吴玉林主编：《〈红十字运动研究〉2015 年卷》，合肥工业大学出版社 2015 年版。

75. 高鹏程：《近代红十字会与红卍字会比较研究》，合肥工业大学出版社 2015 年版。

三、论文

1. 苏渊雷：《中华民国红十字会简史及大事记》，《红十字月刊》1946 年第 11 期。

2. 吴首天：《浅谈"江浙战争"的爆发》，《江海学刊》1983 年第 5 期。

3. 郭剑林、王华斌：《卢永祥督浙史之考察》，《杭州师范学院学报》（社会科学版）1988 年第 1 期。

4. 罗义俊：《上海南市难民区述略》，《上海师范大学学报》1990 年第 2 期。

5. 何克明：《中国的红十字启蒙运动》，《中国红十字》1991 年第 11 期。

6. 孙兴林：《血雨腥风聚正气，爱国救民献丹心——纪念中国红十字会先师吕海寰诞辰 150 周年》，《中国红十字》1992 年第 3 期。

7. 何克明：《中国红十字会创始人沈敦和先生事略》，《博爱》1993 年第 1 期。

8. 王方中：《1920—1930 年间军阀混战对交通和工商业的破坏》，《近代史研究》1994 年第 5 期。

9. 陈长河、殷华：《从档案看 1924 年的江浙战争》，《历史档案》1995 年第 2 期。

10. 张礼恒：《略论民国时期上海的慈善事业》，《民国档案》1996 年第 3 期。

11. 张礼恒摘编：《民国时期上海的慈善团体统计（1930 年前后）》，《民国档案》1996 年第 3 期。

12. 项雄霄：《齐卢对淞沪的争夺》，《民国春秋》1996 年第 5 期。

13. 宋光宇：《民国初年中国宗教团体的社会慈善事业——以"红卍字会"为例》，《文史哲学报》（台湾大学）1997 年第 46 期。

14. 盛懿：《近代上海基督教慈善活动刍议》，《上海交通大学学报》1999 年第 2 期。

15. 冯筱才：《江浙商人与 1924 年的齐卢之战》，（台北）《"中央研究院"近代史研究所集刊》总第 33 期（2000 年 6 月）。

16. 周秋光：《晚清时期的中国红十字会述论》，《近代史研究》2000 年第 3 期。

17. 周秋光：《民国北京政府时期中国红十字会的慈善救护与赈济活

动》，《近代史研究》2000 年第 6 期。

18. 杨锐、朱春健：《江浙战争之始末》，《民国春秋》2001 年第 5 期。

19. 周秋光、曾桂林：《近代慈善事业与中国东南社会变迁（1895—1949）》，《史学月刊》2002 年第 11 期。

20. 李国林：《民国时期上海慈善组织研究（1912—1937 年）》，华东师范大学 2003 年博士学位论文。

21. 任念文、李国林：《江浙军阀战争与上海特别市的发端》，《太原师范学院学报》2003 年第 1 期。

22. 曾桂林：《20 世纪国内外中国慈善事业史研究综述》，《中国史研究动态》2003 年第 3 期。

23. 谭绿英：《民国时期基督教在华的慈善医疗事业》，《宗教学研究》2003 年第 3 期。

24. 毕素华：《民国时期赈济慈善业运作机制述论》，《江苏社会科学》2003 年第 6 期。

25. 周秋光：《民国北京政府时期中国红十字会的组织与发展》，《近代中国》（第 13 辑），上海社会科学院出版社 2003 年版。

26. 冯筱才：《江浙战争与民初国内政局之转化》，《浙江大学学报》（人文社科版）2004 年第 1 期。

27. 蔡勤禹：《民国慈善团体述论》，《档案与史学》2004 年第 2 期。

28. 张建俅：《中国红十字会经费问题浅析（1912—1937）》，《近代史研究》2004 年第 3 期。

29. 周秋光：《民国北京政府时期中国红十字会的会内宣传与经费筹措》，《湖南师范大学社会科学学报》2004 年第 4 期。

30. 朱浒、杨念群：《现代国家理念与地方性实践交互影响下的医疗行为——中国红十字会起源的双重历史渊源》，《浙江社会科学》2004 年第 5 期。

31. 池子华：《"军阀时期"中国红十字会的兵灾救护》，《上海师范大学学报》2004 年第 6 期。

32. 美萌：《民国时期中国红十字会研究（1912—1924）》，天津师范大学 2004 年硕士学位论文。

33. 施正康：《近代突发事件中的上海金融业》，《上海经济研究》2004 年第 12 期。

34. 张建俅：《近代中国政府与社团关系的探讨——以中国红十字会

为例》,（台北）《"中央研究院"近代史研究所集刊》总第47期（2005年3月）。

35. 涂小元：《浅析江浙战争》,《东方博物》2005年第2期。

36. 池子华：《从中国救济善会到上海万国红十字会》,《史林》2005年第2期。

37. 孙语圣：《民国时期的疫灾与防治述论》,《民国档案》2005年第2期。

38. 方竞、蔡传斌：《民国时期的世界红卍字会及其赈济活动》,《中国社会经济史研究》2005年第2期。

39. 朱浒：《中国红十字会的地方性起源》,《石家庄学院学报》2005年第4期。

40. 陶水木：《北洋政府时期旅沪浙商的慈善活动》,《浙江社会科学》2005年第6期。

41. 胡勇：《传染病与近代上海社会（1910—1949）——以和平时期的鼠疫、霍乱和麻风病为例》,浙江大学2005年博士学位论文。

42. 池子华：《孙中山与中国红十字运动》,《光明日报》2006年1月6日。

43. 张峰：《试论民国时期昆山的慈善事业》,《苏州大学学报》2006年第1期。

44. 周秋光、靳环宇：《早期红十字会在中国的演变》,《光明日报》2006年3月3日。

45. 靳环宇：《中国民间慈善组织的历史嬗变》,《中州学刊》2006年第2期。

46. 谢忠强：《民初沪上慈善事业兴盛原因探析》,《舟山学刊》2006年第4期。

47. 李传斌：《教会医院与近代中国的慈善救助事业》,《中国社会经济史研究》2006年第4期。

48. 池子华：《略论孙中山对中国红十字运动的贡献》,《民国档案》2006年第4期。

49. 池子华：《民国北京政府时期中国红十字会赈灾行动述论》,《中国社会历史评论》（第6卷）,天津古籍出版社2006年版。

50. 池子华：《北洋政府时期长三角地区社会救助的民间参与——以中国红十字会为中心》,《安大史学》（第2辑）,安徽大学出版社2006年版。

51. 彭善民：《近代上海民间组织时疫救治》，《广西社会科学》2006 年第 9 期。

52. 孔祥增：《上海租界对江浙战争的因应及其后果——以〈申报〉为主要资料》，《重庆教育学院学报》2007 年第 1 期。

53. 齐现厂：《讨逆战争与天津红十字会的人道救助——以〈大公报〉为中心》，载郝如一、池子华主编：《〈红十字运动研究〉2007 年卷》，安徽人民出版社 2007 年版。

54. 孙善根：《战时状态下的社会救助活动——以 1924 年江浙战争期间的宁波为例》，《军事历史研究》2007 年第 2 期。

55. 濮文起：《民国时期的世界红卍字会》，《贵州大学学报》2007 年第 2 期。

56. 李光伟：《20 世纪上半叶中国民间慈善救助事业之典范》，《鲁东大学学报》2007 年第 3 期。

57. 白云浩：《上海中国济生会研究（1916—1937）》，杭州师范大学 2007 年硕士学位论文。

58. 沈燕燕：《直皖战争与中国红十字会天津分会的救护行动——以〈大公报〉为中心》，《文化学刊》2008 年第 1 期。

59. 周秋光：《民国北京政府时期中国红十字会的组织与发展》，中国社会科学院近代史研究所编：《中华民国史研究三十年（1972—2002）》（下卷），社会科学文献出版社 2008 年版。

60. 曹金国：《江浙战争与中国红十字会的人道救援》，苏州大学 2008 年硕士学位论文。

61. 池子华：《近代苏州红十字运动研究》，《苏州大学学报》2008 年第 6 期。

62. 杨红星、池子华：《近年来中国红十字运动研究综述》，《河北大学学报》2009 年第 4 期。

63. 曾桂林：《民国时期的红十字会立法初探》，《苏州大学学报》2009 年第 5 期。

64. 高鹏程、吴佩华：《论江浙战争中的红卍字会救济队》，载郝如一、池子华主编：《〈红十字运动研究〉2009 年卷》，安徽人民出版社 2009 年版。

65. 吴佩华：《红十字运动研究综述》，郝如一、池子华主编：《〈红十字运动研究〉2010 年卷》，安徽人民出版社 2010 年版。

66. 徐国普：《浙江红十字运动起源探究》，《浙江档案》2010 年第

9 期。

67. 丁英顺:《2009 至 2010 年红十字运动研究概述》,郝如一、池子华主编:《〈红十字运动研究〉2011 年卷》,安徽人民出版社 2011 年版。

68. 代华、池子华:《日本关东大地震与中国红十字会的人道救援》,《福建论坛》2012 年第 1 期。

69. 池子华:《民国肇建与中国红十字会的转型》,《民国研究》2012 年秋季号,社会科学文献出版社 2012 年版。

70. 陆赛楠:《南京红十字运动研究,1911—1949》,苏州大学 2012 年硕士学位论文。

71. 郭进萍:《红十字文化传播研究(1874—1949)》,苏州大学 2013 年硕士学位论文。

72. 郭进萍:《2011 至 2012 年红十字运动研究综述》,严晓凤、池子华、郝如一主编:《〈红十字运动研究〉2013 年卷》,合肥工业大学出版社 2013 年版。

73. 池子华:《红十字何以在中国落地生根》,《光明日报》2013 年 9 月 5 日。

74. 池子华:《中国红十字会诞生记》,《中国红十字报》2014 年 4 月 1 日。

75. 池子华、崔龙健:《抗战时期红十字会战事救护研究述评》,《民国档案》2014 年第 2 期。

76. 袁玲:《民国北京政府时期上海红十字运动研究》,苏州大学 2014 年硕士学位论文。

77. 袁灿兴:《国际人道法在华传播与实践研究(1874—1949)》,苏州大学 2014 年博士学位论文。

78. 李欣栩:《历史记忆:中国红十字运动的苏州实践》,池子华、张丽萍、汪丽萍主编:《〈红十字运动研究〉2014 年卷》,合肥工业大学出版社 2014 年版。

79. 张涛:《中国红十字会常州分会筹备处的历史及其贡献》,载池子华、张丽萍、汪丽萍主编:《〈红十字运动研究〉2014 年卷》,合肥工业大学出版社 2014 年版。

80. 钱楠:《中国红十字会与其他慈善公益团体的联合救济行动——以江浙战争救护为例》,载池子华、张丽萍、吴玉林主编:《〈红十字运动研究〉2015 年卷》,合肥工业大学出版社 2015 年版。

四、外文著作

1. ［日］笠原十九司：《江浙战争と上海自治运动》，载野泽丰主编：《中国国民革命史の研究》，东京青木书店 1974 年版。

2. ［日］高桥孝助：《近代初期の上海における善堂——その「都市」の状况への対応の侧面について》，《宫城教育大学纪要》第 18 卷第 1 分册（1984 年）。

3. ［日］小浜正子：《民国期上海の都市社会と慈善事业》，《史学雑志》第 103 编第 9 号（1994 年）。

4. ［日］小浜正子：《民国期上海の民间慈善事业と国家権力》，《东洋学报》第 76 卷第 1、2 号（1994 年）。

5. Arthur Waldron. *From War to Nationalism*：*China's Turning Point*, 1924–1925. Cambridge：Cambridge University Press, 1995.

6. ［日］高桥孝助：《饥馑と救济の社会史》，青木书店 2006 年版。

7. Caroline Beth Reeves. *The Power of Mercy*：*The Chinese Red Cross Society*, 1900–1937. unpublished Ph. D. dissertation, Harvard University, 1998.

后 记

　　转眼之间，自入校攻读博士学位至今，已逾四载，回想其间种种，感触良多。因身体残疾，从小不良于行，能够走到今天，实属不易。我自入学以来，便得到导师池子华教授的多方关心和帮助。老师学术功底深厚，治学态度严谨，待人真诚平和，使人深感敬佩又如沐春风。由于自身基础薄弱，老师在我身上倾注了大量的心血，博士论文的写作就更是如此。从论文的选题、材料的搜集、文章结构的确定、各章内容的撰写和修改，直到最终定稿，无不是在老师细致入微的指导下完成的。为此，老师花费了大量的时间和精力。可以说，没有老师的辛勤付出，就没有我的今天。得遇老师，实为人生一大幸事，四年来的谆谆教导，必将牢记于心。借此机会，谨向老师致以深深的敬意和诚挚的感谢。

　　衷心感谢苏州大学社会学院的诸位老师。王卫平教授、王国平教授、朱小田教授、朱从兵教授、余同元教授、王玉贵教授，以及朱维老师、朱秀英老师等等，各位老师的指导和帮助，也使我受益匪浅，在此一并致谢。

　　求学期间有幸结识了王安、吴文俊、刘泓泉、邹桂香、张燕、王刚、袁灿兴、傅亮、郭进萍、袁玲、徐露、丁泽丽等同学。承蒙各位同学在生活和学习上的诸多帮助与鼓励，在此深表感谢。尤其是袁灿兴师兄在繁忙的工作中抽出时间，对论文的写作提出了许多宝贵意见。阎智海师兄则不辞劳苦，搜集整理了大量资料供我使用，对论文写作的顺利完成起到了关键作用，其中的同门情谊与关照，使人倍感温暖。

　　在此，我还要感谢我的父母，为了养育和培养我，他们付出了远超常人的汗水和辛劳。他们全力支持我的学业，不断地督促和鼓励我，是我不断前进的动力。

此外，对于苏州市档案馆、苏州市地方志办公室、苏州市图书馆、苏州大学图书馆等处的工作人员在资料搜集过程中所给予的便利与帮助，同样表示感谢。

　　再次感谢所有关心和帮助过我的人，因为你们，我才能走得更远。

梁　旻

2015 年冬于苏州大学